U0960102

忠义千秋——忠义读本

主　编　华宪成
副主编　刘宏艳

天津大学出版社
TIANJIN UNIVERSITY PRESS

内 容 提 要

忠义是中华民族传统道德的重要内容，是中华民族绵延数千年，历经磨难而生生不息的重要精神支柱。本书深入浅出地讲解了“忠义”概念的内涵，较全面地介绍了不同历史时期人们对“忠义”的认识，并在此基础上，对“忠义”传统道德中的糟粕进行了剖析和批判，对其中的积极因素在中华民族发展历史进程中的重要作用进行了分析；对“忠孝难以两全”这一历史难题和现实困惑进行了梳理和理论探讨。本书还密切联系大学生的思想实际，对当代大学生加强“忠义”美德修养提出了积极建议，这对于引领大学生认真学习中华民族的优秀文化，自觉传承中华民族的优良道德传统，努力塑造良好的道德品质将产生积极影响和重要作用。

图书在版编目（CIP）数据

忠义千秋：忠义读本/华宪成主编. —天津：天津大学出版社，2016.8（2023.7 重印）

ISBN 978-7-5618-5620-8

Ⅰ. ①忠…　Ⅱ. ①华…　Ⅲ. ①大学生—品德教育—高等学校—教材　Ⅳ. ①G641.6

中国版本图书馆 CIP 数据核字（2016）第 177094 号

出版发行　天津大学出版社
地　　址　天津市卫津路 92 号天津大学内（邮编：300072）
电　　话　发行部：022-27403647
网　　址　publish.tju.edu.cn
印　　刷　天津泰宇印务有限公司
经　　销　全国各地新华书店
开　　本　169mm×239mm
印　　张　12.25
字　　数　259 千
版　　次　2019 年 7 月第 2 版
印　　次　2023 年 7 月第 5 次
定　　价　36.00 元

总序

一所大学道德教育的使命与责任

改革开放以来，中国从计划经济向市场经济转型，经济建设和社会发展取得了巨大的成就。进入21世纪，经济全球化、信息网络化、价值多元化给正处于转型期的中国社会带来了新的冲击。财富利益的分化与差距、行为观念的多元与错位、经济社会的发展与阵痛，使我们的道德体系面临着前所未有的复杂社会生态。在持续三十多年的经济高速增长的背后，一些领域道德失范、诚信缺失的现象以及部分社会成员人生观、价值观扭曲的现象日益暴露出来。食品、药品、交通、建筑等重大安全问题触动了社会的道德底线，人们疾呼“道德重建”“诚信工程”“人性良知”；与此同时，张丽莉、郭明义、吴菊萍、吴斌、沈星等一批道德模范，又用其良知和善举，不断感动和震撼着每一个人的心灵。

作为教育界人士，在观察社会道德的同时，我们应当反思当前的道德教育。当今社会道德滑坡的状况反映了我们的家庭教育、中小学教育乃至大学教育中存在的现实问题。作为高校校长，我们更需要思考大学教育在面对这种现状时应当采取怎样的举措。

大学教育的根本目的在于培养人才。如何培养人才？早在中央印发的16号文件《中共中央国务院关于进一步加强和改进大学生思想政治教育的意见》中就明确指出：“学校教育要坚持育人为本、德育为先，把人才培养作为根本任务，把思想政治教育摆在首要位置。”

道德是一种意识形态，是人们共同生活及其行为的准则和规范。它往往代表着社会的正面价值取向，是衡量行为正当与否的标准之一。它是一门做人的学问，也是一门待人接物的学问。所谓德育，就是对学生进行品格和道德的教育，即人之所以为人的教育。所以，学校的道德教育是一种立人、树人、成人的教育。

那么，德育的目的是什么？就是培养学生形成良好的道德意识、道德品质和道德行为，树立正确的责任、义务、荣誉、正义和幸福感等，使其做一个道德纯洁、品格高尚、对社会和人民有贡献的人。道德是有层次之分的，分为一般层次和高级层次。因此，道德教育也应当有层次之分，首先是使学生做一个好人，继而做一个贤人（贤德之人），最高层次则是做一个“圣人”。

什么人叫作好人？做到孟子所说的，有“恻隐之心、羞恶之心、辞让之心、是非之心”的人是好人；“做人有底线，做事有常识”的人是好人。两岁女童小悦悦两次被车碾压，在18名路人视而不见的情况下挺身而出的拾荒阿婆陈贤妹是好人；20年献血6万毫升，10多年为希望工程和灾区群众等捐款12万元，先后资助180多名特困生的普通采场公路管理员郭明义是好人；三十年如一日，义务赡养6位无任何血缘关系的孤寡老人，在自家创办的企业安置20名农民职工的普通农民林秀贞是好人；20多年捐款40多万元，坚持用80%收入做慈善的96岁老将军张玉华是好人；用一套房换灾区孩子一幢教学楼的“上海奶奶”沈翠英是好人。而时时处处做好事、全心全意为人民服务的雷锋更是全社会学习的好人楷模。所以，做好人的教育就是挖掘人性中最美好部分的教育。其最终目的，就是要通过教育，在全社会形成一种学好人、敬好人、做好人的良性循环。

什么人叫作贤人？按孔子的标准，耐得住清贫、以快乐的心态坚持做学问的学者颜回是贤人，所以他说：“贤哉，回也！一箪食，一瓢饮，在陋巷，人不堪其忧，回也不改其乐。”按孟子的标准，“贫贱不能移，富贵不能淫，威武不能屈”的人是贤人。按中国传统的标准，做到舍生取义、杀身成仁的人是贤人，精忠报国的大将军岳飞、赤胆忠心的民族英雄文天祥都是这样的人。按中国当代的标准，不远万里来到中国帮助中国抗战的加拿大大夫白求恩和印度医生柯棣华是贤人；身患肝癌、坚持同全县干部和群众一起，与深重的自然灾害顽强斗争的“人民的好公仆”焦裕禄是贤人。还有在汶川地震中用自己的身躯保护学生而牺牲的谭千秋等英雄教师们，用一颗大爱无畏的心锻铸出不朽的师魂；黑龙江省佳木斯市女教师张丽莉关键时刻舍生忘死，勇敢地以自己的血肉之躯救出两个学生，此谓大贤人也。按毛泽东同志的说法，他们每个人都是一个高尚的人、一个纯粹的人、一个有道德的人、一个脱离了低级趣味的人、一个有益于人民的人。他们都是能够为国家、为民族、为社会、为人民奉献毕生精力和智慧的人，毫不利己、专门利人的人，这就是贤人。

为实现上述德育的目标，成都锦城学院构建了以社会主义核心价值体系为指导，以“三讲三心”明德教育为重点的大德育教育体系。这个大德育教育体系就是“一个统领、三个倡导、六个方面、八个结合”。

一个统领，就是以社会主义核心价值体系统领全局。它是兴国之魂，是社会主义先进文化的精髓，决定着中国特色社会主义的发展方向。

三个倡导，就是党的十八大报告中对社会主义核心价值体系的新阐述，即：倡导富强、民主、文明、和谐，倡导自由、平等、公正、法治，倡导爱国、敬业、诚信、友善。这24个字是对原有的社会主义核心价值体系的进一步精简和提炼，是从国家、社会和公民三个层面对社会主义核心价值体系进行的精辟阐述。

六个方面，即“三讲三心”，讲诚信、讲礼仪、讲感恩；对国家、人民尽忠心，对父母、长辈尽孝心，对同学、同事尽爱心。这“六个方面”结合了当代社会主义的道德要求，继承了中华民族的优良道德传统，强调培养学生的社会责任感、历史使命感和个人道德感。

八个结合，一是道德教育的民族性与世界性相结合，二是道德教育的历史性与现实性相结合，三是道德教育与政治教育相结合，四是道德教育与思想教育相结合，五是道德教育与心理教育相结合，六是道德教育与法律教育相结合，七是道德教育与公民教育相结合，八是道德教育与知识教育相结合。

第一，道德教育的民族性与世界性相结合。

不可否认，道德是具有民族性的。不同民族、国家或阶级的人群有不同的道德观念和道德标准。中华民族传统伦理讲究“仁、义、礼、智、信、温、良、恭、俭、让”，西方现代伦理道德观念认同“自由、平等、人权、博爱”。但是，在不同民族、不同道德观念中总是存在一个共同的、赖以互相沟通的因素，那就是要使人成为一个人、一个好人的基本要求。德国人拉贝在南京沦陷时期先后保护了20多万难民；印度诗人泰戈尔为和平正义而赋诗声援中国抗战；我国新疆维吾尔族大叔阿里木江•哈力克靠卖羊肉串谋生，以微薄收入资助数百名贫困学生。尽管这些人国籍不同、民族不同，但他们是大家都认同的好人。所以，我们既要发扬以中华文明为基础的民族传统美德，发扬现代革命传统美德，又要以开放、开明的心态向世界其他文明学习，学习其他文明当中有益、有用的部分，采用审慎的态度，做到“洋为中用”。道德本身不但具有民族性，也具有世界性。我们通常说的各国、各民族之间要“求同存异”，这个“同”就是大家都认可的共同的道德理念和价值标准，其具有普遍性、包容性、基础性和开放性的特点。如果道德只有民族性没有世界性，在经济全球化背景下，人们如何交往？各国之间若没有共同的价值观念，如何谈判沟通？因此，我们要把世界文明的共同成果和价值共识作为德育的重要资源之一，促使学生在中华民族传统美德和世界先进文明的熏陶中成长、成人、成才。

第二，道德教育的历史性与现实性相结合。

任何一个民族的道德都有其产生的历史过程。在这个历史过程中，道德观念不断融入人们的血液中，形成心理文化积淀。道德的传承是道德发展的基础。正如马克思所说的，历史“是在直接碰到的、既定的、从过去承继下来的条件下创造的”。当然，道德是发展的，不是一成不变的。但是总有一些古今相通的要素，它们具有跨越时空的价值。我们权且称其为永世价值。例如：古代讲公忠体国，现在讲爱国主义；古代讲舍生取义、杀身成仁，现在讲舍生忘死、见义勇为；古代讲仁者爱人，现在讲团结友爱；古代讲“不独亲其亲，不独子其子”，现在讲尊老爱幼；古代讲“和而不同”，现在讲“求同存异”、构建和谐社会，等等。这些无疑是可以继承的。只有积极传承历史发展过程中的优良道德传统，才能站在一定高度，为道德的持续发展作出新的贡献。所以，在构筑大学生的道德观和价值观时，历史与现实是不可或缺的两个维度。德育既要发扬我国优秀文化传统，又要关注社会现实，彰显时代特色。正如胡锦涛同志所说，要“弘扬传统美德，倡导新风正气”。

第三，道德教育与政治教育相结合。

道德教育不同于政治教育，它有一套相对独立和完整的教育体系。在政治教育中，突出用马克思主义的立场、观点和方法来分析现实问题，阶级、政党、政权、政治制度和政治理念居于中心地位。在道德教育中，培养具有完整人格的人是其主要任务，更注重人的存在和精神追求，道德信念、道德品质和道德规范居于中心地位。新中国成立后，有一段时期道德教育出现泛政治化的倾向。钱伟长在《切实解决教育发展中的几个紧迫问题》中就指出，“在德育工作中，往往以政治教育代替道德教育……以至流于形式”。但是，如果只有道德观念，没有正确的政治信念和追求，不关心国家的前途和命运，显然是不对的。一直以来，爱国主义就是中华民族的光荣传统和崇高美德，也是中国各民族大团结的政治基础和道德基础。存有爱国之心，才有报国之行；对祖国的成就和文化感到自豪，具有强烈的民族自尊心和民族自信心，才会竭尽全力，为中国屹立于世界民族之林作出应有的贡献。

第四，道德教育与思想教育相结合。

思想观念和宗教信仰不能决定人的道德水平。道德是一个对任何国家、民族、人群更普通的东西，而理论、思想、信仰是因人或人群而异的。我们不能要求所有人都信仰马克思主义，也不能要求都信仰某种宗教，但应要求人们遵循人类文明的道德底线。获得诺贝尔和平奖的特蕾莎修女信奉天主教，但是作为慈善工作者，她的一生主要为印度加尔各答的穷人服务；南丁格尔奖章将荣誉赋予来自全世界各个国家秉持人道原则、胸怀慈善美德的慈善人士，不论其信仰和身份，这充分说明不同思想和信仰的人群中都有好人。但是，道德教育与思想教育是紧密相连的。两者结合，有助于良好道德观念的树立和形成。因为道德是基础，思想信仰是更高层次的追求，是对终极价值的判断，具有巨大的能动作用。道德教育与思想教育相结合，使学生了解和领会马克思列宁主义、毛泽东思想、邓小平理论、“三个代表”重要思想、科学发展观和习近平新时代中国特色社会主义思想，学习和掌握历史唯物主义和辩证唯物主义的思想方法，才能够更好地帮助大学生树立正确的世界观、人生观和价值观，从而提升其道德观念和道德水平。

第五，道德教育与心理教育相结合。

道德教育关注个体人格的完善和行为的规范，侧重对人的世界观、人生观和价值观进行教育；心理教育关注个人合理的心理需求和对良好的心理素质的培养，侧重对动机、情绪、兴趣、意志等心理品质的教育。近年来，面对多元文化冲击和社会转型时期的复杂环境，学生的心理健康教育日益成为其全面发展不可或缺的要素之一。马加爵杀人、留学生刺母、刘海洋硫酸伤熊等事件，都反映了个别大学生严重的心理问题与道德问题。当前，学业问题、情绪问题、情感问题、人际关系问题、环境适应问题和特殊群体问题是大学生中普遍存在的心理健康问题。道德的形成有赖于心理结构中认知、情感、意志、行为的全面发展，而成熟、稳定的心理状况是科学世界观、人生观、价值观确立的保证，是良好道德素质形成的基础。因此，道德教育与心理教育有机结合，才能培养出学生高尚的道德情操，促进学生健康心理品质的形成。

第六，道德教育与法律教育相结合。

道德是自身观念对个体行为的内心约束，是一种自发自律；法律是从外部对人的行为进行约束，是一种外发他律。道德来源于人类社会发展过程中的人文自觉，总体而言是先于并高于法律的，因此是一种更高层次的追求。所以，道德是法律的外延，法律是道德的底线。但是，道德和法律作为维持社会秩序的两种手段，两者缺一不可。道德通过扶正和扬善伸张正义，法律通过压邪和惩恶匡扶正义。中共中央印发的《公民道德建设实施纲要》就强调："把法制建设与道德建设、依法治国与以德治国紧密结合起来。"因此，在大学生教育中，道德教育要与法律教育相结合。一方面，引导学生加强自身道德修养以健全人格；另一方面，教育学生了解法律制度以规范行为。最终，就是要形成自律和他律的统一。

第七，道德教育与公民教育相结合。

道德教育主要是对人的道德意识、观念和行为进行教育。公民教育一词来源于西方社会，特别是美国，"做合格的公民"一直是美国价值教育的一个目标。中国过去的德育更多的是培养"臣民"，自五四运动后才兴起公民教育。公民教育相较于道德教育，更注重形成现代公民的公民意识和公民行使权利与义务的能力，更加强化国家认同和身份认同。公民教育的基本使命，是使学生对中国特色社会主义政治制度、政党、政府的运作机制以及民主与法制加深了解，学习参与社会公共事务的知识和技能，明白公民的权利和义务，培养学生积极参与社会事务、为国家和社会服务的责任意识。把道德教育与公民教育相结合，就是在健全人格和价值判断的基础上，教会学生参与国家事务、肩负社会责任、承担相应义务。我们不仅要培养行得正、走得直、坐得端，重品行、明是非、讲礼仪的有德之人，也要培养"先天下之忧而忧，后天下之乐而乐"的合格公民。

第八，道德教育与知识教育相结合。

有知识不代表有道德，考分高不等于品德好。美国纽约大学心理学教授海姆·吉诺特是纳粹集中营里的幸存者，在他写给老师的一封信中说道："我亲眼目睹了一般人看不到的事情：毒气室由有学识的工程师建造；孩子们被受过教育的医生毒死；婴儿被训练有素的护士谋杀；妇女和孩童被受过高中或大学教育的毕业生射杀。"所以，我们的教育不应当培养"学识渊博的野兽、身怀绝技的疯子、受过教育的纳粹"。相反，救起小悦悦的拾荒阿婆陈贤妹，获得"第三届全国道德模范"称号的普通村民刘兴元、刘贺龙父子和舍己救人、营救落水儿童的胡文传，这些平民英雄没有渊博的知识，但是他们有高尚的道德。所以，知识不等于道德。当然，广大人民勤劳向善的风貌是优良的历史传统和清正的社会风气"风化"的结果。对大多数人来说，受教育程度高，道德水平也相应高一些。新中国成立初期，钱学森、华罗庚、梁思礼、朱光亚、邓稼先、钱三强等著名科学家，放弃在国外优厚的工作待遇和生活条件，冲破重重困难回到祖国，报效国家，展现了爱国知识分子的高尚情操和道德水平。因此，一切知识，只有用在把学生教育得更有人性时，才更为重要；只有道德教育和知识教育统一协调发展，才更有利于培养德才兼备的人才。

在大学阶段，无论什么教育都是以知识教育为基础的，德育也不例外。我们说，德育要回归生活，绝不是否认道德知识教育的重要性和必要性。我们一定要明白，学习道德知识对于稳定品德的形成、树立正确的思想观念、养成良好的道德品质是必不可少的。作为培养人才、传授知识的大学，培养“有理想、有道德、有文化、有纪律”的四有新人，应当是高校一项重要的研究课题。鉴于此，我们编著了这套“当代大学生明德教育系列丛书”。它在总结成都锦城学院大德育教育体系和实践的基础上，进一步归纳、整理，形成了一套挖掘传统文化之精髓、把握当今时代之脉搏、联系学生现实之问题、注重理论联系实际的大学生德育教材用书。其有效地解决了上述“一个统领、三个倡导、六个方面、八个结合”的问题。本套丛书共六册，包括《忠义千秋——忠义读本》《孝悌力行——孝悌读本》《大爱仁心——仁爱读本》《以礼立人——礼和读本》《知诚讲信——诚信读本》《感恩怀德——感恩读本》，将为培养好人、贤人发挥重要的作用。同时，该丛书有幸由天津大学出版社出版，也是我对母校“天大”多年来培育教导的感恩。

我衷心希望大学生们学习好、应用好这套丛书，修身明德，止于至善，使自己在个人品德、职业道德、社会公德方面都有提升，做一个有理想、有思想、勇担当、负责任、德才兼备的优秀公民！

锦城学院
党委书记、院长 邹广严

前 言

中华民族在其五千多年的历史进程中，曾经拥有过无数的辉煌，中华文化源远流长，中华文明博大精深，中国古代四大发明改变了人类生活，影响着世界历史进程。但中华民族也曾经历过无数痛苦和磨难。就拿近代中国来说，封建专制，墨守成规，闭关锁国，夜郎自大，最终落后于时代。落后就要挨打，西方列强用坚船利炮打开了中国的大门，中国被迫割地赔款，国宝被洗劫一空，国家生灵涂炭，中华民族受尽了压迫，受尽了西方列强侵略带来的种种苦难。中华民族不屈不挠，凤凰涅槃，浴火重生。德国著名哲学家黑格尔曾这样说过：只有黄河、长江流过的那个中华帝国是世界上唯一持久的国家。美国著名思想家罗素也曾讲过：自孔子以来，埃及、巴比伦、波斯、马其顿，包括罗马，都消亡了；但是中国却以持续地进化生存下来了。为什么中华民族的历史文化能得以传承？为什么贫穷落后的近代中国能够在与西方列强侵略的抗争中生存下来，并最终打败侵略者，实现民族解放？追根溯源，这就在于中华文化源远流长，中华民族所崇尚的忠义美德深入民心，无数仁人志士在国家、民族危亡之时，为了民族的振兴，为了国家的存亡，抛头颅，洒热血，宁死不屈，他们的英勇壮举惊天地、泣鬼神，他们成为了中华民族之魂。

忠义，最初体现的是人们一种敬天诚命的认识。古人受条件制约，一方面，对天地有敬畏之心，讲究知天命，顺天意，行天理；另一方面，作为单个的人无法在极其险恶的自然条件下生存，只有大家同心协力，才能获得所需的食物和衣物。人们在此基础上逐渐建立起来的信任，形成了忠义思想的雏形。在中国，夏商时期进入了奴隶社会，统治阶级为实现其统治需要，把帝王尊称为天子，其意思是帝王治理国家、统治百姓是秉承了天意，而臣民百姓要顺乎天意，就必须忠于帝王，自觉服从帝王，接受帝王对国家的治理，否则即为逆子佞臣，天下人得而诛之。春秋时期孔子创建了儒家学说，他不仅继承了前人对忠义的认识，而且构建了以“仁”为核心，包括孝、弟（悌）、忠、恕、礼、知、勇、恭、宽、信、敏、惠等内容在内的整个儒学思想体系。在由孔子创建并经后人不断发展完善的儒学角度看来，忠义不仅表现为“臣事君以忠”的君臣关系，以及后来演化成的人们的一种社会责任，即对国家、对民族、对人民的忠诚；还表现为“与人忠”，即在接人待物时要尽心竭力，真诚专一，诚实可信。孔子曾把“与人忠”当作人的最高道德品质“仁”的重要内容之一。特别应指出的是，儒家学说把忠和孝紧密结合在一起，构建了对中国社会影响深远的忠孝伦理思想体系。“孝”是一切德行的根本，是上自天子、下至平民都应当恪守的最基本的道德规范，是中国社会中能够统领其他一切道德规范的最基本的道德规范。在家必须讲求孝道，出门在外做事谋生则必须讲求忠义，即“孝慈则忠”，“出则事公卿，入则事父兄。”孝是忠的前提和基础，忠是孝的反映和扩展，两者互为照应、相辅相成。这一忠孝伦理思想数千年来始终为中华民族所信奉，它上被中国封建君主推崇为治理国家的黄金法则，下被黎民百姓视为做人最基本的行为准则。在这一伦理思想影响下所产生的中华民族强大的凝聚力，对巩固历代封建王朝的中央集权，对促进家庭和谐稳定，发挥了重要的作用，这也是中华民族数千年延续不衰、不断发展的重要原因所在。

21世纪的中国正处于历史性的变革中，实现中国梦，建设社会主义现代化强国，振兴中华民族，是每一个中国人的期盼。作为21世纪中国梦的实现者，当代大学生必须肩负起这一历史赋予的重任。当前中国社会要发展，就必须进行创新，创新的关键是人才创新，创新型人才是建设创新型国家、实现中国梦的重要保证。当代大学生要实现历史赋予的重任，就必须努力把自己塑造成社会所需要的创新型人才，即不仅要通过在校学习不断完善自己的专业知识和技能，努力培养和不断提高自己的创新能力，还需要全面提升自己的思想道德素质和人文素养。这就需要大学生学习、传承中华民族传统美德，继承中国历史上那些为中华民族英勇献身的仁人志士的遗志，认清历史使命和责任，热爱自己的祖国和人民，脚踏实地地做好每一件事，在实现中国梦的征途中奉献青春与年华，实现自己的人生理想和价值。

目 录

第一章 中国社会对忠的认识

第二章 千 秋 忠 烈

第三章 传承美德，忠成大器

第四章 忠 与 孝

第一章 中国社会对忠的认识

漫漫五千年的中华文明，辉煌灿烂，如一条汹涌澎湃的长河；漫漫五千年的中国精神，静谧永恒，如一片浩瀚璀璨的星空。

中华文明古国，文化典籍浩如烟海，圣贤伟人灿若星辰，四大发明引领世界，传统美德源远流长；中华礼仪之邦，不仅有锦绣河山、盛世美景，更有灿烂的民族文化、博大的民族精神。

忠作为中华民族崇尚的品德之一，从古至今被推崇不绝。管仲、鲍叔牙、屈原、岳飞、文天祥、史可法、林则徐、张自忠、马本斋等历史人物，无不闪耀着他们的人格魅力，诠释着“忠”这一品德的内涵。

第一节
忠的含义

忠的观念起源于夏代，春秋战国前已经形成。古代社会里，忠具有忠信、忠恕、忠爱、忠君、忠国等含义，尤以忠君、忠国为主要内容。在这一时期，忠是引导民众保家卫国的思想利器，也是引导民众修身尚德的道德宝典。至近代社会，思想家们在非常时局下审时度势，对传统的忠的含义进行重新思考，使忠摆脱了封建社会思想的束缚，成为推进社会进步的先进文化。到当代社会，随着社会主义建设的进行，忠的内涵演化为爱国、敬业、诚信、和谐等，忠成为当代社会主义核心价值观的重要内容。

一、忠的起源

比干是殷商时期沫邑人，是商朝帝乙的弟弟。帝乙传位于帝辛，帝辛就是历史上的纣王。

纣王继位伊始，的确能称为明君。传说，他亲自率领大军东征徐州，拼死冲杀，骁勇无比，吓得徐州酋长反绑着双手、口衔国宝玉璧、穿着孝服、拉着棺材向纣王投降。但不久纣王就开始腐化堕落。他大兴土木，强迫奴隶修建豪华的宫殿，还建造了一座很高的宫殿，取名为“摘星楼”，整天在摘星楼里与美女、美酒相伴，朝朝笙歌，夜夜曼舞。

比干看到纣王的所作所为，坦言直谏，用历代先王的故事警示纣王。纣王并无悔意，反而更加荒淫暴虐，不仅“流酒为池，悬肉为林”，还让宿醉男女一丝不挂地在酒池中追逐嬉戏。大臣们见状，逃跑的逃跑，投奔新主的投奔新主。比干看在眼里，急在心里，他觉得为人臣子应该忠心耿耿，直言大王的过失，就是被杀头也要据理力争，于是他进宫当面指出纣王的过错。纣王被比干批评得无言以对，恼羞成怒地喝问：“你为什么这样坚持？”比干说：“大王有敢于直言的臣民，父亲有敢于直言的儿子，臣子有敢于直言的朋友；我作为大王的臣民，理应践行这忠贞不贰的大义啊！”纣王又问：“那你觉得什么是大义？”比干老泪涟涟地回答：“夏桀没有施行仁政，失了天下，我王竟学这种无道之君，难道就不怕丢失天下吗？我今天进谏，正是大义所在！”纣王听到这里勃然大怒：“我听说像比干王叔这样贤明的人，心都有七窍，是这样么？我今天倒要看看！”说完，便命人剖开比干的胸膛，掏出了他的心脏，忠烈进谏的比干就这样被昏庸荒淫的纣王活活剖心而死。

忠，《说文解字》释：“忠，敬也，尽心曰忠，从心中声。”忠，即尽心的意思。怎样做才是尽心呢？“忠”所表示的就是内心的中正，实事求是，客观公正。这样对待人和事，就是“忠”。《辞海》将“忠”解释为：一指忠诚，尽心竭力，如忠于祖国、忠于人民；二指忠君，如忠臣、忠良。《现代汉语词典》中将“忠”解释为“忠诚”。由此可见，“忠”的本义为“敬”“尽心”，后来延伸为忠信、忠诚、忠爱、忠恕、忠君、忠国等其他含义。

尽管甲骨文中没有发现“忠”字，目前还没有直接的文字记载证明夏代已有“忠”字，但是根据对夏代史料记载的研究，能够发现夏代已有“忠”的观念。如《韩诗外传》中能见我国史料所载的第一位因忠谏而遭杀身之祸的夏代大臣关龙逄的事迹。《尚书》曾记录了夏末商初辅相仲虺在汤征伐夏桀时所作的诰文，称赞汤是“佑贤辅德，显忠遂良，兼弱攻昧，取乱侮亡”。

“忠”是我国传统的政治道德观念，产生于我国传统家庭道德观念“孝”之后。“孝”表现为晚辈对长辈、家长、祖宗的尊敬、服从。在原始氏族社会，“孝”起到维护社会秩序的作用。但随着社会制度的演变，宗族崇拜的淡化，“孝”逐步演变为家庭的人伦关系和情感纽带。到春秋时期，维护诸侯与天子、人民与君王的政治关系的“忠”的观念便出现了。《论语·学而》篇中，孔子便认为孝是忠的前提和基础，忠是孝的反映和扩展，两者是互为照应、相辅相成的。所谓“孝慈，则忠”“迩之事父，远之事君”“出则事公卿，入则事父兄”，由此可见，孔子认为，个人在家行孝，为官事君才会忠。

二、忠的演化

（一）古代“忠”的基本含义

春秋战国时期，思想家、政治家们开始关注“忠”的内涵。他们普遍认同从修身出发，人要言行一致、恪守承诺，做到忠信；同时还要推己及人，学会忠恕，进而达到忠爱。为人只有做到了忠信、忠恕、忠爱，人才能从齐家、平天下出发，做到服从君主，热爱国家。

1．忠信

能够达到忠这一标准，必然先要从个人的守信做起。《论语》记载子张曾向孔子请教做人和做事，孔子回答说：“言忠信，行笃敬，虽蛮貊之邦，行矣。言不忠信，行不笃敬，虽州里，行乎哉？”孔子教导子张要做到言行一致，恪守信用，为人处世要有敬意，才能在社会中立足。孔子认为忠信是发自内心的真诚，是个人修养的基础。这将忠的“发自本心”和信的“诚心实意”联系起来。朱熹曾解析忠与信的关系：“忠，以心言；信，以事言。……忠则必信，信则必是曾忠，所以谓‘表里之谓’也。”并认为：“未有忠而不信者，亦未有信而不出于忠者。”孔子、朱子都是从道德角度诠释忠信的重要性的。而另一位儒家巨擘孟子则从政治观念讲述忠信的重要性：“壮者以暇日，修其孝悌忠信……可使制梃，以挞楚之坚甲利兵矣。”孟子不仅将忠信看作个人品行的准则，更将忠信视为实现统治者统治思想的利器，这无疑是对忠信地位的重要肯定。

2．忠恕

古代诸子认为，要成为一名有道德修养的人，必须从忠信开始，言行一致，守信用，对人真诚，由此才能推己及人。曾子认为：“夫子之道，忠恕而已矣。”由此可见，推己及人的忠恕观念是君子之道，是人际交往中不可或缺的。思想家王夫之对忠恕则作了进一步解释：“忠，尽己也；恕，推己也。尽己之理而忠，则以其天下之理；推己之情而恕，则以贯天下之情。”由此可见，能够尽心、言行一致是站在他人立场思考的基础，站在他人立场思考是从尽心竭力推衍出来的。一个人只有先站在自身的立场上，竭尽全力待人接物，才能够站在他人的立场上换位思考，达到“己所不欲，勿施于人”的与人友善、待人宽厚的境界。

3．忠爱

从个人的思想道德修养方面，人们首先要尽心竭力、诚实守信，做到忠信，继而才能推己及人，做到忠恕。从统治阶级的角度来说，君主帝王除了要做到忠信、忠恕外，还应尽心竭力地对老百姓施以仁爱。管子曾对君王功业提出建议：“薄税敛，毋苟于民，待以忠爱，而民可使亲；三者，霸王之事也。”意思是要想成为一名百姓爱戴、拥护的统治者就必须从百姓角度出发，能够轻徭薄役，不轻视和敷衍老百姓，多为他们尽心尽力做实事。汉代思想家贾谊对忠爱观念提出了自己的见解：“忠君子者，无以易爱民也。”贾谊认为，统治者除了要爱民，还应为国家和百姓选出爱民的忠臣。如果统治者不爱民，就是不忠。

4．忠君

在中国古代社会中，忠君观念始终包含于忠的含义里。古代统治者要加强中央集权的统治，就必须要求臣民绝对服从君主的权威。荀子对忠君是这样解释的："敬而不顺者，不忠者也。"臣民必须对君主有敬畏和顺从之心，若只有敬畏而没有顺从之心，就是不忠。古代统治者判断臣民"忠心"的标准之一就是忠君。这也是造成历史上诸多"君要臣死，臣不得不死"的"愚忠"行为的思想根源。秦大将蒙恬、蒙毅兄弟绝对忠诚于秦王，所以对赵高、李斯施毒计炮制出的"秦王诏书"深信不疑，因而拔剑自刎。后世像这样的事件比比皆是。这样狭隘的封建专制忠君思想影响深远，为统治者所沿用。

5．忠国

既然臣民要对君主绝对服从，那为何历史上那些不惜冒着生命危险坚决进谏或者推翻君主暴政的人物会被世人赞为忠义之士？这不得不提及传统思想中另一个重要内涵—— 忠国。这个"国"，不仅可以具体指一个国家，也可以泛指天下，在不同的历史时期有着不同的范畴。《论语・八佾》记载鲁定公问孔子："君使臣，臣事君，如之何？"孔子回答道："君使臣以礼，臣事君以忠。"孔子当时就清楚地认识到君主先要以礼差使臣子，臣民才会用忠诚回报君主。由此可见，忠是有前提的，一国之君想要家天下，必须学会对臣民以礼相待。如果君不使臣以"礼"，臣子就没必要对君尽"忠"。孟子则以"闻诛一夫纣矣，未闻弑君也"，鲜明地提出祸国殃民的暴政君主该诛杀，顺应民心才是忠于天下、忠于人民的。所以《韩非子・奸劫弑臣》篇中就指出，忠是为国家事务尽心尽力，最终能"外无敌国之患，内无乱臣之忧"，绝对不是无条件服从君主。同时，如果君主不能以民为本、任用贤良，甚至昏庸无道、危及国家时，忠臣应该竭尽全力改变这种局面。这里的忠，不再是对某位君主的忠诚，而是对国家、对天下的忠诚。

（二）近代"忠"的基本含义

中国进入半殖民地半封建社会后，内忧外患迫使革命家、思想家们纷纷开始审视忠的含义，带有封建主义色彩的忠君思想被人彻底遗弃。如何推翻封建王朝风雨飘摇的统治、如何抵抗贪婪卑劣的列强的侵略，怎样才能解救人民于水深火热之中，是仁人志士们不断思考的重要问题。所以，这一时期的"忠"的观念更多地体现为保家卫国、维护主权独立和尽职尽忠、维护民族尊严。

1．保家卫国、维护主权独立

当西方列强瓜分我国国土，中华民族处于危亡之际，仁人志士们诠释“忠”的观念，将其认定为人民万众一心、力挽狂澜，奋力保家卫国、维护主权独立的革命斗志。陈天华在《警世钟》中疾呼：“奉劝做官的人，要尽忠报国。”这里所指的忠，不再是服从清政府，而是对整个国家、整个民族效忠，要求人人务必挺身而出反抗西方列强的侵略。柳诒徵曾在《中国文化史》中厘清忠的含义：“第谓居职任事者，当尽心竭力求利于人而已。”柳诒徵清楚地认识到，如果认为臣服听命于君王就是忠，就是不清楚忠的本义，势必造成位居统治地位的人行事肆无忌惮，以致祸国殃民。无数革命者、思想家前仆后继，逐渐认识到厘清忠的含义的重要性，更清醒地认识到忠的含义只有随时代的发展演变、更新才能发挥影响。

2．尽职尽忠、维护民族尊严

当国家处于内忧外患、水深火热时，无数仁人志士挺身而出，振臂疾呼。革命先驱黄兴就认为古代社会的“忠君”思想“竟以奴事一人为确证”，是封建社会的余毒。在整个国家和民族面临危亡之时，“以忠言之，尽职之谓忠”，即每个人尽心竭力、努力做好自己分内的事情就是忠。孙中山曾说：“我们在民国之内，照道理上说，还是要尽忠，不忠于君，要忠于国，要忠于民，要为四万万人去效忠。为四万万人效忠，比较为一人效忠，自然是高得多。”正是这种召唤让众多的革命者投身于为国为民的事业中。

（三）现当代“忠”的基本含义

毛泽东同志认为：“清理古代文化的发展过程，剔除其封建性的糟粕，吸收其民主性的精华，是发展民族新文化提高民族自信心的必要条件。”时移世易，在当代社会里，忠的含义也悄然演化。当今时代，人民已当家做主，已经彻底摆脱封建社会绝对皇权的挟制，而政治关系以国家客体为基点，古代“忠”的忠君等含义已经失去对象，而忠信、忠恕、忠爱、忠国等与人民生活息息相关的内容被注入时代的新鲜血液。

1．忠心爱国

忠心爱国，就是以振兴中华、实现中华民族伟大复兴的中国梦为己任，促进民族团结，维护祖国统一，自觉报效祖国。爱国，是爱党、爱军、爱民的有机统一，我国民众应有深厚的爱国情怀。

传统“忠国”含义在个人对国家的情感和行为等方面作出了较详尽的要求——强

调无论是封建君王、大臣还是普通百姓都应该为国家献身、为社会尽责，时刻提醒人们应该永远将国家利益、民族利益、人民利益摆在首位。

随着社会的进步，对国家与民族的“忠”在逐渐演化为“忠心爱国”。可以说，忠心爱国在当代“忠”的含义中占有重要地位。所谓无国更无家，祖国给了我们一切。人们从新中国成立后翻天覆地的变化中，不仅感受到了当家做主的自豪感，更对祖国的美好未来充满憧憬，人们在现实中，努力将一颗赤诚之心献给祖国。2008年汶川地震发生后，全国各地迅速开展援建工作，用了三年时间，将一个崭新的北川、汶川、都江堰交到四川人民的手里。那段时间里，数千名中华儿女在援建工地过年，无法回家探望家人，大年三十晚上，仅仅朝老家方向鞠个躬，就转身继续干活。“任何困难都压不倒英雄的中国人民!”因为中国人民有着赤诚的忠心，愿把沸腾的热血与赤诚的忠心献给伟大的祖国。

2. 忠厚仁义

忠厚指忠实厚道，包括诚实、善良、感恩、直率、助人为乐等优秀品质，《道德经》写道:“大丈夫处其厚，不居其薄；处其实，不居其华。”仁义，其意为仁爱与正义，《礼记·曲礼》有言:“道德仁义，非礼不成。”此后汉儒董仲舒将“仁义”作为传统道德的最高准则，忠厚仁义也延续到当代社会，成为人与人之间交往时所应具有的重要品德。社会是由无数个体组成的，只有个体之间形成了和谐融洽的关系，社会这个整体才能稳定健康地发展。

在这里，忠厚仁义几乎涵盖了当代社会所有人际关系，无论是亲属关系、朋友关系、同学师生关系，还是雇佣关系、同事关系及上下级关系，都要求人们在交往过程中以宽宥之心待人接物。

宽宥之心即为恕，当代忠文化的宽宥含义也就是对传统忠文化中“忠恕”含义的继承，“所谓恕者，君子之人，论彼恕于我，动作消息于心”。宽宥的品德便是“推己及人”“己所不欲，勿施于人”，凡事多从他人的角度思考。宽宥是一种严于律己、宽以待人的道德规范，体现为自己做不到的事情就不可以要求别人一定要做到，自己希望得到别人的尊重则必须首先对别人以礼相待。

3. 忠诚守信、爱岗敬业

忠诚是一种品德，诚信是一种行为，忠诚代表着诚信、守信和服从，“信”的基本内涵是信守诺言、言行一致、诚实不欺。王安石在《辞同修起居注状第四状》写道:“忠者不饰行以徼荣，信者不食言以从利。”忠诚守信简单来讲就是诚信做人、诚实做事，对工作敬业奉献，对亲人孝爱互敬，对他人诚信守诺。千百年来，忠诚守信被视为中华民族的行为规范和道德修养。

忠诚守信、爱岗敬业实际上是传统忠文化中“忠爱”与“忠君”含义的演化。传统忠文化中，“忠爱”要求统治者居其位而为民造福，“忠君”要求臣民对国家最高统治者尽心服务，从本质上来说都是从职责角度对统治者和臣民的要求。“君”在当代社会已经失去意义，但是从传统忠文化“忠爱”与“忠君”中延伸出的对本职工作尽心尽力的忠于职守的精神仍然具有强大的生命力，并在当代社会演化成为忠文化的敬业含义。

中华民族现代的大厦是由一砖一石垒起来的，我们就是这千秋伟业中的一砖一石。如果我们每个人都能做到上好每一堂课，种好自己的一分田，生产出每一件合格的产品，站好自己的一班岗，努力创造出自己的人生价值，不是就把国家的大厦搭建好了吗？忠诚守信、爱岗敬业，要求人们热爱本职工作、恪尽职守，对自己从事的职业具有高度的社会责任感和积极进取的精神。

第二节
中国古代社会对忠的认识

光阴荏苒，日月如梭，五千年风云变幻，多少睿智的思想家、政治家们耗尽毕生精力，用自己的热血和生命诠释着忠的内涵和意义，引领着人们加深对忠的认识。

一、春秋战国诸子学说：“忠”的萌芽

（一）春秋战国时期“忠”的含义

上古传说中的尧、舜二帝便是秉承“忠”这一政治道德理念的典范。

相传尧帝叫放勋，他明察四方、体恤民情，治理天下、思虑通达；他为人宽容温和、品性谦恭，更重要的是他能够让贤。尧之所以把帝位禅让给舜，是因舜的品行修养为人称赞。在家庭中，尽管其父顽固不化，继母愚蠢蛮横，同父异母的弟弟象倚仗父母，傲慢无礼，但舜却能协调与父亲、继母、弟弟的关系，恪守

忠孝之道；在社会事务中，他尽可能地协调人们的关系，最后让人们能够恪守父义、母慈、兄友、弟恭、子孝五种美德，令四方来宾都肃然起敬。

舜承袭尧帝之位后，忠心耿耿，不辱使命，尽量沿袭尧帝在位时的道德风俗，特别是在任命百官时提出许多关于道德的要求。如任命契担任主管民政的司徒时，要求他要劝导人们遵从父义、母慈、兄友、弟恭、子孝这五种美德；任命皋陶担任主管刑狱的士时，要求他明察秋毫，公正处理事务；任命伯夷担任主持祭祀事务的秩宗时，要求他要做到廉政；任命夔担任乐官时，要求他教育弟子要正直而温和，为人宽容、博采众长且条理分明，刚强坚毅而不凌辱欺负弱者，大智大勇而不傲慢等。应当说，尧舜时代民风淳朴、其乐融融，与领袖人物遵循“忠”这一政治道德是理念密不可分的。

“忠”是晚于“孝”而出现的政治道德观念。在甲骨文、金文中没有“忠”字，在先秦早期文献如《易经》《诗经》《尚书》中等也没有。据后来学者考证，“忠”大概形成于春秋时期。

在原始社会，氏族成员之间共同劳动，过着平等自由的生活，没有君主，自然不会形成“忠”的理念。到了夏商周时期，天子利用宗法制和天命观维护自己的地位，天子代表的是上天的意志，诸侯和老百姓只有无条件服从，否则就是违背上天的意志，所以当时也不会出现“忠”的观念。但是到了春秋时期，社会局势急剧变化，周王室衰败，宗法制解体，周天子已无力控制各诸侯国，依照血缘宗法确定的政治等级秩序遭到了抛弃。这样，诸子百家的学说中就出现了反映、调节臣民与君主、社稷之间关系的“忠”的政治道德理念。

最早对“忠”作出明确解释的是《左传》。《左传》从多个角度揭示了“忠”理念的含义，代表了春秋时期“忠”的思想，主要包含了三个方面：一是表里如一，真诚无欺；二是“上思利民”；三是忠于国家，忠于社稷。

1. 表里如一，真诚无欺

《左传》中提出了一个对后世解释“忠”很重要的观点，即《左传》所记载：“外内倡和为忠。”外指人外在的容貌仪态、言行举止，内指内心；这句话的意思是内心所想与外在表现一致，表里如一，就是忠。这一解释突出了“忠”理念里真诚无欺的特性。

2. “上思利民”

“上思利民”，就是要求君主要为臣民谋取福利。如《左传》里说：“所谓道，忠于民而信于神。上思利民，忠也；祝史正辞，信也。”所谓“忠”是指在位的君主想到的是为民谋福利。这里“忠”的对象是民，“信”的对象是神，“忠于民”

与“信于神”是两个并列的要求。在《曹刿论战》中，曹刿认为，鲁庄公虽不能对狱事了如指掌，但在分析案情时，能够做到实事求是，这就是“思利民”的表现，属于“忠”的范畴。“思利民”是君主对臣子、百姓的忠，是一种职责。

3．忠于国家、忠于社稷

西周灭亡以后，经过春秋时期，中国历史进入战国阶段，“忠”更多地指君臣之间的关系甚至明确要求臣民绝对忠于君主。《左传》中记载了大夫荀息与晋献公的一番问答：“公曰：‘何谓忠贞？’对曰：‘公家之利，知无不为，忠也。’”意思是说：竭尽全力地去做有利于公家的事情就是忠。《左传》中所记载的“临患不忘国，忠也”意指忠就是面临灾祸却不忘国。

《战国策·东周》提出了忠臣的表现：“谓周文君曰：国必有诽誉，忠臣令诽在己，誉在上。”君王每做一件事必然会被毁谤或是被赞美，忠臣应该把毁谤都加在自己身上，而把赞美都归于君主。《战国策·秦一》载张仪说秦王：“臣闻之，知而不言为不忠，为人臣，不忠，当死。”作为臣子如果对自己知道的事情不主动进谏，便是不忠，不忠就应该被处死。由此可见，战国时期的“忠”要求臣民对君主绝对服从，绝对恭敬。这一时期的其他文献记载也表明了这种倾向。如《墨子·鲁问》中就有类似的记载。《荀子》中还强调臣民对君主要“忠”“顺”：“以礼待君，忠顺而不懈。”《韩非子》也有类似专心致志地侍奉君王就是忠臣、不让君主遭遇危险就是忠臣的观点。

（二）先秦儒学对“忠”的认识

“忠”在先秦诸子百家眼里不仅是政治道德原则，更是调节各种社会关系的道德原理。以孔子为代表的儒家学派将“忠”首要看作一种重要的道德伦理，其次看作一种政治理念。

1．忠是为人的根本

先秦儒家认为“忠”是反映人与人之间的伦理关系的基本原则，即待人接物要竭心尽力，真诚无私。据《论语·学而》载，“君子不重则不威，学则不固。主忠信，无友不如己者，过则勿惮改”，讲的是君子应有的修养，提出忠信是为人的根本和基点。在《论语·颜渊》中，子张问孔子如何崇德，子曰：“主忠信，徙义，崇德也。”意思就是忠信能使自己的行为思想符合当下的礼仪规范，才能提高道德修养水平。在《论语·卫灵公》中，孔子认为忠是人最基本的行为原则之一，是片刻都不能违背的。所以孔子一再告诫弟子“与人忠”，即做人要真心实意、竭尽全力。孔子对违背忠的行为与品质，表现出深恶痛绝的态度。《论语·公治长》中道：“巧言、令色、足恭，左丘明耻之，丘亦耻之。匿怨而友其人，左丘明耻之，丘亦耻之。”花言巧语、伪善的容貌、表面的恭顺都是对人对事虚情假意的表现，都不是忠。在《论语·颜渊》篇中，孔子认为看到朋友有过错时，应该忠诚地告诉他，并且对他进行规劝。

2．忠是孝的反映和扩展

在《论语·学而》篇中，孝是忠的前提和基础，忠是孝的反映和扩展，两者是互为照应、相辅相成的。所谓“孝慈则忠”“迩之事父，远之事君”“出则事公卿，入则事父兄。”孔子认为，个人在家行孝，为官事君才会忠。孟子继承并发展了孔子的思想：“仁之于父子也，义之于君臣也。”这里的仁相当于孝。俞荣根先生根据孟子的“仁之实，事亲是也；义之实，从兄是也”来进一步推论为：孟子认为，孝和悌，本质上就是仁和义。

3．君施“礼”于臣，臣对君尽“忠”

孔子还认为“忠”是臣民和君主双方面的政治关系，是一种相互的道德关系，不仅要求臣民忠于君主，而且还要求君主关心和爱护臣民。《论语·八佾》中记载鲁定公问孔子：“君使臣，臣事君，如之何？”孔子回答道：“君使臣以礼，臣事君以忠。”孔子认为君主先要以礼差遣臣民，而后，臣民应用忠诚回报君主。“臣事君以忠”是孔子总结了春秋以来礼崩乐坏的混乱局面之后，在继承传统忠君思想的基础上，所提出来的君臣互动的政治伦理概念。由此可见，孔子眼中的忠是有前提的，一国之君要想家天下，必须学会对臣民以礼相待。如果君不使臣以“礼”，臣子就没必要对君尽“忠”。正如《孟子·离娄》中所言：“君之视臣如犬马，则臣视君如国人；君之视臣如土芥，则臣视君如寇雠。”凡是最后成为一国之君的历史人物，无不在成事之前对有才之士以厚礼相待。先秦儒家尽管也将“忠”作为君主对臣民的要求，但同时也肯定了臣民的人格和尊严，这较之后来被宋明理学演变为“君要臣死，臣不得不死”的“忠”的思想要进步得多。

先秦儒家的忠作为调节社会关系的道德原则并没有发挥最大作用，儒家后学和统治阶级却将儒家强调的臣民忠于君主这一理念发扬光大。战国后期的荀子主张君主专制，《荀子·富国》中提出“无君以制臣，无上以制下，天下害生纵欲”，认为忠是君主对臣民的道德要求。

（三）先秦法家对“忠”的理解

春秋时期著名的政治家管仲最初辅佐齐国公子纠，公子纠失败后，他效力于公子纠的政敌公子小白，公子小白最终成为一方霸主齐桓公。

法家韩非子在“忠”的观念上，主张在维护法的立场上破儒，一方面巩固君主行使法的绝对权威性，另一方面也为自己的学说奠定基础。

《韩非子·忠孝》篇中重点分析了儒家推崇的尧舜禅让和汤武革命，严厉斥责了“尧为人君而君其臣，舜为人臣而臣其君，汤、武为人臣而弑其主、刑其尸”，四者“是以有弑君，有曲于父”“或反君臣之义，乱后世之教者也”。韩非子认为，儒家称颂尧舜，在古代是能令人民信服的，然而现今的人都变聪明了，不会再被这些虚名所迷惑。因此，君主就要动用赏罚来刺激民用和禁止民奸。而在不同的时代，群众的心理基础不同，“忠孝”的定义也不同。

韩非子还对君臣之间的微妙心理作了分析，《韩非子·备内》篇云：“人臣之于其君，非有骨肉之亲也，缚于势而不得不事也。故为人臣者，窥觇其君心也，无须臾之休，而人主怠傲处其上，此世所以有劫君杀主也。”希望君主在不同时期、不同环境有不同的感悟。父母对自己的亲生骨肉都带有功利的眼光，就更别说没有血缘关系的君臣了。在《韩非子·忠孝》篇中对“君明臣忠”作出这样的阐释：“所谓明君者，能畜其臣者也；所谓贤臣者，能明法辟、治官职以戴其君者也。”在这里，“明君”不过是善于畜养臣民的君主，而懂得遵守法律，治理国家政务，拥戴君主的臣子才算忠臣。

春秋战国时期是奴隶社会向封建社会过渡时期，这一时期“忠”的观念不可避免地带有一定的历史局限性。首先，在先秦儒家对“忠”的论述中，将忠君与忠于国家、民族紧密联系在一起。他们认为君主代表整个国家，忠君就是忠于国家民族，这就把“忠”局限于只对一家一姓的封建王朝效忠，导致后世“愚忠”思想的出现，带有浓厚的封建意识色彩。

其次，史料中的很多记载表明，忠君和忠于国家或民族也有相冲突、不一致的时候。如果立足于忠君观念，管仲臣服于先主的仇敌，可以算是违背君臣之义的不忠之臣，但管仲辅佐齐桓公成就霸业，维护了齐国的整体利益，这又是忠于齐国的表现，因此得到了孔子的高度评价，认为他有“一匡九合之功”。顾炎武在《日知录》中便这样评价：“君臣之分所关者在一身，华夷之防所系者在天下，故夫子之于管仲，略其不死公子纠之罪，而取其一匡九合之功，盖权衡于大小之间而以天下为心也。夫以君臣之分犹不敌华夷之防，而春秋之志可知矣。”很明显，“君臣之分”就是臣民对君主的忠诚，“华夷之防”强调的是对民族的忠诚，后者的价值远高于前者。

二、汉代"王道三纲"："忠"的大盛

"忠"观念的形成，对中国古代神话故事的演变有着潜移默化的影响和改造作用。最典型的例子是鲧的故事在不同朝代的演变。

鲧在中国古代很多文献中都有记载，如《山海经·海内经》记载了这样一则故事。洪水滔天，鲧看到天下苍生受苦受难，于心不忍，便没有乖乖地听从帝的命令，私自把帝的息壤偷出来阻挡洪水。于是帝命令祝融在羽郊杀掉鲧。鲧死后生出了禹。帝于是命令禹铺治理洪水，终于安定了九州。

《史记·夏本纪》则将这个传说演绎为尧帝命令鲧治水，整整九年过去了，洪水非但没有被控制住，反而到处横流。舜继承了尧的王位，为了忠诚地完成尧的政令，鉴于鲧治水不得力，便命令鲧在羽山以死谢罪，后来又命令鲧的儿子禹治水。

《拾遗记·夏禹》又将这个传说记录为这样一个故事。相传尧命令鲧治水，历时九年而毫无成绩，鲧自己觉得惭愧，便沉于羽渊之中，化为很大的鱼，这条大鱼时而扬须，时而振动自己的鳞片，甚是威猛，它还能逆流而行，激起的水花四溅，看到它的人都称他为"河精"。于是海民在羽山中修立鲧庙，在庙中祭祀时，常常就会看见大鱼与蛟龙从河中跳跃而出，看见的人既惊奇又很害怕，都啧啧称奇。

我们从以上古代文献中关于鲧、禹治水的传说演变可以看出，禹与鲧的主要区别不是治理洪水的技术方法，根本问题在于鲧没有忠诚地听从天帝的旨意而行动，并且偷窃天帝的"息壤"，触犯了天条，而禹的成功在于忠诚地按照旨意行事。根据以上古代典籍成书时间可以看出，传说故事的演绎变化很显然受到了确定之后的"忠"观念的深远影响。

（一）强化"忠君"观念

中国历史进入战国七雄并立时期以后，经过商鞅变法，秦国在七国中独占鳌头，成为战国后期实力最强的国家。最终，秦王嬴政制定出"分化瓦解、各个击破"的策略，采取远交近攻方式，将其他六国逐个击破，最终统一天下。为了维护一统天下的局面，秦朝独崇法家、实行法治，中央集权的君主专制制度确定并且最终完全形成，统治者极力宣扬君王专制、君王独尊，臣民要忠君的伦理道德思想，"忠"则被赋予了更浓郁的政治色彩。顾颉刚先生在《古史辨》自序中便认为这一时期"忠君观念大盛"。《史记·李斯列传》中公子高说："为人臣不

忠。不忠者无名以立于世。”如果臣民对君主不忠，那么便无以立足于世上。

西汉初期的皇帝为避免秦朝酷政的恶果，采用了道家无为而治、“与民休息”的治国理念。国内则采取郡县和封国并存的制度，分封侯国和王国，其中侯国只享有封地内的税收，无军事和行政权并受郡的管辖，而王国则拥有独立的政治和军事权力，导致了汉代中期“削番”的困难。在与匈奴和亲之后，汉代的经济开始发展起来，但封王有了自己的力量，开始频频威胁中央政权，甚至发动了“七国之乱”。于是朝廷设法削弱各个诸侯王的力量，加强中央集权。汉武帝时期是西汉最强盛的时期。他对内施行“推恩令”，进一步削弱诸侯的力量，提倡“罢黜百家，独尊儒术”，改革了选用官僚的制度，禁止诸侯国自己制造钱币。“罢黜百家，独尊儒术”并不仅仅是继承与发展了儒家思想，而是在儒家思想的基础上吸取了法家、道家、阴阳家等各家的思想。因此，汉武帝时期通过对忠的强化，建立了比秦朝更加集权的中央官僚机构。

（二）维护君主的绝对权威

西汉的政治家和哲学家董仲舒在《春秋繁露》中提出了维护君主绝对权威的“三纲五常”理论，将尊主贵君、以死效忠的忠君思想推到了另一个高度。

董仲舒的“三纲五常”伦理思想源自儒家伦理核心——君臣、父子、兄弟、夫妻、朋友这五种人际关系，即“五伦”。处理“五伦”关系的道德信条应该是义、仁、礼、智、信，即“五常”。“仁”即爱人、孝悌、忠恕等。“义”指封建道德规范和标准。“礼”是各种封建礼仪、制度和规范。“智”为判别是非之心。“信”系忠诚守信。在“五伦”中，董仲舒重视君臣、父子、夫妻这三伦，把他的自然观中关于阴阳的理论，作为他的社会、伦理思想中的“三纲”的根据。因此“三纲”指“君为臣纲、父为子纲、夫为妻纲”这三条封建道德原则，要求为臣、为子、为妻必须绝对服从于君、父、夫。董仲舒在《春秋繁露·基义》中讲道：“凡物必有合。合，必有上，必有下，必有左，必有右，必有前，必有后，必有表，必有里。有美必有恶，有顺必有逆，有喜必有怒，有寒必有暑，有昼必有夜，此皆其合也。阴者，阳之合；妻者，夫之合；子者，父之合；臣者，君之合。物莫无合，而合各有阴阳。阳兼于阴，阴兼于阳；夫兼于妻，妻兼于夫；父兼于子，子兼于父；君兼于臣，臣兼于君。君臣、父子、夫妇之义，皆取诸阴阳之道。君为阳，臣为阴；父为阳，子为阴；夫为阳，妻为阴。阴道无所独行，其始也不得专起，其终也不得分功，有所兼之义。是故臣兼功于君，子兼功于父，妻兼功于夫，阴兼功于阳，地兼功于天。”最后得出“王道三纲”：“君为臣纲，父为子纲，夫为妻纲。”“三纲”之中以“君为臣纲”的政治关系为首，并将君主列为“纲”的位置，这便是充分肯定君臣是一种主从、尊卑的关系，为从者、卑者的臣民就必须绝对忠于为主、位尊者的君主，那么忠君顺其自然地成为臣民所恪守的政治法则。

冯友兰先生是这样解释的：“照表面上看，好像董仲舒在这里讲到事物的对立面统一的辩证法。其实，他所讲的‘合’是配合，不是对立的统一。他认为，有一个东西，就必有另一个东西跟他相配。这个东西是主；跟它相配的东西是从。阳是主，阴是从；君是主，臣是从；父是主，子是从；夫是主，妇是从。这个主、从的关系是不能相互转化的，是永恒不可变的。”接着，冯友兰对董仲舒的上述论断作了进一步的解释：“其实，联系下文，就可知他所说的阳对于阴的‘兼’，是包括的意思；阴对于阳的‘兼’，是被包括的意思，即所谓‘所兼’。阳可以兼阴，阴则只能为阳所兼。这就是他所说的，‘阴道无所独行，其始也不能专起，其终也不得分功，有所兼之义。’这就是说，即使阳在阴的配合下而有了功，这功也是阳的功，阴不能分享。上面讲过，董仲舒在自然观方面，认为阳永远统治着阴。把这个理论应用到社会、伦理思想中，他断言，君永远统治着臣，夫永远统治着妇，这是‘道’。”

董仲舒的这种理论，后来发展为封建社会中著名的“纲常理论”。无论君、父、夫是怎样的人，他们都具有绝对的权力；他们的臣、子、妻对于他们只有忠诚服从的义务，简而言之，臣、子、妻必须忠诚于君、父、夫。

（三）《忠经》系统梳理总结“忠”的观念

汉代，由于政治、教育等方面的原因，儒学在政治和社会中的影响日益加强，儒学在政治社会化中所起的作用也越来越大。可以说，汉代的政治社会化，其实就是儒学化。统治者将政治社会化的目的就是将政治文化信息传播开来，使该政治文化得到普遍的认同。因此，汉代出现了很多大名鼎鼎的儒家学者以及对儒家思想进行注解的经典书籍，系统总结“忠”观念的经典《忠经》也出现了。

《忠经》由儒家学者马融编撰、郑玄注解，效仿《孝经》的体例，共十八章，较系统地阐述了秦一统天下建立封建专制集权以来“忠”观念的主要内容，标志着汉代“忠”观念已建立了一个较为完整的政治伦理道德体系。首先，《忠经》强调忠是天地之间存在的永恒的法则。《天地神明章》中明确提出：“昔在至理，上下一德，以征天休，忠之道也。天之所覆，地之所载，人之所履，莫大乎忠。”而且，《忠经》为了强调忠的永恒性、绝对性，将它视为与天、地、人并存的道德法则，而且将它放置在“孝”这个观念之前，“推孝必贵于忠”“行孝必先于忠”。第二，明文规定了“忠”观念下的具体要求。《忠经》仿《孝经》体例，专门列有“圣君”“冢臣”“百工”“守宰”等章节，把“忠”分为圣君之忠、冢臣之忠、百工之忠、守宰之忠、兆人之忠，即把“忠”分为君主、宰相、百官、地方官员、百姓这几类的“忠”，直言“人之大伦，内则父子，外则君臣；事父以孝，事君以忠”。《忠经》这部书从君主专制角度阐述，针对西汉末年发生的王莽篡权、赤眉绿林起义等不忠于封建专制的历史事件，充分让君主认识“忠”观念的价值和重要性，让臣民恪守“忠”的范畴和要求，这样才能维护长久的君主专制统治，统治阶级和利益。

三、宋明理学：“忠”发展的极致

（一）高度中央集权制度推进“忠”到达顶峰

到了宋朝，统治者建立起一个高度中央集权的封建王朝，君主掌握着中央及地方的政治、军事、财政等各种权力，因此，社会逐步稳定。与此相对应，比“纲常理论”更加强调君臣父子的政治观念，倡导“父子君臣，天下之定理，无所逃于天地之间”的理学出现了。

（二）宋明理学对“忠”的演绎

宋代程朱理学昌盛，理学家们热衷于讲论义理。他们看来，天地的本性是根本，是天理在人身上的体现，因此，性就是理。因此他们将天理绝对化，将人的欲望非道德化，使天理和人欲两者绝对对立，强调个体道德对社会伦理的绝对认同，提出“天理存则人欲亡，人欲胜则天理灭”，希望这样能化解个体与社会、个体欲望与社会秩序之间的矛盾。“天理存则人欲亡，人欲胜则天理灭”是宋明理学的最高境界，也是其对伦理政治道德的最高要求。因此程朱理学也将“忠”观念提高到了“理”的层次，要求人们对伦理纲常有绝对忠诚的敬畏之情，从而培养出高尚的道德情感并能真心实意地去履行社会公认的道德规范，达到“慎独”的精神境界，以虔诚的心理专一于天理。这样，天理才能存在，人欲才能得到有效的遏制，儒家的伦理规范才能变为现实。比如二程所云：“忠者，无妄之谓也。”陆九渊说：“忠者何？不欺之谓也。”朱熹说：“尽己之谓忠”，并进一步解释说，“发于心而自尽则为忠”，“在己无不尽之心为忠”。

理学家们的阐释，显然继承了春秋时期竭诚尽心的思想意蕴，但最重要的观念还是："忠"是"理"的体现，普天之下谁违背"理"都会为天下所不容。朱熹在《朱文公文集·戊午谠议序》中便提出"君臣父子之大伦，天之经，地之义，而所谓民彝也"，并且还说道："有君父不幸而罹于横逆之故，则夫为臣子者，所以痛愤怨疾而求为之必报其仇者，其志岂有穷哉!"这里不仅将"忠"作为不可违逆的"理"，还强调臣民有为君主报仇雪恨甚至为君主殉死的义务。这种完全与人生存所需要的"人欲"相违背的"理"，便是程朱理学所倡导的"存天理、灭人欲"的基调，作为"理"中的"忠"观念也不例外，臣民必须恪守"三纲五常"这个封建道德规范。在这个阶段，忠君观念得到最极致的强化，忠君的政治道德价值高于忠于国家、忠于人民。最后，程朱理学成为我国儒学发展的极致，"忠"的观念逐渐被极端化。

第三节
中国近代社会对忠的认识

历史的年轮推进至康乾盛世末期，清王朝的衰亡已现端倪。清朝君王极力维护封建统治，维持当时的小农经济，严格执行重农抑商政策，反对种植经济作物、反对开矿、反对发展手工业。在政治、经济、意识形态高度集中的封建社会，从明朝中期出现的资本主义萌芽便被扼杀在摇篮之中。再加上君主暮年，其政治决断力与进取心逐渐衰退，贪图享乐，朝政势必不断腐化。同时，清政府推行的海禁政策严重影响了社会经济和文化的发展。

一、抵御外来侵略，争取民族独立

永暑礁，是中国人民维护南沙主权的一座丰碑，它反映着中国对南沙海域领海主权的实际行使，继永暑礁第一个建站驻军之后，我国分别在赤瓜、东门、美济等六个南沙岛礁建站驻军。

在永暑礁，一切都很新奇，像在另外一个星球似的。有小菜园、小花园、小作坊、椰子树、松树、仙人掌、太阳花、炮台、蓄水池、邮电局、气象观测站、码头、足球场甚至猪圈、鸡栏等等。南沙守备部队原政委张万华书写了一副礁联：（上联）烙一身古铜，纳民族大业，天涯须眉潇潇洒洒，烟波浩渺中，审潮涨潮落真如壮丽人生，留一朝豪业皆成千古风流；（下联）铸一副铁骨，承祖国重任，军营男儿轰轰烈烈，云海变幻处，看日出日没都是锦绣山河，送一日时光化作万载辉煌；（横批）家。

整整十年来，一批又一批的南沙巡防区的海军官兵以及执行战备巡逻值班的海军舰艇部队官兵夜以继日地守卫在南沙海区，他们保卫南沙，建设南沙，在自然条件艰苦、敌情复杂的境况中，吃苦耐劳，战胜种种困难，用数年如一日的艰苦奉献精神和“礁在人在红旗在”的英雄气概谱写了一曲中华儿女守礁卫国的民族英雄主义精神赞歌，建立了当代中华民族保卫海洋的不朽功勋。

十五、十六世纪，世界进入海权扩张、独立发展的新时代，而原本一直领先世界的中国却止步不前。限制甚至禁止海外贸易的政策，严重阻碍了中国在世界历史舞台上前进的脚步，更将中国推向了一个极其危险的境地，借助工业革命迅速发展的西方列强，正在海洋的另一角窥视着正在衰退的清朝政府，伺机用某种东西撞开中国门户。而这种撞开中国门户的东西正是鸦片。

17世纪，鸦片是作为安神止痛的药物流入中国的。18世纪英国东印度公司直接经营鸦片，揭开了鸦片贸易的序幕。19世纪初，鸦片成为富家子弟消遣娱乐的物质，到了19世纪中期，广东和福建两省居然满街都是烟馆。鸦片作为一种毒品，极易让人成瘾，人一旦停止吸食会出现焦躁不安、全身寒冷、战栗不止、肌肉抽搐、筋骨疼痛等戒断症状，长期吸食鸦片的人会体力衰减、萎靡不振。而且，烟民为了得到鸦片，往往会不惜任何代价，对社会安全造成危害。鸦片贸易带来的另一大损害是使我国大量白银外流。白银外流引发了银价不断上涨和钱价不断下跌。

从英国流入的鸦片，像毒蛇般缠绕着中国人民逐渐衰退的体魄和精神，更对中国的经济和国家财产造成了极其重大的破坏。在反对外国侵略、维护国家民族尊严、保卫中华儿女正当权益的忠诚之士里，林则徐堪称楷模。

虎门销烟持续了近一个月，大大增长了中华民族忠臣志士反抗外来侵略的志气，也是我国近代史中反抗帝国侵略、维护民族独立的第一个浪潮。

鸦片战争开始后，忠勇之士前仆后继，奋勇战斗，誓死保卫国家民族不受列强侵略。1841年5月，攻占广州的英国侵略者在城北郊区三元里烧杀抢掠、奸淫妇女，遇到三元里人民的英勇抵抗。一个英国军官这样记录道：“30日上午，一大群一大群的敌人集合在军营的后面，以长矛、盾牌和剑为主要的武器……敌人散布在一里以上的地面上，大约有五千人之众……两小时内，敌人增加到七千人以上，露出许多军旗和几支火绳枪。”三元里的民众打着三星旗，带着对侵略者的仇恨，用刀、矛、棍棒痛击英军，英军在雨中被打得落花流水、失魂落魄，“乞命之声震山谷”。这是中国民众联合抗击侵略者的一面鲜红的旗帜。1841年10月的镇海保卫战中，两江总督、蒙古族官员裕谦，督战镇海，临危不惧，亲自登城指挥将士们英勇作战，城破后投池自尽以身殉国，浩气凛然，与贪生怕死、临阵溃逃的民族败类余步云形成了鲜明对比。

1842年2月虎门之战中，年届六旬的广东水师提督关天培，在明知孤军无援、难以挽回战局的绝境下，死守阵地，将自己的财物全部分赠将士，鼓励他们英勇杀敌，与英军激战达十小时之久。最后与敌人肉搏，身体被刺十多处，仍然持刀拼杀，最后战死在炮火中。

1842年5月英军以皋华丽号等7艘战舰、4艘武装轮船，分3路进攻乍浦。朱翔清曾记录道：英夷破乍浦，杀掠至惨，积胔塞路，或弃尸河中，水为之不流。英军在占领乍浦的五天期间，没有一刻停止过烧杀掠夺、淫虐妇孺。英帝国主义在中国犯下了滔天罪行。据夏燮《中西纪事》记载，驻守在浙江乍浦城南三里观音山脚下天尊庙里的满洲旗营八旗将士共276人，在佐领隆福的率领下，坚守阵地，打退了敌人的数次冲锋，浴血苦战三小时后，清军陷于重围，官兵宁死不屈，隆福与受伤未死者，均“引刀自刎”，233人壮烈殉国！突围生还者仅43人。“其坚贞不屈，殊可风也。”《中华帝国对外关系史》一书中写道：“乍浦清军之顽强抵抗，很使英国惊异，这是他们在中国从未遇到过的。”英侵略军官柏纳德在《复仇神号战舰航行作战记》中写道：凡是亲眼看到中国士兵，以那种顽强的斗志和决心来保卫他们阵地的人，没有哪一个人能对中国士兵的英勇拒绝予以尊重。

第二次鸦片战争中，尽管清政府没有表现出坚决抵抗列强入侵的态度，但不少捍卫国家主权、民族尊严的忠诚儿女表现出坚决抗击列强入侵的勇猛无畏的精神。1859年6月，英、法、美联军向大沽口守军无理挑衅，直隶提督史荣椿镇守南岸中炮台，率守军还击，重伤英舰队司令何伯，史荣椿被敌炮炸伤，在生命垂危之际，仍旧指挥部下奋勇抗敌，最后高呼“杀贼”而死。副将龙汝元镇守北岸炮台，奋勇当先，坚持亲自发炮，经久不下火线，不幸被敌炮击中，当即阵亡。在这场血战中先后有32名忠于国家、忠于民族的爱国将士壮烈牺牲。

清政府与日本签订《马关条约》，将台湾和澎湖列岛割让给日本，台湾人民纷纷表示，愿人人战死而失台，决不拱手而让台。他们组成义军，为保卫家园而进行了长期而坚决的斗争。台湾人民在吴汤兴、徐骧、姜绍祖等的领导下，组成了抗日武装队伍，联合抗击进犯新竹的日军近卫师团。1895年，日军先后占领了基隆、台北，继而向台南进发，每到一处都遭到了当地爱国军民的殊死抗争。尽管日军武器装备比较先进，但战前就进驻台湾的黑旗军和民间的抗日义军团结一致，在新竹、大甲溪、彰化、嘉义、台南，与日军进行了一次又一次的殊死激战，枪毙杀伤日军三万多人，近卫师团团长北白川能久亲王毙命。台湾人民的抗日战争持续了7年，简大狮、柯铁虎和林少猛被称为当时的“抗日三猛”。

国学大师刘师培在《中国民约精义》中对这个时期的“忠”的含义作了历史性的分析：“今之训忠者，专以为在下事上之名，设为佣奴事主之格，稍有不顺，即字之曰逆，谥之曰叛，忠之名义既失，遂以斯字为顺之代名矣。后世不审其义，凡在臣民皆以忠顺之说引为己责，是任其上之百方要求，必委曲求合于斯格，以博身后之荣誉，斯则可怪之甚者也！”他认为“忠”不应该再沿袭封建社会臣民对君主的绝对服从，而应该体现为奋力抵御列强的侵略，维护国家主权和民族尊严。

从近代社会开始，以忠君忠国为主要内容的传统“忠”观念转变为中华儿女团结起来，奋力抵御列强侵略，维护国家主权和民族尊严的内容。无数铁骨铮铮的中华儿女为了捍卫国家民族尊严、保卫国家主权洒下热血，献出了自己的生命，树立起无数忠臣儿女的不朽丰碑。

二、推翻反动统治，实现人民解放

辛亥革命结束了中国两千多年的封建制度，然而中国从封建帝制走向现代民主国家的道路并不平坦。在推翻清王朝统治之后，新成立的中华民国政权尚未巩固，就遇上袁世凯称帝、张勋复辟、军阀混战，政府的权威由于军阀的篡权而丧失殆尽，中华民国在事实上深受中央政权衰微之苦。此时的中国推翻了旧的皇帝，却迟迟未建立起新的权威，中国人千百年来的信仰体系失去了它所依靠的基础——皇权，加之“民主”“自由”“平等”等西方民主理念在政治实践上又被证明与中国当时国情格格不入，中国人出现了权威信仰危机。一部分社会精英对于“忠”等中国传统伦理纲常进行猛烈的鞭挞，一部分人却赋予“忠”等传统观念顺应时代的意义并广为宣传，希望用“新面貌”的“旧传统”重新构建权威的道德体系和价值观念。

辛亥革命的先驱、同盟会主要领导人之一的黄兴认为不能因为推翻了皇帝而“不孝不悌不忠不信”，那样“势必导致伦理荡尽，邪说横行”。在黄兴看来，“忠”之初始内涵并无不妥，如“为人谋而不忠”里的“忠”所指的是“凡做事能着实做去”，“忠”只是在皇帝一人专制下的封建社会里才扭曲变形。他赋予“忠”资产阶级革命精神，认为新时代的“忠”是剔除了“忠君”之糟粕而“建忠于民国”，具体表现在国民“以民国为重，负完全责任”，政党“以国利民福为前提，持政见不持党见”，军人“赤心爱国，为民国尽保护之责任”。黄兴从理论上对“忠”的内涵进行了重新的界定，对重构近代伦理道德具有积极的时代意义。

为构建中华民国的道德体系和价值观念，孙中山对中国传统道德观念“忠孝”“仁爱”“信义”“和平”进行了新的解释，并将其提升到重要位置。对于“忠”的内涵，他同黄兴一样，将传统的“忠君”内容剔除出去，而注入新的民主观念：现在一般人民的思想，以为到了民国，便可以不讲“忠”字，以为从前讲“忠”字是对于君的，所谓忠君，现在民国没有君主，“忠”字便可以不用，所以便把它拆去。这种理论，实在是误解。因为在国家之内，君主可以不要，“忠”字是不能不要的，如果说“忠”字可以不要，试问我们有没有国呢？我们的“忠”字可不可以用之于国呢？我们到现在说忠于君，固然是不可以，说忠于民是可不可呢？忠于事又是可不可呢？我们做一件事，总要始终不渝，做到成功，如果做不成功，就是把性命去牺牲，亦所不惜，这便是忠。所以，他强调：我们在民国之内，照道理上说，还是要尽忠，不忠于君，要忠于国，要忠于民，要为四万万人去效忠。为四万万人效忠，比较为一人效忠，自然是高尚得多。故“忠”字的好道德还是要保存。孙中山诠释的“忠”不再以等级尊卑为前提，而是在人人平等的基础上，对国家、对民族、对社会、对人民的忠。

孙中山作为中华民国的第一领袖，他所希望建立的信仰体系却随着民国时局的动荡和战争迟迟未建。忠的内涵服从于全中华民族救亡图存的需要，中国的思想家们不再试图重新诠释忠的内涵，但是“忠于国家”仍然是大众普遍认可的内涵思想。很多人都在用实际行动来证明自己对国家的“忠”，无论是文人入伍还是武人从政，都是指向一个目的——推翻反动统治、实现人民解放。

在孙中山的领导下一些有识之士为建立民主共和制的新政权而不懈奋斗，他们为推翻反动统治、实现人民解放作出了不可磨灭的贡献。

康有为、梁启超发起的“百日维新”证明腐朽的清王朝不可能走上君主立宪的道路，唯有推翻其反动统治、建立民主共和的制度才能结束中国任人宰割、受尽欺侮的局面，才有可能实现人民的解放、国家的自强。

辛亥革命瞬间倾覆了本已岌岌可危的清王朝，但是中国面临的复杂局面却使得独立自强之路曲折而艰难。清王朝被推翻了，却又来了称帝独裁的袁世凯、“愚忠”复辟的张勋、争权混战的北洋军阀，孙中山领导革命党人与这些反动势力一一进行斗争，但是他本人却在革命未尽、政权未定的时候溘然长逝。孙中山的继任者蒋介石打着忠于“国父”孙中山的旗号，却在独裁反动的道路上越走越远。

孙中山所努力建立的资产阶级民主共和制度从未真正建立起来，蒋介石接手后的国民党政府又一步一步走向集权专制统治。历史证明，马克思主义领导下的社会主义道路才是中国的最佳选择。中国共产党为推翻反动统治、实现人民解放而奋斗，无数共产党人始终忠于共产主义信仰、忠于国家、忠于人民，终于建立起独立自强的社会主义新中国。

从辛亥革命到新中国成立的这一历史阶段，中国的内忧外患比之鸦片战争后的清政府更加严重，“救亡图存”是这一时期的思想文化和道德信仰的最大主题，中国的传统道德体系和价值观念面临前所未有的危机。“忠”这个封建社会中被推崇为最高道德准则的观念，因为皇帝的消失而失去了“忠君”的“第一要义”，但是其“忠于国家”的意义始终占据主流，始终是前仆后继的革命者们所信仰的理念。从早期的同盟会和国民党人，到中国共产党，到民主党派，都在推翻反动统治、实现人民解放方面践行着“忠于国家”这一被赋予时代意义的信仰。

第四节
中国现代社会对忠的认识

在中国古代封建社会皇权掌控一切、皇帝唯我独尊的情况下，“忠”是唯命是从，“忠君”即“忠国”，“忠君”有时候甚至大于“忠国”，“忠君”是臣民必须恪守的永恒法则，“忠”是臣民的最高政治价值。自民国始，皇帝在中国已不复存在，“忠”不再是统御一切的道德准则，“忠”的意义只剩下“忠国”。进入现代社会，社会道德的主流是社会主义道德，“忠德”理应占据一席之地。在现代社会中，“忠”绝不是无条件的“愚忠”，而是有条件、有选择的“忠”。现代“忠”的含义有三个方面。首先，现代人无不从事某个职业，对职业应尽心尽力，此即热爱本职、忠于职守。其次，现代人无不心怀理想追求，理想唯有坚持才能实现，此即心怀信仰、忠于信念。最重要的是“忠国”，无论是封建社会还是社会主义社会，忠于国家都是每个人的义务，此即心系人民、忠于祖国。

一、热爱本职，忠于职守

著名的国际主义战士白求恩医生在我国家喻户晓，他1890年生于加拿大，20世纪30年代时已经是加拿大、英国和美国医学界著名的胸外科医生。20世纪30年代末，为了支援中国人民抗日，白求恩率领一个由加拿大人和美国人组成的医疗队来到延安，他在异常艰苦的条件下把医生的作用发挥到了极致。他致力于改进部队的医疗工作和战地救治工作，并创办卫生学校培养大批医务骨干，还组织战地流动医疗队出入前线救死扶伤，为减轻伤员的痛苦，他把手术台设在离前线最近的地方。白求恩曾经在前线连续工作69小时，也曾历时4个月给分散在游击区居民家中的伤员做手术，他还在手术台上主动献血，还组织制作了可装多种医疗器械和药品的“药驮子”。1939年10月，白求恩医生在一次战斗中抢救伤员时被手术刀割破左手中指，并在随后的手术中受到感染，在这样的情况下他还继续坚持去战地做救护工作，1939年11月12日，白求恩医生因败血症医治无效去世。

毛泽东同志对白求恩这种忠于职守的高尚德行给予了很高的评价：“白求恩同志毫不利己专门利人的精神，表现在他对工作的极端的负责任，对同志对人民的极端的热忱。”白求恩热爱医生的本职工作、忠于医生的职业操守，在技术上做到精益求精、在业务上做到刻苦钻研，并且克服不利条件、利用有利条件甚至是创造条件来帮助其完成本职工作——救死扶伤，并最终牺牲在工作第一线上。

白求恩是医生中热爱本职、忠于职守的楷模，他虽然是一个国际友人，却在中国人民最困难的战争时期成为我们的榜样和精神支柱，他虽然生在近代，但是他热爱本职、忠于职守的专业精神却一直激励着现代人。

本职即本职工作，指一个岗位职责范围内的事情，是从事一个岗位的人赖以生存的基本责任与职能，比如医生的本职工作是治病救人、教师的本职工作是教书育人、军人的本职工作是保卫国家。社会越发展，社会分工越细，职业类型越多，每一个职业都起着满足社会生产和生活需要、促进人际交流的作用。《史记·货殖列传》就说道：“《周书》曰：‘农不出则乏其食，工不出则乏其事，商不出则三宝绝，虞不出则财匮少。’财匮少而山泽不辟矣。”这说明每一个职业在社会发展中都起着不可或缺的作用。无论从事什么职业，都能对社会作出积极的贡献。无论从事什么职业都应重视这份职业、热爱本职工作。

忠于职守即忠于职业操守，需要忠于职业活动中的道德规范、在工作中尽心尽力并以单位利益为重。忠于职守首先是忠于职业道德。职业道德是同人们的职业活动紧密联系的符合职业特点所要求的道德准则、道德情操与道德品质的总和，它既是对本职人员在职业活动中行为的要求，同时又是职业对社会所负的道德责任与义务。如中小学教师必须热爱学生，关心爱护全体学生，尊重学生的人格，平等、公正地对待学生；还应严谨治学、团结协作、尊重家长、廉洁从教、遵守社会公德、注重身教等等。职业道德一般没有实质的约束力和强制性，主要依靠文化、内心信念和习惯来实现，受到社会舆论的监督。“范跑跑”在地震来临的关键时刻只顾自己性命而弃学生而去，是践踏了“热爱学生，关心爱护全体学生”这一条职业道德，虽然法律无法惩治他，但是他受到了舆论的强烈谴责，也被学校开除。各行各业都有自己的职业道德，每个从业者都应遵守职业道德、忠实实现职业道德。

忠于职守还须在工作中尽心尽力、任劳任怨、严肃认真。明代王守仁说：“古者四民异业而同道，其尽心焉，一也。士以修治，农以具养，工以利器，商以通货，各就其资之所近，力之所及者而业焉，以求尽其心。其归要在于有益于生人之道，则一而已。士农以其尽心于修治具养者，而利器通货，犹其士与农也；工商以其尽心于利器通货者，而修治具养，犹其工与商也。”古代士、农、工、商分别通过修治、具养、利器、通货来尽心从事本职工作，现代人更需认真对待本职工作，以任劳任怨、严肃认真的态度来对工作尽心尽力。任劳任怨即勤劳工作并持之以恒，为工作、为事业奋斗一生，既能忍受身的劳苦，又能忍受心的折磨。严肃认真即对工作尽职尽责，不是把职业当作谋生的手段，而是把职业当作终生奋斗的事业。同时也要脚踏实地，从小事做起、从基层做起，一步一个脚印，方能踏上职业和事业的顶峰。

忠于职守还要忠于单位利益，以单位利益为重。忠于单位利益最基本的要求是认真履行本岗位的工作职责，不违规犯错、不损公肥私。忠于单位利益需要承认并服从于单位的价值观，以出色的理解判断能力和解决问题的能力来完成使命，并且以单位的发展为己任、以强烈的责任心推动单位发展。同时，忠于单位利益的“忠”应讲求原则，顾及国家和人民的利益，不能以牺牲道德、纪律和法律为代价来为单位谋求一时之私利，而置社会利益、国家利益于不顾。

热爱本职是做好本职工作的前提，忠于职守是做好本职工作的关键。职业无高低贵贱之分，不同职业之间能相互补充，共同促进社会发展。这就需要人们在所从事的各种职业中扮演特定的角色、承担特定的社会责任和道德义务并尽心尽力、尽职尽责地完成本职工作。热爱本职、忠于职守是发扬中国优秀“忠”传统的需要，也是促进社会协调、良好发展的需要。

二、心怀信仰，忠于信念

《集结号》是一部战争题材的影片，背景是1948年的淮海战役，中国人民解放军与国民党军队的战斗空前惨烈。九连连长谷子地接受了一项阻击战的任务，他与团长约定以集结号作为撤退的号令，只要听不到集结号声，全连必须坚持到最后一刻。在敌强我弱的形势下，谷子地的47名战友一个个倒下，这时，有人说听到了集结号，可大伙对此产生了分歧，最终九连没有撤退，直到全部阵亡。奇迹生还的谷子地被解放军当作敌军士兵俘获，他有口难辩。在后方医院里他知道，自己原来的部队番号也被撤消，战事的瞬息万变使他成了一个无“家”可归的人，他不仅难以证明自己的真实身份，那47个战死的弟兄也都将被视为失踪者。从此他心事重重地踏上了抗美援朝战场、进入了和平年代，他后半生的唯一使命就是要为九连正名、为47名阵亡的弟兄追回一个烈士的称号。在历尽艰苦、费尽周折之后，47名烈士得以安葬，集结号终于吹响，告慰了他们的在天之灵。

谷子地怀着共产主义必胜的信仰，为解放中国人民、建立新中国而在战场上浴血奋战，他坚信九连的牺牲应该得到认可、烈士应该得到相应的待遇，并一直忠于这个信念，所以才会倾尽自己后半生的精力来为九连和九连的烈士正名。谷子地对信念的忠诚程度，已经达到不以物喜、不以己悲、坚定不移地追求自己信念指向的目标的程度，观众从谷子地遭遇艰难曲折却从不放弃的坚持中强烈感受到了他的“忠”，所以无数观众被深深触动，感动得落泪。

信仰是指对某种观念、主义或宗教等极度尊敬和信赖所产生的敬畏和崇拜的思想感情，并将其作为自己生活、学习、工作的指南。简而言之，信仰是人们对人生观、价值观和世界观的抉择和持有。按照性质和内容分类，常见的信仰有宗教信仰、哲学信仰和政治信仰等。

心怀信仰，会对未来充满美好的理想，产生巨大的动力；心怀信仰，会调动一切主观能动性，努力朝着未来奋进；心怀信仰，会遵循理念，努力提升自身素质、能力和内心境界，从而推动个人和社会的发展。新中国的成立离不开无数个像谷子地这样心怀共产主义信仰的先驱的浴血奋战。

信念是指一个人坚信某种观点的正确性并支配自己行动的个性倾向。信念是激励一个人按照自己的观点、原则和世界观去行动的思想倾向，是一个人在长期的实践活动中，根据自己的生活内容和知识积累经过深思熟虑所决定的努力方向和奋斗目标。简而言之，信念是对自己认为正确的事物永不放弃的精神，信念对人有强大的吸引力和召唤力，并转化为坚强的意志力，支撑和驱使着人们勇往直前。忠于信念是现代社会“忠”的重要内容。一个人对信念越忠诚，他内心焕发出的驱动力就越强大、越持久，越能激励着他向既定的目标奋进；一个人的信念越动摇，越容易在困难和挫折面前放弃和退却，越可能改变已有的理想和目标而最终一事无成。

人可以没有信念，但是心怀信念的人会有更高远的人生追求和人生境界。而信念是精神生活不可缺少的一个方面，忠于信念更是现代人应有的素质。居里夫人在《我的信念》一文中说道：“诚然，人类需要寻求现实的人，而我们在工作中，已获得最大的报酬。而且，人类也需要梦想家——他们对于一件忘我的事业的进展，受了强烈的吸引，使他们没有闲暇，也无热诚去谋求物质上的利益。”居里夫人所讲的就是忠于信念，这种信念超越一般的精神追求，不讲物质回报、不求名誉头衔，只为忠于信念而不懈努力、只为忠于信念而奉献自我。

中国的神话传说中有夸父追日、精卫填海、愚公移山的故事，夸父、精卫和愚公都忠于自己“极端”的内心信念。而在现代社会中，如果人人都忠于“爱护地球”的内心信念、教师都忠于“学生至上”的职业信念、学者都忠于“独立自由”的科学信念、官员都忠于“为人民服务”的政治信念，我们的社会就不会有那么多的破坏、虚伪、造假与腐败。

同时，对每一个人来说，信念也不需要如此崇高与伟大，只要做到忠于信念并始终如一，就能无往不胜、愈挫愈勇。心怀信仰、忠于信念，即使身处逆境，也能扬起前进的船帆；心怀信仰、忠于信念，即使遇到挫折，也能鼓起生活的勇气；心怀信仰、忠于信念，即使遭遇不幸，也能保持纯净的心灵。

三、心系人民，忠于祖国

雷锋同志是忠于祖国、全心全意为人民服务的楷模。雷锋1940年生于湖南省望城县一个贫苦农民家庭，7岁成为孤儿，在六叔公和六叔奶奶的拉扯下活了下来。1949年望城县解放后，雷锋在党和人民政府的关怀下幸福成长。1960年1月，雷锋应征入伍，并于同年11月加入中国共产党。他以“螺丝钉”的精神，干一行、爱一行、钻一行，在平凡的岗位上做出了不平凡的事：连队分配他当汽车兵，他努力钻研驾驶技术，成为一名合格的汽车驾驶员；担任班长后，大胆管理、事事模范带头，带领全班成为部队先进集体。他热爱集体、关心战友、关心群众，把“毫不利己、专门利人”看成是人生最大的幸福和快乐并身体力行、认真实践，“把有限的生命投入到无限的为人民服务之中去”。他把自己省吃俭用积存起来的钱，寄给受灾人民，送给家庭困难的战友；他经常在节假日和休息时间到部队驻地附近车站，扶老携幼、迎送旅客；他出差时，一上火车就为旅客端茶送水，打扫卫生；他曾担任校外辅导员，以自己的模范行动影响和激励青少年一代健康成长；他谦虚谨慎，从不自满自炫，受到赞誉不骄傲，做了好事不留名。1962年8月15日，雷锋同志在执行运输任务时不幸因公殉职。

雷锋同志在自己平凡的岗位上干一行、爱一行、钻一行是忠于职守，做好事不留名是忠于“为人民服务”的政治信念，用“螺丝钉”的精神来投入建设新中国的伟大事业是忠于祖国。雷锋同志在做好自己的本职工作、尽到自己应尽的义务之外，始终心系人民、帮助人民，始终为建设祖国、保卫祖国作贡献，可以说他把人民看成自己的兄弟姐妹、把祖国看成是母亲。

心系人民才能真正做到为人民服务。“人民”指以劳动者为主体的社会基本成员构成，“人民”不是张三、李四等具体的某一个人，但张三、李四等具体的某一个人却是“人民”中的一员。心系人民，就是像雷锋一样把人民看成自己的兄弟姐妹，关心、关爱身边的每一个人。为人民服务就是时刻把人民群众利益放在首位，时刻想着人民群众的疾苦，时刻想着解决人民群众的难题。“为人民服务”不是一句空洞的口号，也不是只有共产党员才应该做的事情，“为人民服务”的理念在今天应该理解成“人人为我，我为人人”。人人团结互助、友爱共存，我们的社会会更加美好，我们的祖国也会更加繁荣昌盛。

忠于祖国是每一个人的基本义务。我们经常把祖国比喻为母亲，因为祖国给了每个人特定的生活基础、社会关系、价值观念、文化修养，每个人的精神是祖国塑造的，每个人与祖国都有一种天然的血缘关系。祖国的个性已经深深地融入每个人的血液里，祖国的名誉、利益和每个人的名誉、利益紧紧地连在一起，每个人与祖国既有情感上的依存，又有利益上的一致。我们理应像感恩母亲一样感恩祖国、像热爱母亲一样热爱祖国。一代忠烈岳飞说道：“以忠许国，义不顾身，虽斧钺在前，凛然不易其色，终能以全节自守而不屈。”忠于祖国自古以来就被奉为中华民族的传统美德，苏武、戚继光这些忠于祖国的典范，受到世代敬仰。

忠于祖国，在不同的历史时期有着不同的含义。在中国古代封建社会，忠于祖国意味着听从君命、抵御外侮、为国捐躯。1949年以前，人们通过反对蒋介石的独裁统治来忠于和爱护祖国；1949年以后，人们通过热爱中华人民共和国，治理和建设国家来表达对于祖国的忠诚和热爱；在跨入21世纪的今天，人们通过对外维护祖国尊严和领土完整、对内参与建设中国特色社会主义国家的方式来表达热爱祖国、忠于祖国的决心。

忠于祖国，对大多数人来说，是通过内部事务表现出来的。作为个体的人，忠于祖国首先表现在尊重宪法、遵守法律、做好本职工作上，因为宪法是一切法律的基础，法律是社会秩序的保障，平凡的工作是建设祖国伟大事业的基石。

忠于祖国的第二个表现是传承中华文明、继承光荣传统，我们的文明灿烂辉煌，民族饱受灾难，我们的传统精华颇多糟粕也不少，我们应牢记教训与经验、传承优秀与精华。忠于祖国还表现在重视环境保护、关注可持续发展上，现在的环境污染已相当严重，当务之急是从自己做起，节水、节电、节能，注意废物利用、使用环保产品等，并坚决抵制各种破坏环境的行为和思想。忠于祖国，应维护社会公正、弘扬人间正气，敢于同一切违反道德、违反公正的人作斗争；在灾难来临时伸出援助之手，在国家和地区取得进步时感到自豪和骄傲。忠于祖国更高层次的要求是听从祖国召唤、随时准备为祖国奉献一切，在国防需要时、在国家安全受到威胁时、在国家利益受损时，毫不犹豫，把自己的一切交给祖国，为祖国的繁荣昌盛、安定团结贡献全部力量。纵观古今中外，没有人会说忠于祖国是封建腐朽思想，更没有人会说破坏家园是崇高美德，相信无论再过多久，忠于祖国一直都会是普遍认同的观念。

心系人民、忠于祖国是继承和发扬中华民族传统优秀文化的需要，也是新时期社会主义道德的根本要求。心系人民、忠于祖国是中华儿女立身处世的基本行为准则，是中华民族全面复兴的动力所在。

思考与练习

思考题

① 忠的含义是什么?

② 中国古代社会是怎样认识“忠”的?

③ 中国近代社会的“忠”指哪些方面?

④ 中国现代社会对“忠”有哪些要求?

视频链接

吉林“忠义”哥开饭店设“忠义门”倡忠孝

2011年12月10日　09:48　来源：中国新闻网

“不爱祖国者禁入，不孝父母者禁入”，这样的对联很难让人和饭店联系在一起，可长春市就有这样一家小饭店，门前就挂着这样一副另类的对联并把大门命名为“忠义”之门。

12月9日中午，中新社记者在长春市至善路附近找到了这家饭店，不锈钢材料制成的对联非常醒目，饭店玻璃门上，也贴有同样的对联。

对于此举，一些前来用餐的长春市民表示，这个对联很新颖，也能让每一位顾客在用餐的同时体味中华民族的传统美德。

同期：用餐市民　他写的这个对联，能体现出咱们中华民族的传统美德，能让每一位进来吃饭的顾客，进来都读一读这两行字，自己可以体会一下，吃饭的时候也能够来品味一下咱们中华民族的传统美德吧。

为何会在饭店门口挂上这样的对联呢，饭店老板赵子龙告诉记者，他是希望用这种特殊的方式来时刻鞭策自己，影响和带动身边的人爱祖国、尽孝道。

同期：饭店老板 赵子龙：“挂这个牌匾是五年前，我的想法就说我是中国人，五千年文化都知道，人应该必须讲孝道吧，我想。我爱我的祖国，就这么简单。我能表达我自己心里的东西，不说也没人知道，万一有一个人看到之后，他没准儿真就回家给他妈妈买几个梨吃，买点糖果吃，我说这就是孝道。”

赵子龙表示，来饭店的顾客大多数都赞同他这种做法，他也得到了妻子和儿子的支持。特别让他欣慰的是，今年刚刚15岁的儿子，在他的影响下更加懂事和孝顺。虽然也有人质疑他是在炒作，但赵子龙说他会一直坚持下去，希望中华五千年的传统美德能够一直传承延续下去。

（刘权尹　长春报道）

思考问题：

1. 你如何看待“忠义哥”开的这家饭店？说明理由。
2. 如果你是食客，你会到这家饭店吃饭吗？为什么？

✻ 热点讨论

军旗上的忠诚——人民军队牢记和践行我军根本宗旨

2012年7月30日　19时46分　来源：新华社

新华社北京7月30日电（记者蔡晖、胥金章、袁建达）清晨，当嘹亮的军号唤醒座座军营的时候，一面面鲜艳的八一军旗伴随着冉冉升起的太阳在祖国万里河山迎风飘扬。

在人民军队迎来第85个建军节前夕，记者走进大江南北的一座座军营，记录下官兵们牢记和践行我军“全心全意为人民服务”根本宗旨的足迹。

人民子弟兵，把自己对祖国与人民的深情厚爱，用生命和忠诚，写在了鲜红的军旗上。

一切为了人民：危难之际冲得出！

这是一场从来没有遭遇过的超大城市抗洪战斗。

7月21日，61年不遇的一场特大暴雨袭击了首都北京。近20小时持续不断的强降雨，使北京主城区广渠门桥、莲花桥等多处低洼路段立即成湖，最深处水位达到4米左右。

房山、丰台、通州等郊区发生山洪，126处村庄受淹，5 200多名群众被困，77人遇难。

灾情发生后，北京军区和驻京部队数万名官兵、民兵预备役人员立即出动，火速赶赴灾害严重的地区和路段救援抢险。

狂风暴雨中，驻京部队、武警和消防官兵连续57个小时轮番作业，救人、转移、排水、抢修道路、搬运物资、搭建帐篷，医治伤员，安抚慰问受灾群众。

灾难降临时，人民子弟兵总是迎难而上。

2010年8月8日，特大泥石流突然袭击甘肃舟曲县城。顷刻之间，舟曲大半个县城被毁，1 200多名群众被泥石流掩埋，数万群众无家可归。

危难之际，兰州军区某集团军防化团连夜紧急出动。在受灾最严重的三眼峪，全团600多名官兵，用工具挖、用双手刨，到达后仅用半个小时就从废墟下救出第一个被埋群众。进入灾区3天，防化团就搜救地域5万多平方米，救助群众3 000多名，从废墟中成功救出18名幸存者、挖出100多具遇难者遗体。

这，仅是众多参加舟曲救灾部队中的普通一支。

2008年5月12日，四川汶川发生8.0级特大地震。

17万解放军官兵和民兵预备役人员闻讯出动，从四面八方火速赶赴灾区，从死神手中抢回一个个鲜活的生命。

“老乡一天不住进板房，我就一天不休息。”6月18日，连续工作了32天的武文斌，在为受灾群众搭建临时活动板房时因过度劳累光荣牺牲，献出了年仅26岁的生命。

武文斌遗体火化的那一天，都江堰数十万群众用撒满青草和鲜花的道路为英雄送行。60里长路，120里人墙，刚刚哭泣过的都江堰，热泪纷飞。许多老人脱下自己的衣服盖在英雄的骨灰盒上；一些孩子端来热乎乎的饭菜敬献在英雄的灵前。他们以自己的方式，悼念为他们献出生命的子弟兵。

2010年春天，青海玉树发生强烈地震。上万名解放军、武警官兵和民兵预备役人员紧急出动，在生命禁区的4 000米高原，奏响一曲藏汉一家亲，军民鱼水情的生命凯歌。

陕北绥德街头，子洲县双目失明的杨玉华老奶奶乘长途汽车来到绥德，16岁的孙女癫痫病发作，口吐白沫，不省人事。

这时，外出执行完任务准备返回部队的驻地某团朱玉林等3名战士正好从这里经过。他们立即上前，背起小姑娘，搀扶老人到了附近医院，并悄悄替老人交了医疗费。他们还从部队打来热乎乎的饭菜，送上慰问品和日常生活用品，帮助照料老人和生病的孩子。一连几天，老人用心感受着这一切，泪水一次次打湿了衣襟……

杨玉华老人说："虽然我啥都看不见，但我知道你们是人民的子弟兵！"

南昌的烽火记得，井冈的毛竹记得，长征路上的雪山草地记得，延安的窑洞记得……一路走来，时间变了，任务变了，环境变了，时代变了，但人民军队红色的旗帜一天都不曾改变。在危难之际，猎猎军旗总是飘扬在人民最需要的地方！

灾难一次次考验着人民军队，子弟兵一次次用行动书写着不变的忠诚。据不完全统计，近10年来，全军和武警部队参与各种抢险救援共50多万次。

一切想着人民：守护和平显军威！

为人民服务的坚定信念，激励着广大官兵不断提高全面过硬的军事素质。

岳景洲，广州军区某集团军某部导弹发射制导班班长。八一前夕，他再次被上级评为"全能军事训练标兵"。

入伍时只有高中文化的岳景洲，为了在最短时间内由"门外汉"练成"导弹通"，先后自学了《导弹概论》《发射制导原理》《飞行力学》等数十本教材，写出10多万字的体会文章，对涉及导弹操作规程的100多个技术参数，做到了"一口清"。他操作发射导弹14枚，做到了发发命中，成为我军全天候条件下弹无虚发的神弹手。

在人民解放军中，像岳景洲一样的官兵正成批涌现。

如今，行进在信息化建设之路上的人民军队，正朝着合成、多能、复合方向迈进。

军委总部修订下发《军事训练与考核大纲》《军事训练考核规定》和《军事训练等级评定规定》，激励官兵围绕军队科学发展这个主题和加快转变战斗力生成模式这个主线，积极投身军事和专业技能训练。

全军和武警部队以军事斗争准备任务为牵引，以提高基于信息系统的体系作战能力为根本着力点，突出使命课题作战训练，不断深化训练改革，全面推动信息化条件下的战斗力生长。2010年以来，全军和武警部队又有99个师旅级单位被批准为军事训练一级单位，200多名官兵被评为全军"军事训练标兵"，一批单位成为合成作战部队。

新一代高级将领陆续走进国防大学、国防科技大学，率先学习信息化条件下军事训练的新本领，领衔探索新世纪新阶段我军训练转变之路。

三军演兵场日新月异，呈现出前所未有的新景观——

实战化、模拟化、基地化训练扎实开展，复杂电磁环境下训练迅速普及。陆军组建“合成营”，合成训练向战斗单元渗透。海军传统意义上的部门长变成对海作战、对空作战、反潜作战指挥员，方面作战长亮相“海上中军帐”。空军划出专门空域设置“空中电磁走廊”，有效提高我军复杂电磁环境下的作战能力。第二炮兵创建军事训练电子档案，使军事训练转变实现全过程动态精细化管控。武警部队组建专业“蓝军模拟分队”，部队砺剑有了磨刀石……

无论是在祖国最南端的三沙市，还是万里边防线上，百万人民子弟兵日夜守护着祖国的安宁和人民的安居乐业。他们，把对祖国和人民的无限忠诚，写在每一寸守卫的国土上，圆满完成了战备执勤、远洋护航和处突维稳等重大任务。

一切服务人民：造福于民打头阵!

对内蒙古四子王旗的牧民来说，让他们兴奋自豪的不仅仅是神舟九号返回舱在自个家门口“回家”，北京军区给水工程团为他们在干旱的草原上打出的30眼甜水井让他们心里更“甜”。八一前夕，牧民们带上哈达，背着甜水，到部队慰问亲人解放军。

缺水的历史结束了，一个全新的生活开始了。

造福于民。北京军区给水工程团的足迹近年来遍布云南、广西、山东、内蒙古、河北大地，成井302眼，解决了689万多人、220万头牲畜的用水问题，20多万亩旱地得到灌溉。

“天上的星星亮晶晶，解放军和咱心连心，盐碱地长满了红玛瑙，沙漠变成了聚宝盆。”这是宁夏600万回汉儿女今日的心声。

同样的找水打井，不一样的艰难困苦。宁夏军区给水工程团为了在戈壁沙漠寻找水源，足迹踏遍西北，先后完成了45万平方公里水资源勘察，18名官兵为此牺牲。

在沙漠荒滩找水，就如同从沙漠里寻找金子一样艰难。但这一切，并没有吓倒英雄的给水兵。

在外国专家断言不可能有水的地方，宁夏军区给水工程团不但找到了水，而且打出了131眼深水井。

继1996年奉命实施“百井扶贫”工程，在宁夏南部山区打井142眼后，2008年以来，给水工程团又依据宁夏回族自治区“农业用水和农村饮水安全规划”，实施“百井支农富民”工程。目前已成井136眼。当地老百姓称这些水井为“致富井”。

红寺堡，这座目前国内和亚洲最大的移民开发区，10年前还是沙丘绵延、黄风肆虐的不毛之地。10年来，兰州军区组织部队和民兵预备役人员，先后出动兵力3万多人，动用车辆5 100多台次，在开发区周边植树120余万株，成片育林7 200多亩，建立速生杨基地3 000多亩。

如今，这里已成为西部山区24万移民的新家园。

为了支援西藏建设，总后青藏兵站部官兵们在完成战备运输任务的同时，积极参与援藏“五线”建设，确保青藏公路、国防通信架空线路、输油管线、兰西拉光缆通信线路、青藏铁路安全畅通，极大改善了青藏地区的交通、能源、通信条件。

为了把党的温暖送到西藏各族群众的心坎上，西藏军区总医院医护人员跋山涉水、顶风冒雪，穿越生命禁区，跑遍了西藏90%的偏远乡镇，免费送医巡诊50余万人次。他们先后将针对高原病发病机理研制的“高原康胶囊”等15种特效药和高原肺水肿、脑水肿医治等科研成果无偿转让地方医院，免费帮助地、县级医院代培代训医疗骨干4 300多名。

昆明新机场是“十一五”期间建设的唯一大型国家级枢纽机场。空军把援建昆明新机场建设作为重点项目援建，派出6支工程部队参加建设。新机场施工现场地质情况复杂，洼地、溶洞、漏斗、塌陷多，作业异常艰难。参建部队发扬“特别能吃苦、特别能战斗、特别能奉献”的精神，把工地当阵地，把作业当作战，不畏艰难，昼夜施工，人均每天工作16小时以上。

某部充分发挥风洞设备先进的优势，积极支援西部地区基础设施建设。先后为三峡西陵长江大桥、贵州坝陵河大桥等30多座桥梁和重庆市大剧院、四川体育馆等20多座西部地区标志性民用建筑物进行风载试验，为这些重点工程项目的抗风设计和运营安全提供了科学可靠的依据。为西部地区企业开发民用技术30余项、技术软件近40套。

遵义市是著名的革命老区，也是经济欠发达地区。近年来，遵义军分区先后派出197批工作组，完成了95个村寨的对口帮扶援建任务，在援建点开展了通水、通路、通电、通电话、通广播电视，改灶、改厕、改环境，建图书阅览室、建文体场所、建宣传栏等“五通三改三建”活动，既美化了群众家居环境，又改善了生态环境。他们还帮助12万多农民摆脱了贫穷。

近10年来，人民子弟兵参建、援建国家重点工程和重点项目3万多个，富民脱贫项目20多万项。

哪里有急难险重任务，哪里就军旗飘飘；哪里有人民需要，哪里就军旗高扬！

思考问题：

1．当北京遭遇61年特大暴雨时，我军作出了怎样的行动？他们是否属忠诚于人民，忠诚于我党，忠诚于祖国？

2．如果你是一名军人，当遇到突发自然灾害时你会怎样做？

3．如果当时你在北京，正经历61年难遇的特大暴雨，你将怎样做？为什么？

第二章

千秋忠烈

苍穹浩瀚，五千年风云变幻，日月如梭，多少光辉伟岸的忠臣形象在历史长河中一一浮现。他们耗尽毕生精力，用自己的热血和生命诠释着忠的内涵和意义，引领着人们加深对忠的认识。

第一节
中国古代社会的忠烈

曹操有“烈士暮年，壮心不已”之语。“烈”本义为“火猛”“刚正日烈”。“烈士”一词，始见于商代。烈士“谓以身殉道，而不屈者”，当然也常指临危不惧的节义之士。元明清时期，对战死的军人，称“阵亡将士”或“战殁将士”。抗战时期，国民政府对抗战殉难者褒称“忠烈”，同时期中共领导的抗日政权，仍沿用元明清时的用语，称“阵亡将士”。1947年4月，东北行政委员会、东北民主联军总政治部在《东北解放区爱国自卫战争阵亡烈士抚恤暂行条例》中将“阵亡将士”改称“阵亡烈士”，自此，“烈士”一词才逐渐演变为现在意义上的光荣称号和政治待遇。

这些忠烈铁骨铮铮，捍卫国家主权和民族尊严，忠于自己的信仰，为中国社会的不断演进献出了自己毕生的心血，是我国历史中永不陨落的恒星。

一、忠于职守

尽忠，就是荀子所说的“以德覆君而化之”“以德调君而辅之”“以是谏非而怒之也”。尽忠，便是臣民竭尽自己的能力效忠君主，不计得失。忠臣竭尽自己所能辅佐君主，全力维护君王统治；当国家政局出现动荡、君主有危难时，忠烈之士应竭力谏言，挺身而出，以国事为先，为君主解忧排难，置自身安全于不顾。

（一）西周太公望夜行至国

太公望，姓姜，名子牙，人称姜太公。因西伯侯与其垂钓时惊叹“子真是邪？吾太公望子久矣”而号“太公望”，又因其封地故称为吕尚、师尚父。太公望自从获得西伯侯信任和赏识后，便竭尽全力，辅佐周文王、周武王，为周灭商出谋划策，“其事多兵权与奇计”“天下三分，其二归周者，太公之谋计居多”。灭商后，太公望尽职尽责，辅佐周武王治理天下，“散鹿台之钱，发钜桥之粟，以振贫民。封比干墓，释箕子囚。迁九鼎，修周政，与天下更始。师尚父谋居多”。后来武王称王天下而分封诸侯，将太公望分封于齐，都城定于营丘。

也许是长年辅佐政事的艰辛和灭纣征战的疲惫，太公望自分封齐地，就国东行，车旅途中显得动作非常迟缓而且漫不经心。这时，同住的旅客就提醒他说："我听说历来时机得到时很艰辛，失去时却非常容易。客人在外住宿如此安稳，大概不是去封国吧？”太公望一听此话，当天夜里裹上衣服上路，第二天一早就回到了自己的封地。正巧赶上邻近都城营丘的蛮夷民族莱国的侵犯，太公望及时阻止了可能发生的更大的战事和灾难。

太公望到封国，依照当地的风俗，经过一番治理，简化礼仪，开通了商业以及工业、渔业等各项生产，因此很多人都来归附齐国，齐国成为大国。正因如此，具有强大经济和军事实力的齐国成为周政权的有利支撑，到周成王年少的时候，管叔、蔡叔作乱，淮浦的夷族背叛周王朝，周成王都派召康公授命太公说：“东到大海，西到黄河，南到穆陵，北到无棣，五等诸侯，九州之伯，你都可以讨伐他们。”齐国因此得到了征伐各国的权力，逐渐成为强国。

太公望受命于乱世，辅佐周文王、周武王，献计献策，灭商伐纣兴周，在我国历史长河中功勋卓越、功不可没，更重要的是，他尽职尽责，忠心耿耿，当发现自己懈怠时能够立即振作起来，力挽狂澜，避免了更多的战事和灾难。

（二）西汉刘向谏诤议政

刘向，字子政，本名更生，是汉初同姓诸侯楚元王刘交的后代。刘向承父官为辇郎，擢谏大夫。更生年少好经学，著《穀梁春秋》，讲论《五经》于石渠。

刘向生活在西汉王朝由盛转衰的转折点——汉元帝、汉成帝时期。此时汉元帝昏庸无能，好神学方术之事，而国事动荡；外戚许氏、史氏在朝中放纵，中书宦官弘恭、石显干政弄权，两股势力还不断勾结，进谗言排挤当朝儒生官僚；正巧地震连年不断，朝野上下无不弥漫着一股以阴阳灾异推断时政的风气。刘向对此现象心急如焚，冒着被斩首的风险，引《春秋》中的孔孟之道，屡次上书进谏抨击这种腐靡之气，他先以古忠诚之士表达自己进谏的决心和勇气。然后引用先古至今朝的历史典籍，用尧、舜与周幽王、周厉王作对比，以此提醒汉元帝，对于弘恭、石显这些宦官和许氏、史氏之流的外戚更是指着鼻子大骂，指责二者狼狈为奸，他说：“由此看来，和气能够带来吉祥；乖气导致灾难；吉祥多的国家安宁祥和，灾难多的国家危险重重，这是天地的常理，古今一贯的道理。陛下开创三代的业绩，招揽文人学士，宽容待人，让他们一起辅佐我朝。但现在贤臣和乱党混淆在一起，黑白不分，正邪混杂，忠言和谗言一起进用。……因此这样就会迷惑耳目，转移心意之事，互相诬陷非难对方，不可胜数。分班结党，处处依附结尾党羽，要同心陷害正直的大臣。忠诚的大臣得到重用，是治理的表现；忠诚的大臣遭受陷害，是败乱的征兆。趁此治乱之时，不知道任用谁，而灾难又多次发生，这是臣所不愿看到的。依权仗势的人，子弟像鱼鳞一样列于朝中，左右攀附的人很多，聚集在跟前，他们所进的谗言一定会被采用，最后会因为背离事实而产生灾难。”

许、史之类和弘恭、石显之流看到刘向撰写的书后，更是记恨刘向，后来千方百计想置其于死地，汉元帝对此相当无奈，最后只得废其官职十多年。在此期间，他发奋著《疾谗》《记要》《救危》及《世颂》，凡八篇，依兴古事，哀悼和自己有着忠孝之志却被斩杀的儒生官僚们。

汉成帝即位后因刘向是西汉同姓九卿，他被召回朝廷，官至中郎，后因屡次进谏，迁为光禄大夫。帝元舅阳平侯王凤为大将军，把持朝政，以太后为靠山，其兄弟七人皆封为列侯，当时王氏外戚逐渐掌权，刘向看在眼里，急在心间，集合上古以来从春秋六国至秦、汉之间的一些符瑞灾异的记录，再结合典籍史实，验证福祸，以此类比出十一篇，称为《洪范五行传论》，将此上书皇帝谏言当前政事，汉成帝知道他忠心耿耿，但始终不能夺外戚王氏的权力。

汉成帝曾经下令要修建昌陵，此事劳民伤财、全国人民怨声载道，很多年都没有完成；后来成帝复还归延陵，丧葬制度极其奢侈无节制，于是刘向再次上书皇帝，奏折中引经据典，追溯丧葬制度的演变，并总结出丧葬制度的厚薄与帝王本人品性德操勤政荒淫是相对应的，他说：“德行越笃厚的人埋葬时就越微薄，智慧越多的人埋葬就越简约。没有德智的，葬得越厚，坟冢越高，宫殿就越华丽，被挖掘得越快。由此看来，明暗的征验，丧葬的吉凶，昭然可见。”

接着笔锋一转，字字珠玑、痛心疾首地把修陵寝制度对老百姓的伤害一一呈现。

“陛下即位，亲身从事节俭，开始建第一个陵，形状简单，制度简约，天下没有一个不称赞（您）贤明的。到迁徙昌陵，把低处填高，堆积土变成山包，打开老百姓的坟墓，总共数以万计，修建城邑时，时间紧迫而且耗资巨大。这样死者怀恨于地下，活人在地上忧愁不堪，怨气感发了阴阳，又加上饥荒，死去和流浪的人数以十万计，我感到十分悲伤。如果死者有灵，打开别人的墓，害处就多了；如果他没有灵，又哪儿用得着扩大呢？和贤智的人商议大家都不高兴，让老百姓看到了便叫苦；如果仅是取悦愚蠢放纵的人，又何必去做呢？”

后来刘向发现民风有些荒淫骄奢，便觉得王教应该从皇室开始，由内及外，民风才会好转，所以收集《诗经》《尚书》中贤妃贞洁的妇人之事，编纂成八篇，著成《烈女传》，后来又收集传记史料，著《新序》《说苑》等五十多篇奏章谏诤时政。

刘向一生为汉室刘家忠心耿耿，屡次冒着生命危险上书谏言，也屡次遭觊觎汉室权力的外戚和宦官的陷害，但是他都没有退缩，而是竭尽自己所能，忠心地指出当时的政治局势，为君主指出了一条明路，尽心竭力地辅佐君主。

（三）东汉李固据理力争

李固，东汉顺帝时期人，字子坚，汉中南郑人，面容奇异，自幼好学，喜爱典籍，不远万里，遍寻名师，结交广大有志之士，深得四方有学识的人的敬佩。

李固生活在东汉外戚干政最嚣张的时期，梁冀就是当时最大的一个外戚专权的人物。梁冀以辅佐三代皇帝的大臣自居，执政长达二十余年，政事无论大小，都必须先禀报于他，天子形同虚设。梁氏的专权，造成朝野日趋腐败，大小官员迁职调任都必须要向他表示感谢。对于比较正直的士大夫，梁氏千方百计排除异己，位居司空的胡广、赵戒对他言听计从、俯首称臣，而以国事为重、刚正不阿的李固，自始不渝地与梁冀进行斗争。

顺帝阳嘉二年有地震、山崩、火灾发生，李固由此对外戚干政等时政现象进行无情的批评：“政治成就是由供职的人办成的，官府的功能是靠能干的官吏体现的。古代用人有德有命，现在用人仅仅是因为财和势。我听说诏书旨意以宽厚渊博为高，十分痛恨苛严暴戾的人。现在官吏们大多是以杀伐来树立威名的，他们总能加官晋爵，而那些宽厚没有背景无权无势的人多数会被排挤，从而导致了淳厚的民风不能得到宣扬，凋薄的风俗没有被革除。……后妃之家难以长期保全，难道天性本该如此？只是因为爵位尊贵享尽荣华，专制掌握权柄，而天道恶性充斥，自己又不知道克制，所以招致颠覆。”

李固要求去除外戚权力，指名点姓地让步兵校尉梁冀及诸侍中退居黄门之官，他说：“应该让步兵校尉梁冀回到他本来的位置上去，让梁家任侍中者退回去当小黄门，从而大权不归外戚，政事全由国家处理，那岂不是大好事么？”

顺帝当时看了李固的奏疏，便采纳了很多意见。当时就让自己的奶娘回到她弟弟那里，诸常侍也叩头谢罪表示悔改。李固的大胆陈词，如同石投水面激起千层浪，朝野上下为此肃然起敬。而梁冀及其外戚宦官将李固视为眼中钉肉中刺。

最后梁冀畏惧李固多年来对自己权势的威胁，将李固当年上书这件事又翻出来，找了一个理由上奏杀害了李固。当时李固才五十四岁，李固在临刑前，给胡广、赵戒写了一封信，信中说："我李固受国家厚恩，所以尽自己的一点力量，不顾死亡。一心想扶助汉室，追随文帝、宣帝。但是没有料到在梁氏外戚的迷谬前，您这等违心屈从，把个人的安危放在前头，颠倒了吉凶和成败，从此汉家的衰落也就无法挽回了。您等受汉室的高官厚禄，竟然眼看王室要倒了也不扶一把！难道有比这个事更大的么？我相信公正的史学家，决不会有畏惧之心，绝对不会有偏私。我李固死了，但赢得了道义，我还有什么说的呢！"胡广、赵戒看到信后，泪流满面，非常悲痛惭愧。

二、鞠躬尽瘁

马融在《忠经•天地神明章》中说：这样的忠臣们，竭尽全力地为自己的国家、君主出谋划策，不藏二心，不尊二主，鞠躬尽瘁，呕心沥血，感动着天地神明，感动着世世代代的中华儿女。

（一）西汉晁错"为国远虑、不见其害"

自秦始皇统一全国以后，以春秋战国时期诸侯混战、连年征伐为戒，废除分封制，推行郡县制，天下诸侯王臣老百姓都一样。但自汉高祖刘邦打下天下后，建立西汉王朝，立志要消灭异姓王，消除异姓王对中央的威胁；再加上建国之初，崇尚黄老哲学"无为之治"："天下初定，骨肉同姓少，故广强庶孽，以镇抚四海"，所以大封同姓子弟为王。至高祖末年，同姓王就有九个，占据大半江山。但随着时间的推移，同姓王的势力在急速膨胀，势必直接威胁着汉王朝中央权力。在这种形势之下，一些深谋远虑、忧国忘家之士如贾谊、晁错等感到忧心忡忡并相继提出很多解决方案。汉文帝继位时，为加强汉王朝中央权力，采用贾谊"众建诸侯而少其力"的策略，把一些举足轻重的同姓王国分解为若干小国，这样就削弱了诸侯王的势力，但是诸侯王对中央政权的威胁并没有得到彻底解决。后来景帝继位，中央专制皇权与地方王国势力的矛盾日益激化，晁错提出了加强中央集权、削减诸侯封地的政策并辅佐景帝实施，最终却遭到了闹市腰斩的惨烈下场，辞世时仅四十六岁。

晁错，颍川人，是西汉时期文景时代的政治家。晁错为人严肃、不苟言笑，性格较刚直，但才华横溢，雄辩滔滔。早年他随张恢学习申商刑名之术，因学识渊博任太常掌故，后来由太常派遣，到九十高龄的伏生那里学习深涩难懂的《尚书》，朝野上下仅此一人，因此学贯儒法。后来被任为太子舍人、门大夫、迁博士、太子家令，被景帝称为“智囊”，深得皇帝信任。

对地方诸侯王危害西汉中央王朝的问题，晁错与贾谊的看法一致，因此，他曾多次上书文帝，提出实施加强中央集权、削诸侯的改革法令。文帝虽没有采纳，但十分赏识他的才能与韬略。当时，太子刘启即后来的景帝很赞成晁错的建议，而以窦婴、申屠嘉为代表的功臣们则持强烈的反对意见。景帝即位后，晁错被提升为内史，曾多次单独晋见景帝，同皇帝讨论国家大事，景帝对他也言听计从。他定法三十章，力求剥夺诸侯王的封地，巩固中央集权，这就是著名的《削藩策》。他主张对犯罪有过错的诸侯王，削去他们的支郡，只保留一个郡的封地，其余郡县都收归朝廷直辖。削减诸侯王的封地，诸侯王反得快，祸害小；不削他们的封地，诸侯王反得迟，祸害就大。在诸侯王中，危险最大的吴王刘濞，削他的封地会反，不削他的封地也要反。

晁错强行削藩，冒着极大的政治风险，把自己推到了风口浪尖的危险境地。晁错的老父亲听到这个消息时，连夜从颍川老家赶到长安，劝他不要削藩，并问他：“皇上刚刚即位，你在朝廷当政，就主张削减诸侯王权势，使皇室骨肉关系疏远，引起大家的怨恨，你这是为什么呢？”晁错语重心长地对老父亲说：“必须要这样做呀！不这样做，天子就没有尊严，国家就不得安宁。”老父亲无不感慨地说：“刘氏王朝是安宁了，但是我们晁家却危险了，我还是离开你回去吧！”于是，老人一回家就服毒自杀了。临死前，老人泪眼婆娑地说道：“我真不忍心眼睁睁看着他大祸临头啊！”

父亲的反对和自杀，并没有撼动晁错削藩的决心。景帝根据他的提议，先后削减赵王、胶西王、楚王、吴王郡县。吴王刘濞联合七国借口诛晁错以清君侧的名义，一起发动叛变。“七国之乱”爆发，景帝一边忙于调兵遣将，一边对于来势汹汹的叛军深感不安，晁错让景帝御驾亲征，而自己留守京师，这更让景帝犹豫不决、举棋不定。这时，晁错的政敌、曾任吴相的爰盎，在窦婴的唆使下，出谋斩杀晁错以平诸侯之乱。景帝一方面马上派爰盎出使吴国和解，另一方面同意丞相等以无中生有的罪名判处晁错东市腰斩，连带家属亲戚一律弃市。毫不知情的晁错穿着朝衣被斩于东市。

晁错含冤而死，吴楚七国丝毫没有退兵的迹象，景帝十分懊悔，最后只得用军事手段镇压了叛军。在平息“七国之乱”后，景帝下令诸侯王不得继续治理封国；继而改革诸侯国的官制，改丞相为相，裁去御史大夫等大部官吏，这样中央政权的权力就大大加强，而诸侯王的力量就大大地削弱了。晁错“为国远虑，祸反及身”的忠君故事不得不让后世扼腕、喟叹不已。《汉书》作者班固就曾嗟叹：“悲夫！错虽不终，世哀其忠。”明代李贽曾嗟叹：“呜呼！孰知错伤文帝之无辅，而其父反以伤晁错之无父乎！是故国尔忘家，错唯知日夜伤刘氏之不尊也。公尔忘私，而其父又唯知日夜伤晁氏之不安矣。”意思就是说评价晁错可以说他不善谋身，但绝不可说他不善谋国。李贽热情赞扬了晁错这种为了国家利益而不顾个人安危的忠诚献身精神。

（二）元拜住忧国忘家

元朝是成吉思汗在马背上建立的王朝，但政治极端的腐败和黑暗注定了自元世祖以来，每一次的新皇继位必伴有血雨腥风。元朝皇帝们不仅要把几乎全部精力用于铲除或防备异己上，而且还要应对由于元朝统治阶级把人口占绝大多数的汉族人列为三等和四等阶级导致的极端尖锐的社会矛盾。在这种历史政治背景下，元英宗硕德八剌在元朝统一中国四十年后，登上了皇帝的宝座。

元英宗自幼受汉族文化熏陶，精通儒家思想。十八岁登基的他眼看国家就要走进民族和历史的死胡同，便希冀采用一系列“汉法”的措施来挽救尚未病入膏肓的元朝，颁布了元朝正式法典《大元通制》，依靠宰相拜住、中书省平章政事张圭等的帮助实施了一些新政，虽然时日不长，但元朝国势却大有起色。拜住是元英宗的得力助手，忧国忧家、尽忠职守，是元朝不可多得的人才。

拜住是元世祖名臣安童的孙子，自幼丧父，由母亲和奶奶抚养长大，从小受到汉族儒家文化的潜移默化的教育，长大后养成了勤于政事、刚正不阿的作风。拜住任太常礼院使时，一个下属到他家请他批署文件，当时他在后院看戏正在兴头上，出来迟了一点，他母亲便厉声呵斥道：“为官这点事情都不负责任，你以后怎么能够做大事？”从此拜住非常注重自己的言行举止，审视自己有无荒怠政事的行为。有一次英宗设宴，明知拜住不会喝酒，却反复劝他喝酒。醉醺醺的拜住回到家后母亲勃然大怒道：“天子今天以酒来试验你的品性，你应当实事求是地说自己不会喝酒，谢绝御酒才是。周围的大臣们对你好，都是看在皇帝的威仪和你先辈祖宗的功德上，你应该谦虚谨慎才是。”拜住悉听母亲的教诲，更加勤政谨慎。拜住终日忙于处理国家政务，对家里的事情关心甚少。一日，他家里被盗金器百余两，价值不菲，很快，窃贼就被抓捕归案，被盗金器完璧归赵，家中的仆人连忙到官府报喜，谁知拜住正全神贯注地处理政事，对此事毫不在意，脸上没有丝毫喜悦的表情。

拜住自从担任宰相后，尽忠职守、严明法令。每当与同僚们议论国家大事时，他都以法度为准则，事情最终正确与否的标准要看是否符合国家的法典和规定。同僚中有人问拜住：“你为什么总拿国家法典来论事说理呢？”拜住微笑着说：“大家想想，处理国家问题都不依法典而靠人情任意支配，岂不乱套了？”由此，同僚们都敬佩拜住懂法知法、不因情而废法。拜住协助英宗改革，但新政却触及权贵的利益，引起了他们的极大不满，开始时常有人借故不上朝，让皇帝和拜住难堪。参知政事张思明反对改革，常称病不理政事。由于张思明居要职，拜住只有每天抽出时间到中书省替张思明代理事务，最后张思明深受感动，主动与拜住一起检查。但更多的权贵视英宗和拜住为眼中钉、肉中刺，欲拔之而后快。同僚中有人悄悄地劝拜住早做准备以防万一，但拜住为了国事早将自己的生死置之度外。他说：“我知道一切都会尽我自己的全力和忠心，上对得起列祖列宗，下不辜负劳苦将士和百姓。生死祸福，有老天爷作证，你们不用再多说了。”无论周围的人再怎样说，他都以国事为先，这让那些权贵对他更加恨之入骨。至治三年，以铁失为首的大臣们趁英宗出巡，在南坡店发动政变，先杀了拜住，又刺杀了英宗，史称“南坡之变”。

英宗被弑后，也孙铁木儿继位。他为了稳定政事，在海云寺为拜住大行佛事。当时围观者不计其数，人们不禁扼腕叹息，黯然泪下，无不怀念这位忠心耿耿、忧国忘家、鞠躬尽瘁的忠臣。

三、舍生取义

精忠，是指尽心辅佐君主成就大业或者捍卫国家民族尊严、气节，不计个人得失甚至献出自己的生命。荀子将这类人归属于“大忠”：“以德覆君而化之，大忠也。”这类的忠臣，公而忘私，“义以为上”“舍生取义”“死而不朽”。达到了《礼记·中庸》中所说人生最崇高的品德：“智、仁、勇三者，天下之达德。”我国历史上，除了如周公、管仲、商鞅、诸葛亮、岳飞、戚继光、郑成功等忠烈之士外，还有很多舍生取义、死而后已的忠臣值得我们铭记在心。

（一）东汉马援马革裹尸

马援，东汉名将，他骁勇善战，为东汉王朝立下赫赫战功。他曾任职于新莽王朝，后来受到汉光武帝的重用。当隗嚣公开叛变东汉王朝时，马援为光武帝出谋划策，用尽交际手腕，离间了隗嚣的很多部下。建武八年，光武帝亲征隗嚣，马援用米堆成山谷地势，为刘秀指点进军路线，分析敌我形势，使刘秀最后顺利地击溃隗嚣。几年后，马援先后击败了汉边境的西羌外族，后来又南下平定交阯郡、九真、日南、合浦蛮夷叛乱。马援部队所到之处，常常为郡县修建城郭、水渠，造福地方百姓，并且为少数民族申请适合他们的管制方法，自此，骆越一带流传着马将军的故事，马援威震南方。公元41年光武帝封他为伏波将军。

马援从南方打了胜仗回到洛阳，被封为新息侯，亲友们夹道欢迎向他表示祝贺和慰问。马援对此态度淡然。其中有位叫孟翼的谋士，平时以出谋划策闻名，借此机会也向马援说了几句恭维话。不料马援听了，皱着眉头对他说：“我原本期望先生能说些指教我的话。为什么先生竟也这样地对我说夸奖的话呢？”

孟翼听了很尴尬，一时不知道自己该说什么好。马援见他面有难色，便说：“西汉武帝时的伏波将军路博德，开拓了七个郡那么大的土地，而他得到的封地只有数百户。我的功劳比路将军小得多了，却也被封为伏波将军，封地却多达三千多户。功薄赏厚，那怎能长久保持下去呢？”

马援继续说：“我立志做一个有志向的男儿。男儿本应战死于边疆荒野的战场上，不用棺材敛尸，而只用马皮裹着尸体来埋葬，怎么能躺在温暖的床上，死在儿女的身边？”

不久，匈奴和乌桓发起进攻，马援主动请求出征，前往北方迎战。乌桓见马将军亲征，随即撤兵。建武二十四年，武陵叛乱，光武帝派兵征讨，结果全军覆没，亟须有人重新率军出征。此时马援已六十二岁的高龄，光武帝考虑到他年纪大了，不准许他带兵出征。马援认为自己还能披甲上阵打仗，一再坚持，他向光武帝请命说：“我还能披甲骑马，请皇上让我带兵去吧。”说罢，当场向皇帝表演了精湛的骑术。光武帝见他精神矍铄、动作矫健，英武之风不减当年，便恩准了他的请求。马援在出征之前与朋友告别时说：“我一生承蒙皇帝错爱，现在我年事已高，害怕自己以后不能再为国家效犬马之劳。今天终于得偿所愿，这次出征死也瞑目了。”于是，六十二岁的马援率兵远征武陵、五溪蛮夷之地。建武二十五年，马援受困阻于壶头山，即今湖南沅陵县壶头山，水势很急，马援军队的船又难逆流而行，再加上天气极其炎热，军队中瘟疫流行，许多将士都死在了军中。马援也因病不治，死于军中，验证了自己当年“马革裹尸”的豪言壮语。

马援一生为国尽忠，最后殒命战场，真正实现了马革裹尸、不死床箦的忠贞志向。直至现在，人们只要提起伏波岭、伏波庙或伏波将军，仍然思绪万千，无不感慨这位忠诚之士。

（二）唐颜真卿死而后已

唐朝是我国封建王朝的鼎盛时期，而唐玄宗时期则是唐朝由盛而衰的转折点。由此之后，金碧辉煌的唐王朝大厦如在风雨中飘摇，摇摇欲坠：皇帝更迭频繁，叛将四起，战乱不断，民不聊生。在此期间也涌现出许多忠臣志士，他们尽忠职守、精忠报国，颜真卿便是其中一位。

颜真卿，字清臣，琅琊临沂人，一生历经唐玄宗、肃宗、代宗、德宗四朝。唐玄宗天宝年间任平原郡太守。此时安禄山造反的迹象已经很明显了，但唐玄宗出于对安禄山的信任，不仅不相信安禄山会造反，而且将朝中进谏说安禄山要造反的忠臣直接交给安禄山处死。颜真卿不露声色，以连日阴雨绵绵，需要修葺城墙为理由，组织人力物力加固城池。同时，他暗中积蓄粮食，聚集城中精壮劳力进行练兵。而表面上，颜真卿则表现得只会饮酒作乐，附庸风雅，泛舟游玩。安禄山暗中派人监视颜真卿，以为他就是一介书生，不成气候，所以没有多加防备。天宝十一年，安禄山在范阳起兵，所到之处，竟无人敢与他对抗，一触即溃。唐玄宗惊呼："河北二十四郡城，难道就没有一个忠臣么？"此时，颜真卿招募勇士，仅十天就招募到了一万人，加紧训练，以备死战。同时，颜真卿派使者绕密道奏明皇帝平原郡正在设防抵抗，玄宗大喜。

安禄山攻占洛阳后，杀留守李憕、卢奕、蒋清三人并派段子光带三人人头到河北招降。一到平原郡，颜真卿马上杀了段子光，并安葬了李憕、卢奕、蒋清三人。这一举动，轰动一时。其他郡县纷纷杀掉安禄山所派官员。颜真卿则与常山太守颜杲卿联系，希望联合截断安禄山的后路。于是，河北十七郡纷纷响应，合并二十万兵力，推颜真卿为盟主。玄宗知道后，立即加封他为户部侍郎、平原防御使。之后，颜真卿大破魏郡，并招北海郡。

安禄山攻占长安，玄宗逃到巴蜀，肃宗继位。颜真卿派人秘密上表肃宗，告诉他河北郡县仍归唐朝所有。肃宗命颜真卿以工部尚书兼御史大夫的身份代发敕命。颜真卿立即将御旨颁至河北各郡，并派人到河南、江淮等地散发诏书，各地才知道肃宗为新皇帝，一时间军心凝聚，士气大振。此时，安禄山为了迅速打通长安与范阳之间的道路，调整了军队部署，攻下了河北若干郡县，唯独颜真卿所在的平原、博平、清河三郡死守。之后一年，颜真卿在河北苦撑，最后寡不敌众，决定弃郡渡河，经过千辛万苦辗转大半年后，在凤翔朝见肃宗，被封为宪部尚书，留在朝中。

颜真卿在朝中，勤于政事，恪尽职守，"军国之事，知无不言"，因此"虽天子蒙尘，典法不废”，更遭到宰相、御史排挤，几次被贬为州刺史。代宗继位后，他又再度进朝任刑部尚书，被封为鲁郡公。此时宰相元载想专权，害怕朝中官员议论政事，进谏上书，便向代宗请求：朝中官员无论大小事宜，先报到长官那里，长官再报到宰相处，由宰相决定是否上奏。颜真卿立即上奏皇帝，指出元载这样做的目的是为了在朝中清除异己，达到自己专权的目的，并且破口大骂元载是忤逆之臣，“罪在不测”，并以李林甫、杨国忠为例，指出政治后果。朝中都争相传抄颜真卿的奏折《论百官论事疏》，这份奏折也流传到民间。元载越发忌恨颜真卿，对他诽谤中伤，致使颜真卿被贬。元载被杀后，德宗继位，杨炎为相，颜真卿的职务变为太子少傅，表面上好像是得到皇帝宠信，其实是被剥夺了实权。卢杞为宰相，更是忌妒颜真卿。

建中三年，李滔、田悦、王武俊、李纳称王，以李滔为盟主叛唐。接着，李希烈自立为王，亦称天下都元帅，并且围攻汝州、郑州。德宗希望有位“儒雅忠臣”去说服李希烈“革新悔过”，宰相卢杞趁机推选颜真卿。下诏之时，满朝官员为之一震，认为朝廷会失去一位元老大臣，也会为国家带来羞辱，李勉当即秘密上表，坚决请求留下颜真卿。颜真卿也深知此行必死无疑，便给他的儿子留下六个字：“奉家庙，恤诸孤”。他第一次见到李希烈，宣读圣旨时，李希烈的养子一千多人都拔刀前来，李希烈手下的将领也破口大骂，颜真卿面不改色，正气凛然地呵斥道：“你们听说过颜杲卿吗？他是我的哥哥，安禄山反叛时，他首先兴兵平叛，后来虽然被俘，口中骂贼不绝。我已年近八十，官至太师，我坚守我的节操，死而后已，我难道还怕你们胁迫吗！”叛贼们都大惊失色。李希烈拘禁了颜真卿，派士兵看守，在院中挖了一个一丈见方的大坑，扬言将要活埋他，颜真卿看到李希烈，说道：“生死是有运数的，你不必再多说了！”张伯仪失败被杀，李希烈派人把张伯仪的符节和首级带给颜真卿看，颜真卿失声痛哭，跌倒在地。适逢李希烈的同伙周曾、康秀林等人谋划袭杀李希烈，推颜真卿为元帅，事情泄露，周曾被杀，颜真卿被困于龙兴寺。兴元元年，“四王”上表谢罪，唯独李希烈认为自己兵强马壮，还可以称帝，便派人到颜真卿的住所燃起熊熊烈火逼颜真卿就范，颜真卿面对柴堆烈焰，毫无惧色，大步走向火堆，后来被人制止。不久，李希烈的弟弟李希倩因叛乱被朝廷斩首，李希烈在汴梁称帝，颜真卿在牢中大骂他是乱臣贼子，并发誓绝不投降，李希烈只好下令将他勒死，颜真卿时年七十七岁。朝野上下听到这个消息无不泪流满面，三军将士都为之痛哭。

半年后，李希烈被自己的手下杀死，叛乱平定，颜真卿的灵柩才得以被护

送回京。德宗痛诏废朝八日，举国悼念颜真卿，并且亲颁诏文，高度称赞颜真卿一生为“才优匡国，忠至灭身”“器质天资，公忠杰出，出入四朝，坚贞一志”“拘肋累岁，死而不挠，稽其盛节，实谓犹生”。颜真卿秉性正直，笃实纯厚，有正义感，从不阿谀权贵，曲意媚上，以忠义刚烈闻名于世。

第二节
中国近代社会的忠烈

历史的年轮将中国近代社会无情地推进到那段充满了战火和屈辱的年代。此时涌现的忠烈人士，为了捍卫国家的主权统一，为了捍卫民族的尊严，为了使中华民族不受外族的欺压和凌辱，遵循自己的信仰，抛头颅洒热血，留下了不可磨灭的历史印记。这些忠烈人士，带领中华民族的热血儿女们，誓死捍卫国家的主权和民族的尊严；这些忠烈人士，为了寻找一条适合中国国情的道路，上下求索，不惜用生命换来国家的独立和民族的觉醒；这些忠烈人士，为了国土的完整和人民的安危，穷尽一身的才华和精力，带领人民搞运动、闹革命，寻求那条适合国情和国人的历史道路；这些忠烈人士，为了广大劳苦民众和水深火热的中华大地，用自己的鲜血和头颅捍卫运动和革命的成果。

一、抵抗列强侵略，维护国家主权

19世纪初期，在西方国家纷纷进行工业革命、迅速发展资本主义经济并大肆对外扩张的时候，死守封建制度和小农经济的清政府却日趋没落，并坚持对外实行闭关锁国政策。最先崛起的资本主义殖民帝国英国企图用商品贸易打开中国大门，以便向中国倾销其工业产品，但是一直被拒之门外，于是英国以向中国大量走私鸦片的方法来达到其赚取利润的目的。鸦片贸易给英国带来了惊人的利润，也使中国大量白银外流，造成中国财政枯竭、国库空虚。鸦片的泛滥使得中国人在精神上和肉体上受到严重摧残，败坏了社会风气，破坏了社会生产力。

（一）林则徐

林则徐于乾隆五十年（1785年）生于福建侯官（今福州市），嘉庆十六年（1811年）中进士，先后任浙江杭嘉湖道、江宁布政使、江苏巡抚、湖广总督等要职，他在任上修海塘、兴水利、整顿吏治、发展农业，声誉颇佳。道光年间，吸食鸦片者众多，造成了很大的社会问题，但朝廷中各方对待鸦片的看法却颇有争议，道光十六年（1836年），太常寺少卿许乃济提出“弛禁论”，请准民间贩卖吸食，使鸦片走私合法化；道光十八年（1838年）鸿胪寺卿黄爵滋提出“严禁论”，建议重治吸食鸦片者，以死罪严惩之。林则徐向朝廷上奏请求严禁鸦片，未等皇上批示，就开始在湖广进行禁烟，收缴烟土、烟膏与烟具，并配制“断瘾药丸”，供人戒烟，成效卓著。随后又上奏折，力陈烟禁特别是杜绝鸦片来源的重要性和禁烟方略，并针对反对派的驳斥强调说：“法当从严，若犹泄视之，是使数十年后，中原几无可以御敌之兵，且无可以充饷之银。”举棋不定的道光帝认识到严禁鸦片的迫切性、必要性和可能性，于是接受严禁主张，决定禁烟。道光十八年十一月，道光皇帝特命林则徐为钦差大臣赴粤禁烟。他令外国烟贩限期交出鸦片，并收缴英国趸船上的全部鸦片。于道光十九年四月二十二日（1839年6月3日）起在虎门海滩销烟，23天中销毁鸦片19 179箱、2 119袋，共计2 376 254斤。

林则徐硝烟是忠于祖国、维护民族尊严的壮举，是中国反侵略斗争史上的光辉一页。林则徐预见到在禁烟政策下利益受损的英国人不会善罢甘休，所以组织翻译了很多外国论著，以增进中国对西方军事、政治、地理、历史、法律的了解，还从翻译的瑞士法学家瓦特尔的《国际法》中找到了支持中国禁烟的规定：“各国有禁止外国货物进口的权利。”他一边禁烟一边积极备战，为改进军事技术组织搜集大炮瞄准法、战船图书等资料，并买来多门新式大炮加强海防力量，还招募五千多渔民编成“水勇”，屡挫英军的挑衅。林则徐敢于学习外国先进科学技术的精神受到高度赞扬，被称为“中国开眼看世界的第一人”，他所做的一切都是为了清政府的利益，都是忠于君主、忠于国家的表现。但是，当因为禁烟而气急败坏的英国人发动鸦片战争时，军备弛废的清朝海军在英国人的坚船利炮面前不堪一击、节节退败，道光皇帝却把一切都归罪于林则徐，将他革职并发配到新疆伊犁。林则徐却无怨无悔，依然对道光皇帝、对清政府、对国家一片忠心，并以“苟利国家生死以，岂因祸福避趋之”这样的诗句自勉，他的这种以国家为重的精神激励着关天培这样的爱国名将。

（二）关天培

关天培于乾隆四十五年（1781年）生于江苏淮安府（今江苏淮安市），嘉庆八年（1803年）时考取武庠生，历任把总、千总、守备、游击、参将、副将等军职。道光十四年（1834年）任广东水师提督，受任后致力于加强广东沿海的防务并支持林则徐实行禁烟。其后，他倾力于虎门要塞威远、靖远炮台的改建，设法加添了火力强大的“洋炮”200多门以抗击外国侵略势力的挑衅。当英国军舰在珠江口穿鼻洋开炮攻击中国水师时，关天培亲临火线指挥，带伤督饬水师反击，迫使英舰受重创后遁去。道光二十年（1840年）九月，林则徐被撤职查办。广东地方官吏大多改持与侵华英军“和谈”的态度，而关天培却不为所动，仍然坚决主战。为此，他特意在大战前夕，派专人将自己的旧衣与遗齿送回故乡与家人作诀念明示死志。是年十二月初十，虎门要塞的沙角、大角炮台均被英军攻陷，守将陈连升等战死。关天培坐镇虎门，仅剩数百名将士随其坚守要塞。他多次向两广总督请援，但均无法获得有力的援助。关天培知道难以挽回战局，遂决心以战死报国。道光二十一年（1841年）二月初六，英军对虎门要塞发动总攻，关天培亲临镇远炮台指挥，负伤十余处尚亲自开炮还击敌军。至傍晚时英军攻入炮台，关天培持刀奋战被砍伤左臂，后被枪弹击中，口中仍然大呼杀敌。关天培为抵抗侵略、保卫祖国而牺牲的事迹被广为传颂，他是中国近代史上最为忠烈的名将之一。

二、励精图治，改革进取

随着19世纪后半叶西方资本主义思想的传入和中国民族资本主义的初步发展，王韬、郑观应等知识分子提出了早期维新思想，主张在经济上发展民族工商业、在文化上学习西方科学技术、在政治上实行君主立宪制。清政府在这一时期主导了学习西方科学技术、工业模式和军事建制的“洋务运动”。然而在鸦片战争之后，自诩“天朝上国”的清朝又经历了第二次鸦片战争、中法战争和中日甲午战争，并且均以割地赔款告终，中国人民备感危机和屈辱。1895年甲午战争中北洋水师的全军覆没更是宣告了洋务运动的失败并说明了政治改革的必要性。以康有为为首的爱国知识分子以上书、办报、建立议政团体等形式掀起了声势浩大的维新运动，并于1898年在光绪帝的支持下进行了“戊戌变法”。在103天里，光绪帝共颁布数十条维新诏令，主要内容为倡办新式企业、奖励发明创造；设铁路、矿务总局，修筑铁路、开采矿产；废除八股，改试策论，开设学校，提倡西学；裁汰冗员，削减旧军，重练海陆军等。

（一）谭嗣同

谭嗣同生于同治四年（1865年），其父曾任湖北巡抚。谭嗣同年轻时好读书和游历，很早就有强烈的爱国主义思想。1897年，谭嗣同因其抨击封建礼教、宣传维新思想的著作《仁学》而成为维新派的领军人物。“戊戌变法”前夕，谭嗣同在新式学校长沙时务学堂中任教，积极宣传孔子改制、平等、民权等学说；又创建了维新团体南学会，讲求爱国之理和救亡之法；还创办了南学会的机关报《湘报》并担任主笔，加强变法理论的宣传。维新期间，谭嗣同很快得到光绪帝的赏识，被授予四品卿衔，参与新政。维新变法触动了朝中大臣的利益、挑战了慈禧太后的权威，受到以慈禧太后为首的顽固派的极力阻挠。谭嗣同为救出处在危险之中的光绪帝，夜访手握重兵的袁世凯，要袁发兵相救，袁世凯表面应允却暗中告密，促使慈禧太后发动了镇压维新的政变。谭嗣同听到政变消息后并不惊慌，置自己的安危于不顾，多方活动，筹谋营救光绪帝，但计划均告落空。形势危急，谭嗣同却在有机会逃亡日本、保全性命的时刻选择了以死明志，他说：“各国变法，无不从流血而成。今日中国未闻有因变法而流血者，此国之所以不昌也。有之，请自嗣同始！”1898年9月，谭嗣同与其他五名维新人士一起，在北京宣武门外的菜市口刑场英勇就义。

谭嗣同怀着为国捐躯的赤胆忠心，以死来殉变法事业，用自己的牺牲向封建顽固势力作最后一次反抗，在狱中还写出了“我自横刀向天笑，去留肝胆两昆仑”的千古绝唱，他的这一壮举比之战死沙场的将士毫不逊色。谭嗣同的忠心在一个层面上是忠于当时的皇帝光绪帝，在更深的层面上是忠于备受屈辱而亟须变革的祖国。同样身为维新领袖的梁启超，在变法失败后选择了流亡日本，他的行为远比不上谭嗣同那样悲壮，但是他以一贯的对于祖国的忠诚，在中国近代史上发挥了更大的作用。

（二）梁启超

梁启超生于同治十二年（1873年），17岁时中举，1895年他与康有为发动著名的“公车上书”，建议清政府拒和（中日甲午战争）、迁都、变法。之后，康有为创办《万国公报》，梁启超是该报的主要撰稿人，该报通过介绍资本主义国家的经济情况，宣传维新变法思想。梁启超又先后领导北京和上海的强学会，担任上海《时务报》主笔，任长沙时务学堂的主讲，著《变法通议》为变法宣传，影响了大批爱国知识分子。“百日维新”期间，光绪帝授予梁启超六品衔，负责办理京师大学堂译书局事务。变法失败，梁启超却因此名扬天下，逃亡日本后，年仅26岁的他被当作中国新的政治和知识领袖。1912年，辛亥革命胜利，流亡国外数十年的梁启超才重新回到中国。1915年，袁世凯称帝，梁启超发表《异哉所谓国体问题者》一文对其进行猛烈抨击，并南下云南协助蔡锷策划武力反袁的护国战争。1917年，张勋复辟，梁启超极力反对并起到重要作用，这也使得他同站在复辟一方的恩师康有为彻底决裂。梁启超是康有为的学生、助手，但他们最终分道扬镳；梁启超曾与孙中山合作过，也对立过；他还拥护过袁世凯，也反对过袁世凯。对此，梁启超说：“这决不是什么意气之争，或争权夺利的问题，而是我的中心思想和一贯主张决定的。我的中心思想是什么呢？就是爱国。我的一贯主张是什么呢？就是救国。”梁启超一直只有一个效忠对象，那就是自己的祖国，为了祖国的强大和进步，梁启超作为一介书生可以铤而走险，可以流亡海外，可以参与战争，甚至在临死的时刻，可以抛开个人得失为祖国医学事业的进步而辩护。1926年，梁启超因肾病住进北京协和医院，医院误将其健康的肾切除而保留病肾，消息传出去之后群情激愤，舆论猛烈抨击现代医学，梁启超却发表《我的病与协和医院》，公开为西医科学辩护：“我们不能因为现代人科学智识还幼稚，便根本怀疑到科学这东西。”同年，梁启超去世，他留给后人的最深印记，是一心忠诚于祖国的政治家形象。

三、锐意进取，民主改革

1911年10月，武昌起义爆发，拉开了辛亥革命的序幕，各省纷纷宣布起义，清政府面临土崩瓦解的局面。1912年1月1日，孙中山在南京正式宣布成立中华民国，实行民主共和制，并宣誓就任临时大总统。是时，受命镇压革命的北洋新军统领袁世凯一面以武力压迫南方革命，另一方面又暗中与革命党人谈判。当时中华民国政权未稳，革命派在外部面临北洋军的步步逼近，内部又面临重重矛盾，因此孙中山作出了让步，承诺只要袁世凯让清帝退位和赞成共和制就将中华民国总统之位相让。1912年2月12日，清朝皇帝在袁世凯的威逼和利诱下退位。2月15日，袁世凯被南京参议院选举为临时大总统。然而袁世凯并不是真心赞成共和，他在就任为第一任大总统之后，先后下令解散中国国民党和国会，又修改宪法，将内阁制改为总统制，并修改总统选举法，将总统任期延长为10年。然而他还不满足，1915年12月，袁世凯称帝，恢复君主制，建立所谓的洪宪帝国。从共和制回到君主制无疑是历史的倒退，以孙中山为首的革命派坚决反对帝制，蔡锷等在云南发动护国战争，武力讨伐袁世凯。

（一）蔡锷

蔡锷于光绪八年（1882年）生于湖南宝庆，曾考入长沙时务学堂，师从梁启超、谭嗣同，接受维新思想，后留学日本学习军事技术。1911年，蔡锷在云南响应辛亥革命，领导参与云南起义。1915年，袁世凯称帝，蔡锷宣布云南独立，并组织护国军，发动反袁的护国战争。其时蔡锷重病在身，却一直抱病参战，任护国军第一军总司令，他将自己“因时以制宜，审势以求当，未可稍有拘滞”的战争指导思想运用到护国战争中，根据战场态势的变化，及时修改作战计划，调整兵力部署，力求主动、避免被动。在他的指挥下，云南的劣势军队顶住袁世凯优势军队的进攻，并将战场步步推进到袁军的腹地。1916年春，蔡锷率部在四川大败袁军，同年6月，袁世凯在四面楚歌中死去，护国战争也随之结束。同样在1916年，蔡锷因喉癌医治无效而去世，年仅34岁。

蔡锷在其短暂的一生中，忧国忧民、胸怀大志，投身革命运动，在军事理论和战争实践方面都作出了突出贡献，在护国战争中更是表现出了坚定不移、临危不惧的精神和为国为民战斗到底的英雄气概。蔡锷对国家、对民族的忠心受到广泛赞扬，他的葬礼被给予国葬待遇，孙中山先生为他写下“平生慷慨班都护，万里间关马伏波”的挽联。蔡锷一生短暂，留下一代忠名，孙中山年岁稍长，更是忠名千古。

（二）孙中山

孙中山1866年生于广东香山（今中山市）的一个普通农民家庭，曾在美国檀香山读书，后在广州、香港等地学医、行医，并致力于救国政治运动。孙中山于1894年在檀香山创立兴中会，提出“驱除鞑虏，恢复中国，创立合众政府”的主张；1905年在东京成立中国同盟会，系统地提出“民族、民权、民生”的三民主义思想，并与保皇派进行了激烈的论战；1895年至1911年策划多次反清武装起义，屡遭挫折而斗志弥坚。1911年10月10日革命党人发动武昌起义，各省响应，随后清朝专制统治覆灭，是为著名的“辛亥革命”。1912年元旦，孙中山在南京就任中华民国临时大总统，创立了中国历史上第一个共和政体。孙中山在辛亥革命前期四处奔走、不辞辛劳、不计私利，所有努力都旨在推翻封建腐朽的清政府，从而建立一个独立、自强、民主的新中国，然而辛亥革命后局势的动荡和混乱使得实现这个目标障碍重重，孙中山继续以忠于祖国、忠于人民的满腔热忱来努力完成这一未竟事业。1925年3月，还未来得及重新入主北京政府的孙中山因肝癌逝世，他在提到国事的遗言中要求继任者“和平……奋斗……救中国”，并留下“革命尚未成功，同志仍须努力”的著名遗嘱。正如孙中山遗言所说，他“致力国民革命，凡四十年，其目的在求中国之自由平等”，他在一生的革命生涯中抛却个人名利，彰显博大胸怀，“鞠躬尽瘁，死而后已”。他的理论学说、立场信念和品德情操激励着广大的中国民众，使得民主共和观念深入人心，并有力促进了中国民主革命运动的发展。

四、抗击日寇，保家卫国

1931年，日本帝国主义发动入侵中国东北的“九一八事变”，以蒋介石为首的国民政府采取不抵抗政策，东北军一枪未发即让出沈阳城。日军得寸进尺，4个多月内，辽宁、吉林、黑龙江三省全部沦陷。日本强占东北后，中国人民就开始了自发的武装反抗日本帝国主义侵略的斗争。在民族危亡的紧要关头，蒋介石政府却顽固坚持“攘外必先安内”的政策，中国共产党则率先主张国共停止内战，一致对外以挽救中华民族。1935年12月，中国共产党要求“停止内战，联合抗日”，“一二·九”学生运动爆发。1936年12月，中国共产党又协助和平解决张学良、杨虎城逼蒋抗日的“西安事变”，国共两党达成抗日民族统一战线的协定。1937年，日本发动“七七事变”，开始全面侵华战争，中国守军顽强抵抗，至此，中国结束了对日本侵略者步步退让的局面，开始了有组织的全面抗战。1937年9月，国共两党抗日民族统一战线正式宣告成立。在抗击日本侵略者、保卫民族利益的抗战中，国共双方都出现了一大批忠诚护国、英勇抗日的民族英雄，张自忠和马本斋是其中的代表人物。

（一）张自忠

张自忠1891年生于山东临清，早年加入同盟会，后加入中国国民党，1916年入冯玉祥部，历任营长、团长、旅长、师长等职。张自忠1933年参加抗击日本军和伪满军的长城会战，任喜峰口第29军前线总指挥，打退了日军，守住了阵地。1937年，日军发动“七七事变”，张自忠奉命留守北平并任市长，当时的舆论一边倒地把他当成汉奸来批判和责难，他有口难言，忍辱负重地履行上级指派的任务。全国抗战爆发后，张自忠主动要求到抗战第一线，先后任国民党第59军军长、第33集团军总司令兼第五战区右翼兵团司令等职。1938年3月，日军进犯台儿庄，张自忠率第59军急行军增援台儿庄作战，为整个战役的胜利赢得了时间。1940年5月，中国军队与日军15万精锐部队在枣阳、襄阳、宜昌等地进行枣宜会战。张自忠亲自率领部队与敌寇决战。在部队被敌层层包围的不利态势下，他身先士卒、冲锋在前、力战不退，与敌寇拼死搏杀，最后身中七弹，壮烈殉国。在弥留之际，他留下最后一句话："我力战而死，自问对国家、对民族、对长官可告无愧，良心平安！"张自忠以在对日战场上的壮烈牺牲来表明自己的爱国之心和忠诚之志。

张自忠的死，为中国人民树立了一个忠勇奋斗的榜样，坚定了中国人民战胜侵略者、争取胜利的信心；他的死震动了那些自私自利、贪生怕死、动摇妥协之徒，促使他们忏悔醒悟、改过自新；他的死更在日本侵略者面前昭示了中国人、中国军人的庄严人格，显示了中国人民不畏强暴的英雄气概和誓死救国的坚定决心。国共两党均为张自忠举行了隆重的悼念仪式，他的事迹也激励着国共两党的将士们在抗日战场上继续顽强奋战。

（二）马本斋

马本斋于1902年生于河北献县，早年投身奉军当兵，逐级升至团长，"九一八事变"后，因不满蒋介石的不抵抗政策，毅然弃官返乡。1937年7月，全国抗战爆发后，马本斋在家乡组织回民抗日义勇队，奋起抵抗日本侵略军。1938年4月他率队参加八路军，所部改编为冀中军区国民教导总队（后改编为回民支队），马本斋任总队长，并加入中国共产党。他作战勇猛，身先士卒，在广大群众中享有很高的威望。部队在他的率领下，战斗力不断提高，队伍发展到2 000多人，成为一支能征善战的抗日劲旅。1937年至1944年，他率部队奋勇杀敌，经历大小战斗870余次，歼灭日伪军3.6万余人，屡建战功。值得一提的是，马本斋的母亲也是坚贞不屈、忠诚爱国的典型。1941年，日本人为了招降马本斋、消灭回民支队，抓走了马母，并威逼利诱她写劝降信给儿子，马母为了不让敌人利用自己牵制儿子，绝食七天而亡。1943年底，马本斋在率部参加冀鲁豫抗日根据地反蚕食战斗中，颈后长了毒疮。由于战事繁忙，加之缺医少药，不久病情加重。1944年1月底，部队奉命开赴延安，出发前，他抱病为部队作了最后一次动员，叮嘱指战员："要跟着党，跟着毛主席，抗战到底！"同年2月7日，马本斋在山东莘县不幸病逝，朱德总司令为其题了挽联"壮志难移，汉回各族模范；大节不死，母子两代英雄”。马本斋一家两代忠烈为国牺牲。马本斋在抗日战争当中发挥了共产党员的先锋模范作用，有力推动了抗日战争的全国胜利。

第三节
中国现代社会的忠烈

新中国成立，一穷二白的国情紧牵着全球中华游子的赤子之心，无数忠烈之士为了祖国的兴盛，为了人民的安居乐业，投身于祖国建设事业。这些忠烈之士，放弃国外优越的生活条件和丰厚的薪资报酬，主动回国，为祖国的建设奉献自己的青春年华。这些忠烈之士用一腔热血，投身于平凡的岗位，努力发光发热，为祖国的建设增砖添瓦。这些忠烈之士，为了祖国更美好的明天，为了人民能过上更好的日子，用自己的信仰和身躯默默地保卫着祖国的壮阔河山和人民的生命财产安全，为此甚至献出了自己宝贵的生命。这些忠烈之士，都是现代社会里最可爱的人，正是他们的忠心耿耿，无私奉献，才有了我们今天的美好繁荣。

一、爱国尽职，不畏艰难

1949年新中国成立，中国终于结束了自鸦片战争以来外患不断、内乱频繁的局面，进入和平建设时期。这时候百废待兴，中国的科技事业更是迫切需要有海外留学经验的人才来建设发展。一大批怀着科学救国抱负的海外留学生，冲破艰难险阻，回到祖国怀抱。他们忠于祖国、建设祖国的热情，令人钦佩，让人动容。华罗庚和钱学森是其中的典型代表。

（一）华罗庚

华罗庚在国际数学界享有盛誉，为中国当代数学发展及应用作出重大贡献的华罗庚生于1910年的江苏省常州市金坛区，他初中毕业后因为家境贫寒，不得不边做工边自学。1930年春，他的学术论文《苏家驹之代数的五次方程式解法不能成立之理由》引起了时任清华大学数学系主任熊庆来教授的高度重视，他被破格邀请到清华大学工作。随后，华罗庚出版了数学专著《堆垒素数论》

和一系列学术论文，并先后赴英国、美国进行学术交流。新中国成立后，他放弃美国伊利诺伊大学给他的终身教授的优厚待遇，克服重重困难回到祖国怀抱，投身我国数学科学研究事业。他在多复变函数、数论、代数及应用数学等研究领域取得了杰出成果，有许多定理、不等式、算子与方法以他的名字命名。他还以极大的热情关注社会主义建设事业，致力于用数学为国民经济服务。在生命的最后20年，他几乎把全部精力投入到推广应用数学方法的工作之中，特别是“双法”—— 优选法、统筹法的推广应用，取得了巨大的经济和社会效益。晚年的华罗庚不顾年老体衰，仍然奔波在第一线。他还多次应邀赴欧美国家及中国香港地区讲学，先后被法国南锡大学、美国伊利诺伊大学、香港中文大学授予荣誉博士学位，还于1984年全票当选美国科学院外籍院士。1985年6月12日，华罗庚应邀到日本东京大学作学术报告，原定45分钟的报告在经久不息的掌声中被延长到一个多小时。当他结束讲话时，突然心脏病发作倒在讲台上。他用行动实践了自己的诺言：“最大的希望就是工作到生命的最后一刻。”

华罗庚把自己最成熟的数学成果贡献给了新中国，有力推动了新中国建设事业的发展，他首先是忠于职守，做好数学家的本职工作；其次是忠于信念，一心践行科学救国的理想；而促使他放弃美国的优厚待遇而回到条件较差、百废待兴的新中国的，是他忠于祖国的热诚之心。“中国航天之父”钱学森也是一样，但他回国的历程更加艰辛。

（二）钱学森

钱学森于1911年生于上海，1934年毕业于国立交通大学，1935年赴美国麻省理工学院留学，翌年获硕士学位，后入加州理工学院，1939年获航空、数学博士学位，后留校任教并从事应用力学和火箭导弹研究。尽管在美国有着不错的工作和生活待遇，然而，功成名就的钱学森却始终关心着祖国的发展。1950年，钱学森开始争取回归祖国，而当时美国海军次长金布尔声称：“钱学森无论走到哪里，都抵得上5个师的兵力，我宁可把他击毙在美国，也不能让他离开。”钱学森由此受到美国政府迫害，遭到软禁、失去自由。1955年10月，经过周恩来总理在与美国外交谈判上的不断努力—— 甚至不惜以释放15名在朝鲜战争中俘虏的美军高级将领作为交换，钱学森同志终于冲破重重阻力回到了祖国。回国后，他长期担任我国火箭导弹和航天器研制的技术领导职务，并以他在动力、制导、气动力、结构、材料、计算机、质量控制和科技管理等领域的丰富知识，为中国火箭导弹和航天事业的创建与发展作出了杰出的贡献。他主持完成了“喷气和火箭技术的建立”规划，参与了近程导弹、中近程导弹和中国第一颗人造地球卫星的研制，直接领导了用中近程导弹运载原子弹的“两弹结合”试验，参与制定了中国第一个星际航空的发展规划，发展建立了工程控制论和系统学等。钱学森是全世界公认的人类航天科技的重要开创者和主要奠基人之一，是工程控制论的创始人，是20世纪应用数学和应用力学领域的领袖人物，被称为中国近代力学和系统工程理论与应用研究的奠基人。他在空气动力学、航空工程、喷气推进、工程控制论、物理力学等技术科学领域均作出了开创性的贡献。在毕生实践着科学报国信念的奋斗历程中，钱学森淡泊名利，人品高洁，他忠诚的爱国主义情操、积极的创新态度和自强不息的奉献精神，充分展现出一位科学大师的高尚风范。

二、保家卫国，英勇献身

为反对旧军阀、赶走侵略者、建立新中国，无数将士在北伐战争、抗日战争、解放战争中光荣牺牲，成为中华民族的忠魂。新中国成立之后，他们仍然为保卫建设祖国而奉献自我，有不少忠诚卫士为此英勇献身，如黄继光和邱光华。

（一）黄继光

1951年，20岁的黄继光响应祖国号召，加入中国人民志愿军，赴朝鲜参加抗美援朝战争。在上甘岭战役中，黄继光所在部队受阻于零号阵地。关键时刻，黄继光挺身而出，带领两名战士冲了上去，连续摧毁敌人多个火力点。两名战士一名牺牲，一名负伤，他也身负重伤。美军照明弹将阵地照得亮如白昼，几个火力点交叉扫射。他以手榴弹爆炸的烟雾为掩护，拖着受伤的身体顽强爬向最后一个火力点。接近美军中心火力点时，他用力甩出最后一颗手雷。手雷在离美军不远的地方爆炸了，美军火力点被炸掉半边，美军的机枪顿时停止了射击，黄继光也被震昏了。就在部队发起冲锋时，美军火力点内残存的机枪又吼叫起来，向志愿军冲锋部队疯狂扫射，部队攻击再次受阻。这时，黄继光醒来了，但弹药已经用尽，他便忍着伤痛，艰难爬到地堡射孔，毅然跃身而起，张开双臂，向火力点直扑上去，用胸膛堵住疯狂扫射的敌人的枪眼，用生命为战友开辟了前进道路。他牺牲时年仅21岁。在黄继光英雄壮举的激励下，部队迅速攻占高地，全歼守敌两个营。

黄继光以这样悲壮的牺牲方式，激励着战场上满腔热血的志愿军战士，激励着战斗装备并不先进的中国人民志愿军。最终，志愿军战胜强大的美国军队。黄继光以顽强的战斗体现了军人对本职的忠诚，以壮烈牺牲体现了军人对国家利益的忠诚，年仅21岁即牺牲的他，甚至来不及留下一张照片，但他的光辉形象却永远让后人铭记。

（二）邱光华

和平时期的军人们没有多少机会在战场上报效祖国，却总是在国家有灾难的时候奋战在第一线，他们与黄继光一样有着一颗忠诚报国的心，其中就包括汶川地震中牺牲的飞行员邱光华。

邱光华于1957年生于四川省茂县的羌族家庭，是我军第一代少数民族飞行员。他始终以对国家忠诚、对人民热爱的高尚情怀，不畏艰险，不怕牺牲，忠实履行使命任务。他先后飞过6种机型，累计飞行5 800多小时，多次执行边防巡逻、抢险救灾等急难险重任务，和战友一起开创直升机在海拔5 000米以上地区悬停和载重飞行等数十项我军直升机飞行纪录。驾机开辟直升机青藏航线，填补了世界航空史上的一项空白。1987年5月，他驾机向被称为“黑色死亡之谷”的墨脱运送救灾物资时，与一股强气流相遇，在他的沉稳操控下，直升机紧急迫降在海拔4 200多米的山口，他身受重伤。伤愈后，他再次踏上墨脱航线。“5·12”汶川大地震发生后，他不顾还有几个月就到停飞年龄和家中严重受灾的情况主动请战，一次次冒着生命危险，飞赴汶川等重灾区，累计飞行50多小时、63架次，运送物资25.8吨，转移受灾群众180人。5月31日，在执行任务返航途中，因高山峡谷局部气候瞬时变化，飞机突遇低云大雾和强气流不幸失事，邱光华光荣牺牲。邱光华的牺牲让中国人民悲痛不已，但是更坚定了中国人民战胜困难、抗震救灾的决心，邱光华忠于职守、忠于祖国的精神将永远被中国人民铭记。

三、爱岗敬业，无私奉献

新中国成立60余年来，无数个在平凡的岗位上默默耕耘、无私奉献的建设者，为国家的繁荣昌盛作出了不可磨灭的贡献。与开拓新中国科学事业的归国科学家和保卫建设祖国而英勇牺牲的军人相比，他们的事迹远没有那么辉煌和壮烈，但正是他们在平凡的岗位上的感人事迹，奠定了中国今天的繁荣昌盛的基础。他们当中最典型的代表是优秀导游文花枝和模范教师孟二冬。

（一）文花枝

文花枝1982年生于湖南省韶山市，2003年开始在湘潭新天地旅行社（现更名为湘潭花枝新天地旅行社）当导游员。2005年8月28日，文花枝在带旅游团途中遭遇车祸，车上人员6人死亡，14人重伤，8人轻伤。当营救人员几次想把坐在车门口第一排的文花枝先抢救出去时，她没有忘记自己身为一名导游的工作职责，大声说："我是导游，后面是我的游客，请你们先救游客"，并不停地为大家鼓劲、加油。在这起重大交通事故中，文花枝是伤得最重的一个，左腿9处骨折，右腿大腿骨折，髋骨3处骨折，右胸第四、五、六、七根肋骨骨折。她在危险到来的时候，将生死置之度外，把生的希望让给别人，自己最后一个被解救。因为延误了宝贵的救治时间，医生不得不为文花枝做了左腿高位截肢手术。工作中的文花枝一直是一名用真诚和微笑对待游客的阳光女孩，她把游客当成朋友和亲人。每带一个团，她都按事先的承诺服务，每到吃饭时，她都先安排好游客，自己最后才吃。游客称赞她是人品上的"导游"，是职业道德的"导游"。

左腿截肢后，文花枝对于未来的憧憬和设想都被打乱。当别人问她后不后悔时，她笑着说："我只是做了自己应该做的。"一句朴实的话道出了文花枝的职业信念：导游服务于游客，一切以游客为先。文花枝忠于职守，热心为游客服务；忠于信念，一切让游客优先。模范教师孟二冬同样也是忠于职守、忠于信念的模范。而他们在平凡的岗位作出不平凡的贡献，正是忠于祖国的表现。

（二）孟二冬

孟二冬1957年出生，1980年参加工作，系北京大学中国语言文学系教授。孟二冬的学科专长为中国文学史及中国文学批评史，研究方向为魏、晋、南北朝、隋、唐、五代文学，他是我国当代高校教师的典范。他淡泊名利、甘于寂寞、潜心治学，撰写了《中国诗学通论》（合著）、《中唐诗歌之开拓与新变》《韩孟派诗传》《千古传世美文》《陶渊明集译注》《中国文学史》（参编）等总计400多万字的专著。他历时7年，艰苦研究，完成了100多万字的《登科记考补正》，得到我国文学界和史学界的高度评价。多年来，孟二冬坚持党的教育方针，热爱教育事业，热爱学生，坚持不懈地教育学生追求真知，成为学生健康成长的良师、高尚人格的楷模。为支援新疆高等教育事业的发展，孟二冬主动要求到石河子大学支教。支教期间，出现严重的嗓子喑哑，但他坚持为学生和教师授课，直至病倒在讲台上。经医院诊断，他已患食管恶性肿瘤。在北京治疗期间，他仍以顽强的毅力坦然面对病痛，坚持课题研究和指导研究生的工作。2006年4月22日，孟二冬因病医治无效在北京逝世，年仅49岁。孟二冬教授的崇高精神和高尚师德感动和激励着每一个现代人。

思考与练习

思考题

① 在我国古代历史中，你还能列举出哪些忠烈之士的事迹？

② 在我国近代历史中，你认为还有谁能称为“忠烈之士”？为什么？

③ 在我国现当代，你还能列举出哪些忠义之士的事迹？

④ 通过对文花枝、孟二冬同志事迹的学习，你认为在当代社会里，怎么做才是“忠”？

案例讨论

190元奖金存了19年

湘潭老侨务干部：代表忠诚

2012年3月15日 10:03　来源：湘潭晚报

在雨湖区建设北路原人大院内，离休老干部田中柱家中保存着一张银行存单。他在1993年存的190元本金，到现在已经增至1 119元。田中柱说，这笔钱他还将继续存下去，直到他百年后。

这到底是怎样一笔钱？老人为什么要如此珍惜？

因工作突出获奖

带着种种疑问，3月14日上午，我们走进了田中柱的家，听他讲述这张存单的故事。田老今年78岁了，一谈到存单，他依然难掩激动，仿佛这一切就发生在昨天。

“这190块钱，是当时各单位给予我工作上的奖励。”田老说，1992年，他在市侨务办做主任，因为工作突出，他获得了三项荣誉奖励。1993年3月6日，当他拿到这笔190元的奖金时，他备感激动，“当天就存进了银行里”。

从此以后，他每年都会将钱取出，凑整再转存，到现在已经过了19年。据田老介绍，当时这笔奖金相当于他两个多月的工资。19年后的今天，他每月的退休金已超过四千元，这笔奖金只相当于月工资的四分之一。乍一看去，似乎将奖金存进银行，是一笔“亏本买卖”……

代表对党的忠诚

深入交谈后，我们终于明白田老为何如此看重这笔奖金。

田老获奖时已经59岁，这是他成年以后获得的第一笔奖金，也是他工作生涯的最后一次（1994年他离休了）。田老是一位共产党员，但由于历史原因，他曾三次被打成“反党”分子。

在田老看来，这次得奖是政府对他几十年来工作上的肯定，也是对他曾被打成“反党”分子的最大平反。田老说，不管这钱到最后值多少，他都会一直存下去。

“今年是我入党的第60个年头。”田老告诉我们，他有三个孙女，都是党员。从她们身上，他看到了一股新力量，一种志存高远、力求上进的精神。而这张存单对于他来说，在某种意义上代表着他对党的忠诚。（记者 李浩）

思考问题：

在现代人眼里，可能认为190元不足为奇，也许还有人会认为田中柱有些“傻气”，请问你对这则材料有哪些认识？为什么？

视频链接

《永远的忠诚》：展现精神的力量和信仰的忠诚

2011年6月16日 15:28 来源：文艺报

根据“全国优秀共产党员”、“全国人民满意的公务员”、人民群众离不开的好干部、安徽凤阳县小岗村党委已故第一书记沈浩同志生前事迹创作拍摄的电视剧《永远的忠诚》在央视一套播出后，在全国观众中引起了热烈反响。不少观众为沈浩信仰坚定、扎根基层、服务群众、无私奉献的精神品质所鼓舞，更为能走进英模平凡且伟大的内心世界而感动。

学习案例

《忠诚与背叛》还原“江姐”和历史的另一面

2011年8月2日 16:30 来源：中国青年报

虽只是一部小说，但《红岩》以其先后共上千万册的发行量，影响了几代中国人。“江姐”、许云峰、“小萝卜头”等小说中的人物形象不仅深入人心，而且发生在他们身上的故事，也被很多人当成动人的真实历史在传播。

不少人可能还记得小说中“江姐”带领姐妹绣红旗这一生动的情节，并为之深深感动。然而，在何建明与历华合著的报告纪实文学《忠诚与背叛》里，作者提出，

“江姐”绣红旗的情节是虚构的，是《红岩》的作者之一罗广斌把男囚们“绣红旗”的故事，创作到了“江姐”的身上。

真实的情况是，当新中国成立的消息传到重庆白公馆后，第一个得到消息的罗广斌激动不已。在耐着性子挨完了平时非常难得的十来分钟的放风时间后，他急忙赶回牢房中把消息告诉大家。难友们随即兴奋得像孩子一样又蹦又跳，低声欢呼：“中华人民共和国万岁!”

他们当晚激动得久久不能入睡，便围坐在一起讨论国旗的样子、形状。罗广斌提出做一面五星红旗，到时候扛着这面国旗冲出牢房。于是，他扯下自己的红花被面，陈然则拿出一件旧白布衬衫做五星。当时他们并不知道五星的颜色以及排列方式，认为星光是白色的，五星也应该是白色，并一致认为应当把五星放在国旗中央，形成圆圈。由于牢房条件极差，大家只能用铁片磨成的小雕刀当剪刀，用剩饭当糨糊，经过通宵奋战，完成了这面珍贵的五星红旗，他们围着红旗又是跳又是轻声低唱。然后，他们把牢房的楼板撬开一块，将红旗藏在里面。罗广斌还一气呵成作了一首题为《我们也有一面五星红旗》的诗。

重庆解放的第三天，众人在罗广斌的带领下，重新回到白公馆，在木板里取出了这面五星红旗。这面红旗后来被交给了党组织，至今还保存在红岩革命历史博物馆里。

而关于红旗的故事，在过去几十年里，也由于对“江姐”这个人物形象塑造的需要，被太多的戏剧和影视作品一次次进行渲染，其中真实的一面则被放在了一边。根据作者在书里的考证，事实上江竹筠的经历与“江姐”的故事出入很大，“江姐”实质上是许多革命者的一个综合体，只是随着时光的流转，她早已被世人提炼成一种“江姐精神”，而不再是一个血肉之躯。《忠诚与背叛》直言不讳地指出，“江姐”的原型是李青林，因为她的经历和狱中所受到的磨难其实就是小说中的“江姐”。

李青林是整个渣滓洞和白公馆中受刑最重的一个女共产党员，同时还是狱中职务最高的女党员。被捕前她是万县中心县县委书记，“江姐”江竹筠则是她的下级。李青林自幼性格刚毅倔强，疾恶如仇，特务们用尽办法也未能从她嘴里得到半点消息。《红岩》里有这样一个情节：敌人给“江姐”用刑，将尖利的竹扦钉进“江姐”的十指。然而《忠诚与背叛》对此提出了更正，江竹筠并没有受过此刑，真正受此刑的人应该是李青林。

在狱中，李青林以身作则，以一名党内“大姐”的身份鼓励着年轻的同志。由于敌人的残酷折磨，李青林在狱中常生病卧床不起。她沉静，说话不多，但出言就很有分量。同志们尊敬、照顾她，打饭、倒马桶都不要她轮值。腿脚不方便的她，就坐着照看婴儿与伤者，为难友们缝缝补补，将友情与温情传递到难友中间，深得同志们的爱戴。

当然，作为在渣滓洞关押的犯人，江竹筠同样经受了夹竹筷子、上老虎凳等酷刑，并常常痛得昏死过去。《忠诚与背叛》中还原了“江姐”真实的人生故事：这位坚强的女共产党员，的确在四川奉节的城楼上看到了丈夫彭咏梧被杀害后的人头；她在平时的确喜欢穿一件蓝色旗袍。1948年1月初，在她离开当时的革命暴动中心奉节县青莲乡时，由两位即将参加暴动的农民战士装扮成轿夫抬着离开时就是这身打扮；在江竹筠与彭咏梧正式被组织批准结婚之前，他们只是由于工作关系假扮夫妻，而此前彭咏梧与妻子谭正伦育有一子，且尚未离婚。在彭咏梧和江竹筠牺牲后，正是谭正伦以超凡的包容和大爱养育了江竹筠的儿子彭云。

在阅读《红岩》的时候，很多人忽略了它本身是一部小说，几十年来，《红岩》已经被人们与真实的历史画上等号。作为报告文学的《忠诚与背叛》的出发点，则是沿着小说的脉络对历史进行还原。随着白公馆与渣滓洞历史档案的细节越来越多地被公布于世，人们不难发现真实的“红岩”革命斗争史里面发生的关于“忠诚”与“背叛”的故事，远远超过小说《红岩》的精彩与深邃，更加生动与悲壮。

《红岩》里的叛徒人物甫志高，其形象同样深入人心。但历史上并没有甫志高其人，他的形象实际上是好几个叛徒的形象综合而成的。《忠诚与背叛》一书中详细记录了当年因叛徒出卖导致组织遭受破坏的经过，令人震惊的是时任重庆市委书记刘国定、市委副书记冉益智在当时居然都成为叛徒。刘国定后来竟然还靠出卖有功当上了军统中校。冉益智在被捕前给党内同志的印象是“经常表现出革命的坚定”，却在被捕的第一天就叛变了。由于他的叛变，刘国志等一大批共产党员被捕或被杀害。

1949年10月28日，国民党特务在重庆大坪刑场公开行刑。被枪杀的有10人，目击群众回忆，10人都高唱国际歌，高喊“共产党万岁”的口号。这次行刑中，被杀害的有陈然、王朴这样的革命烈士。还有两个特殊的人，一个是《红岩》里“甫志高”的原型之一，川康特委书记，叛徒蒲华辅，另一名同样是叛徒，川东临委副书记涂孝文。

蒲华辅被捕后，供出了川西地下党组织，使数十名地下党员被捕并被杀害，但《忠诚与背叛》中记述，据难友们观察，他后来“逐渐镇静”，没有再进一步叛变，也没有参加特务工作，与家人一起被关在白公馆的10个多月里并没有投降。

《忠诚与背叛》对《红岩》中人物原型的追踪，有助于人们更加真实和立体地了解那段历史，但这并不会削弱作为小说的《红岩》所具有的文学魅力，毕竟小说中的人物经常是在真实历史基础上的虚构和升华，而历史往往又比文学作品本身更多面、丰富、曲折、复杂和深邃。

《忠诚与背叛》一书作者在书的结尾处披露，虽然当年在重庆“11·27”大屠杀中遇难的331人中，绝大多数已经先后被确定为“革命烈士”，如“双枪老太婆”原型邓惠中等杰出的共产党员还载入了史册，然而，至今仍有30多位遇难者因种种原因没有被确定身份，他们或许永远作为“无名英雄”而长眠于九泉之下——这也许是在今天还原《红岩》人物原型的现实意义所在。（桂杰）

思考问题：

1．在文中，你能从罗广斌、李青林等革命者身上学习到什么？为什么？

2．文中最让你感动的是谁？为什么？

第三章 传承美德，忠成大器

“忠”作为中国传统道德思想史上一个十分重要的范畴，规范着人们处理人际关系的行为准则。“忠”字的含义融于社会生活，它所涵盖的内容及所体现的道德关系是非常丰富的，在现代中国，“忠”的内涵自觉地注入了时代的新鲜血液，因而包含了更多理性化和民主化的内容，政治上主要是与国家产生关联。“忠于祖国、忠于人民”的社会公德是现代“忠”的最主要内容；“忠于职守、执着事业”的敬业奉献精神是社会主义道德建设的重要内容；在理想与信念的追求上，“忠于正义、追求公平”始终伴随着人类文明的发展；而“忠恕之道、忠于内心”则是处理现代人际关系的重要准则和人全面发展的终极日标。

第一节
忠于祖国、忠于人民

忠于祖国、忠于人民是一种社会责任，这是现代“忠”的最主要内容。《中华人民共和国宪法》第一章第二十四条明确规定“国家提倡爱祖国、爱人民、爱劳动、爱科学、爱社会主义的公德”，这些规范是社会主义条件下国民公德的主要内容，国民公德是由国家所提倡的对全体公民的共同的道德要求。“在当代中国，爱国主义同社会主义有机统一于建设有中国特色社会主义的伟大实践，是鼓舞全国人民实现民族振兴的强大动力。”2013年3月17日，习近平在第十二届全国人民代表大会第一次会议上指出：“实现中国梦必须弘扬中国精神。这就是以爱国主义为核心的民族精神，以改革创新为核心的时代精神。这种精神是凝心聚力的兴国之魂、强国之魄。”明确指出了高举爱国主义旗帜对于建设社会主义事业新征程的重要意义。2015年9月3日，习近平总书记在阅兵仪式上的讲话中再次强调：“经历了战争的人们，更加懂得和平的宝贵。我们纪念中国人民抗日战争暨世界反法西斯战争胜利70周年，就是要铭记历史、缅怀先烈、珍爱和平、开创未来。……沿着中国特色社会主义道路，按照‘四个全面’战略布局，弘扬伟大的爱国主义精神，弘扬伟大的抗战精神，万众一心，风雨无阻，向着我们既定的目标继续奋勇前进！”

一、忠心爱国是民族精神的核心内容

民族精神是一种社会意识，是一个民族区别于其他民族的精神特质，是民族大多数成员所认可和接受的、富有生命力的优秀思想品格、价值取向和道德规范的总和。这个总和是这个民族在长期的历史过程中逐渐形成的，它源于民族传统文化，是民族传统文化的精神内涵。民族精神教育指为提高民族使命感、凝聚力和创造力等而进行的教育活动，中华民族精神是中华民族之魂。党的十六大报告指出，“民族精神是一个民族赖以生存和发展的精神支撑”，“在五千多年的发展中，中华民族形成了以爱国主义为核心的团结统一、爱好和平、勤劳勇敢、自强不息的伟大民族精神”。

（一）维护祖国统一和民族团结

中国共产党几代中央领导集体高度重视多民族国家内各民族的大团结。早在20世纪50年代，毛泽东就指出：国家的统一，人民的团结，国内各民族的团结，这是我们的事业必定要胜利的基本保证。在改革开放时期，邓小平指出：我们要争取整个中华民族的大团结，凡是中华民族的子孙都希望中国统一。分裂状况是违背民族意志的。习近平同志在第二次中央新疆工作座谈会上发表的重要讲话中指出：“各民族要相互了解、相互尊重、相互包容、相互欣赏、相互学习、相互帮助，像石榴籽那样紧紧抱在一起。”“我多次强调：‘全面建成小康社会，一个民族都不能少’。中央这么重视民族工作，这么重视脱贫工作，就是要更好维护民族地区团结稳定，更好加快民族地区发展，更好凝聚各民族智慧和力量，各民族一起来实现中华民族伟大复兴的中国梦。”2015年10月1日，在会见民族团结优秀代表时，习近平总书记言语坚定。

历史的时钟指在1997年7月1日零点那一刻，全场肃立，几千双眼睛向鲜艳的五星红旗和紫荆花区旗行注目礼。这是中华民族长久期盼的一个瞬间，这是永载世界史册的一个瞬间。零时4分，中华人民共和国主席江泽民在这里庄严宣告：根据中英关于香港问题的联合声明，两国政府如期举行了香港交接仪式，宣告中国对香港恢复行使主权。中华人民共和国香港特别行政区正式成立。经历了百年沧桑的香港回归祖国，标志着香港同胞从此成为祖国这块土地上的真正主人，香港的发展从此进入一个崭新的时代。这一庄严宣告在大会堂4 000多位中外嘉宾中激起经久不息的掌声。这一宣告通过电波传向祖国的长城内外、大江南北、澳门和台湾，传向世界的四面八方。

1997年香港回归祖国、1999年澳门回归祖国，这是中国现代历史和世界现代历史上值得大书特书的盛事，是中华民族发展史上的重要的里程碑。澳门的回归标志着中国人民最终洗刷了自西方殖民主义入侵以来长达四个世纪的民族耻辱，是我们完成祖国统一大业的极其重要的步骤。实现祖国统一是海内外中华儿女的共同心愿，是中华民族的根本利益之所在，身为青年学子更应该懂得这一点。

2001年4月1日，美国一架海军EP-3侦察机在中国海南岛东南海域上空活动，中方两架军用飞机对其进行跟踪监视。北京时间上午9时07分，当中方飞机在海南岛东南104公里处正常飞行时，美机突然向中方飞机转向，其机头和左翼与中方一架飞机相撞，致使中方飞机坠毁，飞行员王伟失踪。美机未经中方允许，进入中国领空，并于9时33分降落在海南岛陵水机场。

王伟走了，走得如此匆忙，又如此悲壮。他用自己的壮举和年轻的生命，捍卫了国家的主权和民族的尊严。他的爱国主义精神值得我们学习，我们要弘扬这种精神，把爱国热情化为强国动力，为中国现代化建设作出应有的贡献。

2008年3月14日中午，在拉萨市朵森格路，不法分子在向路边的商铺、汽车扔石头。这是一起骇人听闻的严重暴力犯罪事件。3月14日，一群不法分子在西藏自治区首府拉萨市区的主要路段实施打砸抢烧，焚烧过往车辆，追打过路群众，冲击商场、电信营业网点和政府机关，给当地人民群众生命财产造成重大损失，使当地的社会秩序受到了严重破坏。事后查明，这天，不法分子纵火300余处，拉萨848户商铺、7所学校、120间民房、5所医院受损，砸毁金融网点10个，至少20处建筑物被烧成废墟，84辆汽车被毁。有13名无辜群众被烧死或砍死，受伤群众达382人，其中重伤58人。拉萨市直接财产损失超过3亿元。根据目前掌握的情况，这起严重的暴力犯罪事件是由达赖集团有组织、有预谋、精心策划煽动的，是由境内外“藏独”分裂势力相互勾结制造的。

这是民族分裂分子破坏民族团结和祖国统一的暴力犯罪，残害人民群众，殃及无辜。全国政协副主席帕巴拉·格列朗杰一针见血地指出，达赖集团制造“3·14”事件，其险恶用心，就是企图在敏感时期挑起事端，蓄意制造恶劣事件甚至造成流血事件，破坏安定和谐的政治局面。这起事件也警示我们，应认识维护民族团结和社会稳定的极端重要性，分裂与反分裂斗争的复杂性、艰巨性和长期性。祖国统一是各族人民的最高利益，民族团结是祖国统一的重要保证。

法国当地时间2008年4月7日中午，北京奥运火炬在巴黎开始第5站环球传递。当天，几名“藏独”分子试图从中国火炬手金晶手中抢走火炬，干扰北京奥运圣火的传递。坐在轮椅上的金晶面对暴行，毫不畏惧，用双手紧紧抱着火炬，同时脸上流露出骄傲的神情。虽然她被威胁、被殴打，但她手中的火炬始终没有被抢走。金晶用她那残弱的身躯维护了奥运圣火的尊严，捍卫了奥运精神。

2009年7月5日20时左右，新疆乌鲁木齐市发生打砸抢烧严重暴力犯罪事件，致140人死亡。这是一起由境外遥控指挥、煽动，境内具体组织实施，有预谋、有组织的暴力犯罪。这是一起由境内外“三股势力”精心策划组织的打砸抢烧严重暴力犯罪事件，给各族群众生命财产造成极大损失，给社会稳定造成严重破坏。

面对“藏独”“疆独”分子和西方少数国家中些反动分子的反华行径，无论是残疾奥运火炬手金晶还是普通的中国民众，都表现出了对祖国的高度责任感，以实际行动捍卫了国家的尊严和利益，忠实地履行了对国家的责任。我们要维护祖国统一，加强民族团结，坚决同破坏民族团结、制造民族分裂的行为作斗争。当国家的尊严受到侵犯时，我们应挺身而出，坚决维护国家的荣誉和利益，表现出对祖国、对人民的高度责任感。

天山“当代雷锋”的数字传奇——记武警新疆总队医院院长庄仕华

武警新疆总队医院院长庄仕华植根新疆40载，多次荣获“十大优秀共产党员”“民族团结先进个人”和“拥政爱民十佳好军人”等荣誉，曾获得中国医师最高奖“中国医师奖”并先后获得“中国武警十大忠诚卫士”“全国民族团结进步模范”“拥政爱民模范”及全国道德模范等称号，并被中央文明委授予“当代雷锋”荣誉称号。

从军40余年，庄仕华和同事们一起帮助过570多位困难患者、46名贫困学生，长期资助64户特困家庭。实施腹腔镜下胆囊切除术12万余例无一失败；奔波天山南北，行程40万余公里，为各族群众送医送药巡诊38万余人次；患者赠送的锦旗达1.2万余面，连缀成红色长廊，布满肝胆外科中心的楼道……这些传奇数字的背后，都有一个个关乎生命的动人故事。“我有个汉族亲人叫庄仕华！”乌鲁木齐县萨尔达板乡大泉村维吾尔族大妈帕塔木汗总是这样说。18年前，帕塔木汗的丈夫乌拉孜不慎掉入废矿井里，生命垂危，最后是庄仕华将他从死亡线上救了回来。16年前，帕塔木汗的女儿古丽被查出乳腺肿瘤。庄仕华得知后，带头捐资为古丽做了手术。4年前，庄仕华又帮她家盖起了新房。

“为牧区群众巡一次诊、看一次病、送一次药，看起来微不足道，却关系到党与人民群众的血肉联系，关系到民族团结和边疆稳定。”庄仕华如是说。如今，利用节假日组织义诊已成为医院的一个传统，庄仕华和他的同事们就像一粒粒种子，在边疆生根、发芽，结出民族团结的累累硕果。他日复一日，为患者和各族群众做好事，成为天山南北家喻户晓的“当代雷锋”。“家是最小国，国是千万家。”每个患者的身后，都连着一个家庭；每个家庭，都连着社会。

为民造福，为党树碑。这正是庄仕华扎根边疆数十年的真实写照和不懈追求。庄仕华把军人的忠诚和医生的天职，刻在心里，付诸行动，他是一名普通共产党员，用扎根边疆建功立业的坚守与付出，感动了天山，感动了中国！庄仕华和他率领的团队，在大美新疆用共产党人爱民为民的实际行动铸就了各民族团结的新丰碑。

（二）增强民族凝聚力和忧患意识

十八大报告提出“永远热爱我们伟大的中华民族”，这是集合民族凝聚力的政治宣言。所谓“民族凝聚力”是指一个民族对其全体成员所具有的吸引力，它以一种观念的形式（感情、愿望、理想、价值观），蕴藏在每一个民族成员之中，是一个民族长期积淀下来的本民族的思维方式、价值取向、伦理观念、文化传统、心理状况、风俗习惯、审美情趣等精神文明总和的集中体现。民族凝聚力是衡量综合国力的一个重要标志，中华民族凝聚力是社会主义核心价值体系的重要内容，民族凝聚力是确保中华民族生存发展的内在力量，是中华民族共同的民族心理和民族精神的集中体现。民族凝聚力是中华民族生存之根；民族凝聚力是中华民族复兴之源；民族凝聚力是构建和谐社会之基。

新中国成立伊始，中国人民政治协商会议决定以《义勇军进行曲》作为中华人民共和国国歌。有的代表提议对《义勇军进行曲》的歌词作些修改，毛泽东和周恩来都不同意修改，尤其不能修改《义勇军进行曲》中的一句歌词：中华民族到了最危险的时候。这句歌词确实不应该修改，它能警醒人们，它更能唤起人们强烈的忧国忧民意识，激励人们忠于祖国，为祖国的富强昌盛而努力奋斗。企业没有忧患意识，很难在激烈的市场竞争中生存立足，更谈不上发展壮大乃至跻身世界前列。个人如果缺乏危机感和紧迫感，就不可能迸发出应有的激情和活力，不可能把自己的能力和才智发挥得淋漓尽致，还随时面临着被淘汰的危险。无论是忧患意识还是危机感和紧迫感，达到一定的境界，经过升华，就会转化为一种高尚的忧国忧民意识和强烈的爱国主义精神。这种精神说到底，就是忠。人生活在社会生活之中，才智能力有差别，所具备的环境条件也不同。然而，要想在各自不同的层面上有所成就，忠作为一种优秀的传统道德，也是一种必须具备的重要素质，对于事业有成起着至关重要的作用。

当今的国际局势发生着深刻的变化，政治多极化和经济全球化在曲折中发展，科学技术的发展日新月异，综合国力竞争日趋激烈。我们谈忠为今用，最重要的内容就是要强调爱国主义，强调忠既是一种优秀的传统道德，更是一种成大器者必须具备的优秀素质。这并非空洞的说教，忧国忧民谓之忠。

一位爱国侨领讲了一件事。某个国家的一位官员问他：“中国改革开放以来，华人华侨、港澳台同胞纷纷投身中国内地建设，带来大量项目和资金。我们也想效法，颁布了一系列优惠政策吸引本国侨民回国投资，但收效甚微。为什么中国可以办到，我们却不行？”这位侨领沉思良久，结论是：这是因为中华民族具有巨大的凝聚力。

不管是1998年的洪水、2008年的雪灾，还是汶川、玉树的地震、云南的旱情，全国各族人民团结一致，共同挺过来了，中国的民族凝聚力得到了空前的增强，社会各界众志成城，投入抗震救灾行列。全国范围捐款、捐物，从商界到工人，从政府官员到平民百姓。献血热潮使一些城市血库爆满，全国人民团结一致，显示了强大的民族凝聚力。尤其是奔赴一线的志愿者，其中更不乏青年学子，他们帮助灾区人民搬运救灾物品、进行心理疏导、支教等活动，利用自己的知识回馈社会。

申奥经历

2001年7月13日是中国人应该永远记住的日子。这一天，在莫斯科举行的国际奥委会第112次全会上，时任国际奥委会主席萨马兰奇宣布北京成为第29届夏季奥林匹克运动会的举办城市。北京获得2008年奥运会主办权，令中华儿女无不欢欣鼓舞。在经历了全民的喜悦与狂欢之后，从北京到青岛、天津、沈阳等奥运协办城市，乃至全国大江南北都投入到了奥运筹备的宏大工程中。北京城里林立的塔吊，各条轻轨、地铁线路开工、通车，穿梭于市区各个角落的崭新公共汽车，各体育场馆、配套设施，老城旧址全面整治修缮，居民区里英语学习开展得热火朝天，“同一个世界，同一个梦想”的奥运为北京、为中国带来新气象，中国也兑现着绿色奥运、科技奥运、人文奥运的承诺。

北京的申奥历程，无时无刻不在牵动着每一位国人的心，处处体现着民族凝聚力。2001年，申奥成功，举国沸腾。2008年，经过7年的漫长等待与团结一心的筹备，无数人为北京奥运会奉献出了自己的努力，使得奥运会筹办工作顺利进行，举办北京奥运会不仅会推动我国体育事业的巨大进步，还会推动未来中国经济进一步发展，推动科技、文化、环保事业的进步。而北京奥运会的成功举办，需要全国人民的努力，需要展现中国的实力、展现中国的国民素质，因此北京奥运会这个契机，使得国民的团结得到了进一步增强，推动了民族凝聚力的提升。

中华民族作为56个民族的共同体，自身具备的“兼容并蓄”的文化传统和发展历程，决定了中华民族凝聚力有着特殊的功能，这种特殊功能主要表现在民族凝聚功能、精神激励功能、价值导向功能和行为规范功能等四个方面，其中，民族凝聚功能是中华民族凝聚力的首要功能。

西方失算：中国威胁论反而增强中华民族凝聚力

进入20世纪90年代，随着苏联解体、东欧剧变、世界社会主义阵营解体，持续近半个世纪的冷战结束。中国在1978年开始改革开放，此后经济高速发展，政治影响力大大上升，军事力量持续增强。面临中国力量不断上升的趋势，以美国为首的西方国家和一些中国周边国家，不断宣扬“中国威胁论”。与此相呼应，西方学者发布相关理论，从文明、意识形态等角度进一步论证“中国威胁论”。其中，影响最大的当数美国政治学家亨廷顿的“文明冲突论”，认为文明冲突是未来世界和平的最大威胁，伊斯兰文明和儒家文明可能对西方文明提出挑战并引发战争。另一重要理论就是“民主和平论”，认为民主国家之间更不容易发生战争，而中国之类的“专制”国家则制度性地蕴含着更多的战争可能性。这一期间，美、日等国报刊先后发表了多篇“中国威胁论”的文章，如《正在觉醒的巨龙：亚洲真正的威胁来自中国》《即将到来的美中冲突》《鼠年》《红龙跃起》《美国太平洋海洋统治遭遇中国挑战》《论中国这个潜在的威胁》等，大肆渲染“中国威胁论”。新一轮“中国威胁论”表现出多元复杂的特征。就其宣扬主体而言，既包括西方国家，又包括周边相关国家。就其实质内容而言，既包括“军事威胁论”“意识形态威胁论”，又包括“经济威胁论”“文明威胁论”“生态威胁论”等。

总的来看，“中国威胁论”在一定程度上恶化了中国的周边环境，使我国在发展过程中不得不面临更加复杂的国际环境，不得不承受更多的外部压力。另一方面，“中国威胁论”作为外部强加的动力，在一定意义上强化了中国自身的危机意识，“中国威胁论”在客观上也强化了中华民族的凝聚力。中国古代就有“忧劳兴国、逸豫亡身”的古训，中华民族从来就不是一个为外力屈服的民族，而是遇强愈强、愈挫愈勇。在“中国威胁论”中成长起来的国人，在亲身感受到国家日益强大的同时，也逐渐适应与接受了这种机遇与危机并存的生存环境，这无疑有利于培育大国心态，我们应该淡定从容、主动作为，应对“中国威胁论”，有利于下一步中国更好地走向真正的大国。

忘记历史就意味着背叛。对抗战胜利最好的纪念，就是牢记历史。牢记历史既不是延续仇恨，也不是躺在功劳簿上沾沾自喜，而是从中吸取经验教训，防止历史悲剧重演。在当今的日本，军国主义仍然阴魂不散，一些政治组织和政治人物依然在矢口否认日军侵略的野蛮罪行，企图通过各种方式为侵略战争翻案。当今中国，已今非昔比，纪念抗战胜利，就要进一步增强中华民族凝聚力，为维护国家领土主权和社会发展提供坚强保证，为实现中华民族伟大复兴中国梦提供强大动力。

二、忠心爱国是爱国主义的根本要义

邓小平曾深情地说："我是中国人民的儿子，我深情地爱着我的祖国和人民。"爱国主义是中华民族的优良传统，是中华民族生生不息、自立于世界民族之林的强大精神动力。爱国主义体现了人民群众对自己祖国的深厚感情，反映了个人对祖国的依存关系，是人们对自己故土家园、种族和文化的归属感、认同感、尊严感和荣誉感的统一。它是调节个人与祖国之间关系的道德要求、政治原则和法律规范，也是民族精神的核心。每个人来到这个世界，都要在社会中生存，都要获取生存发展的物质条件，都要寻求慰藉心灵的精神家园，这一切首先得之于祖国。在新的历史条件下，继承爱国主义优良传统，弘扬民族精神和时代精神，"以热爱祖国为荣，以危害祖国为耻"。2013年10月21日习近平在欧美同学会成立100周年庆祝大会上的讲话中提到"在中华民族几千年绵延发展的历史长河中，爱国主义始终是激昂的主旋律，始终是激励我国各族人民自强不息的强大力量。"做一个忠诚的爱国者，是对当代大学生的基本要求。

爱国诗人屈原

屈原（约前340—前278年）。出身楚国贵族，青年时期就表现出杰出的才能，做了楚怀王的左徒（官名），协助怀王筹划国家大事，发布政令；对外接待各国使者，处理外交事务，很受怀王信任。这样就招来一些人的妒忌。他的政敌上官大夫在怀王面前造他的谣，说屈原居功自傲，连怀王也不放在眼里，怀王就疏远了屈原。

当时在战国"七雄"中，最强大的是秦、齐、楚三国，"合纵""连横"的斗争非常激烈，最后谁能取胜，就由这三国的内政外交的得失来决定。屈原在楚国内政上主张选贤任能，励精图治，企图建立一个理想的如尧舜禹汤时代的社会；在外交上则主张联齐合纵对抗强秦。由于怀王疏远了他，屈原这些正确的主张都未能实行。怀王是个昏庸的君主，在秦惠王的离间和诱惑下，接连上当，断绝了和齐国的联盟关系，结果损兵折将，丢失土地，国势渐渐衰弱下来。秦昭王继位后，提出和楚通婚，约怀王相会，屈原极力劝阻怀王不要再上当。但怀王在其幼子子兰的怂恿下还是去了，结果遭到秦国的武力劫持，死在秦国。怀王的长子顷襄王继位，令尹子兰和上官大夫等人又在顷襄王面前构陷屈原，顷襄王一怒之下把屈原流放到江南。屈原晚年在沅水、湘水流域长期过着流放生活，眼看祖国日益衰弱，即将被秦灭亡，自己报效君王的抱负不得施展，忧心如焚，无日可了，写了大量抒发忧愤的诗作，最后在绝望中投汨罗江自尽。

屈原虽遭谗被疏远，甚至被流放，但他始终以祖国的兴亡、人民的疾苦为念，希望楚王幡然悔悟，奋发图强，做个中兴之主。他明知忠贞耿直会招致祸患，但却始终“忍而不能舍也”；他明知自己面临着许许多多的危险，在“楚材晋用”的时代完全可以去别国寻求出路，但他却始终不肯离开楚国一步，表现了他对祖国的无限忠诚及其“可与日月争光”的人格与意志。

吉普赛人的悲哀

一个名叫李立的中国留学生，讲述了他在美国留学时的一段经历。李立的邻居是一个靠卖艺为生的吉普赛人，男主人叫阿普杜拉。他开朗乐观、为人诚恳，很快就和李立成了好朋友。一个休息日，李立和阿普杜拉一边喝咖啡一边聊，谈到吉普赛人四海为家的习俗，李立真诚地对阿普杜拉说：“我很钦佩你们吉普赛人的才华和生存能力，无论世界的哪个角落，几乎都有你们吉普赛人。”阿普杜拉也高兴地说：“不错，我们吉普赛人无论到哪里，都能被那里的人民所接纳。”但突然，阿普杜拉的声音变得低沉了许多：“但这也正是我们吉普赛人的悲哀，因为我们没有祖国。”说到这里，一向乐观粗犷的阿普杜拉，眼里噙满了泪水。李立被深深地震撼了，他突然感到，与阿普杜拉相比，自己是多么幸福，因为在自己的身后，有一个历史悠久的伟大的祖国。

没有国哪有家，没有家哪有我——这看似平常的话语，道出了最深刻的爱国理由：国家是小家的寄托，更是个人的寄托；国家是物质利益的寄托，更是精神家园的寄托。失去祖国母亲的保护，人们就是无家可归的流浪儿。爱国是每个人都应当自觉履行的责任或义务。履行爱国的责任或义务，是对祖国母亲的报答。

徐悲鸿：我代表我的祖国

1919年到1927年，我国著名的画家徐悲鸿在欧洲留学。那时，中国留学生在外国不仅经济上困难，政治上也很受歧视。有个外国学生向徐悲鸿挑衅说：“中国人愚昧无知，生来就是当亡国奴的材料，即使把你们送到天堂去深造，也成不了才！”徐悲鸿被激怒了，他斩钉截铁地说：“我代表我的祖国，你代表你的国家，等学习结业的时候，再看到底谁是人才，谁是蠢材！”从此，徐悲鸿怀着为中华民族争光的满腔激情，刻苦努力，争分夺秒，经常到罗浮宫、凡尔赛等巴黎各大博物馆，临摹世界名作，一去就是一整天，不到闭馆的时候不出来。有志者事竟成，徐悲鸿进入巴黎国立高等美术学院的第一年，他的画就受到了法国艺术家的好评。在几次竞赛考试中，他都取得了第一名。1924年，他的油画在巴黎展出，轰动了美术界，那个向他挑战的外国学生，不得不承认自己是个失败者。

对于徐悲鸿，曾有这样的评价："不仅为中国之画家，实世界之画家也"，"他的名字，已经与世界各国的大画家共垂宇宙"。可以说，徐悲鸿已经得到了世界的认可，但他从未在别人的赞美声中迷失自我，他总是以一颗赤子之心默默无闻地为中华民族的精神生活和艺术领域注入新鲜的血液，尤其是他高尚的爱国主义情操使他的人生更加完美而有价值。

"铁女人"吴仪

1991年底，参加中美知识产权谈判的中方代表团团长突然生病，这个沉重的担子瞬间落到吴仪身上。这时的吴仪刚刚调到外经贸部不足4个月，副部长的椅子尚未坐热，便临危受命，匆忙登上了飞往美国的飞机。

这是一次棘手而艰苦的谈判。一方面，美国人财大气粗，时不时要表现他们霸权主义的态度；另一方面，中国要坚持改革开放，要走向世界，就必须向国际惯例靠拢。双方刚一落座，美国人想给吴仪来个下马威，开场白便显现出来者不善："我们是在和小偷谈判。"面对对方的无理，吴仪毫不留情地顶了回去："我们是在和强盗谈判，请看你们博物馆里的展品，有多少是从中国抢来的。"针锋相对的回答令对方愣了一下，同时对手马上清楚地意识到：这个女人不简单。

整个谈判过程，既要维护国家利益，向美国人讨价还价；又要作出一定的让步，并且还要让这让步能够被国内接受。此时，吴仪坚强的个性和机敏的应对能力令对手刮目相看，几个回合较量下来，美国贸易代表、被称为国际贸易谈判圈中"铁女人"的卡拉•希尔斯由衷地称赞吴仪："既是国家利益坚定的维护者，又是坚韧的谈判者。"了解吴仪的人都说，吴仪"很会修理傲慢的美国人"。而吴仪说："我一出国，爱国主义感情就尤为强烈，祖国在我心中特别神圣。我忠于我的祖国。"

聚焦邓中翰

邓中翰，血液里流淌着浓浓的科学家梦想，却有着非常敏锐的企业家思维。他是美国伯克利加州大学（UC Berkeley）电子工程学博士、经济管理学硕士、物理学硕士。曾任职于美国硅谷Sun Microsystem，参与研发世界上计算速度最快的中央处理器UltraSPARC I。1999年至今，与信息产业部共同在北京中关村创建了北京中星微电子有限公司，任董事长，领导研发"星光"系列"中国芯"，并成功实现了产品"星光一号""星光二号""星光三号""星光四号""星光五号"的产业化，被三星、飞利浦、惠普、富士通、联想等国际知名企业大批量采用，彻底结束了"中国无芯"的历史。1999年10月，邓中翰受国务院之邀回国参加新中国成立50周年国庆观礼。就是在这一次庆典上，邓中翰下了回国创业的决心，“那个念头来得如此迅猛和强烈，让人难以招架，渴求得让人心悸，现在好像没有机会去体味那种激情了，有点怀念。”邓中翰说。

然而，在邓中翰选择回国创业之前，邓中翰曾经在硅谷创立集成电路公司Pixim，市值很快达到1.5亿美元，邓中翰已经达到了像他这样的学子难以达到的事业高度，对其回国创业的真实原因，邓中翰用爱国来解释，很多人未必能够真正理解，但这确实是他的思想原貌。“我们的团队都是‘海归’，对为什么回国创业私下里我们发现至少有三点是共识，首先是爱国，很多人可能觉得这是唱高调，那我劝劝他出国走一趟，最好是到美国，只有到了外国，你才能知道什么是‘中国心’；其次是事业心，我和我的伙伴们都是有‘野心’的，不甘心在硅谷，在别人的地盘干一辈子；还有一点可能就是我们技术工作人员的‘老毛病’了，追求将一流的技术转化为一流的生产力，自己创业，做自己的技术，做自己的企业是最直截了当也最有挑战性的工作。”邓中翰说，“我们这些人，当初出去就是为了回来的。”

国家利益、民族自强这些看似与企业经营相距甚远的词句在邓中翰和他的团队之间的交流中随处可见，强烈的社会责任感和爱国情结会体现在每一个目标的制订和实施的过程中。听他们交流，你会感动于那份向上和纯粹，恍若置身于校园；回转身来，他们又拿出实实在在的产品，在残酷的国际市场上和对手拼杀，让中国人扬眉吐气。

对于人民日报国际部副主编焦翔来说，爱国主义精神是媒体人的担当和自觉，是一次次站在国际舆论舞台上为祖国发声、为人民发声。

“随着中国的崛起，我们面临着来自世界怀疑、审视的目光越来越多。作为一位媒体人，我们肩负着正确引导舆论、汇聚民心的责任；作为党报记者，我们更担负着宣介中国理念、传播中国声音的使命。”多年驻外工作的经历让焦翔对中国综合国力的发展、综合国力的上升深有体会，焦翔说：“回国之后，我比以前更忙了，同行们也经常夜以继日地工作。用一位外交官的话说，‘这就是大国崛起的代价’。是啊，当我们有了更多的资源、更强的实力、更远的雄心，我们每一个人也都要为此付出更多，这是我们的责任，更是我们的光荣。”

三、忠心爱国——当代大学生在行动

2012年11月29日，习近平在观看“复兴之路”展览时指出：每个人都有理想和追求，都有自己的梦想。现在，大家都在讨论“中国梦”，我以为，实现中华民族伟大复兴，就是中华民族近代以来最伟大的梦想。这个梦想，凝聚了几代中国人的夙愿，体现了中华民族和中国人民的整体利益，是每一个中华儿女的共同期盼。历史告诉我们，每个人的前途命运都与国家和民族的前途命运紧密相连。国家好，民族好，大家才会好。习近平关于“中国梦”的论述是马克思主义理想信念与中国当代实际相结合的产物，具有丰富的思想内涵。中国梦与大学生个人理想信念之间存在着价值观上的内在一致性。应该用“中国梦”统领大学生理想信念教育，把中国特色社会主义理想信念转化为大学生为中国特色社会主义建设努力奋斗的实践行动。

（一）要坚定理想信念，居安思危

理想信念是人生的精神支柱，是成就事业的动力。邓小平同志指出：人的因素重要，不是指普通的人，而是指认识到人民自己的利益并为之而奋斗的有坚定信念的人。习近平总书记形象地指出：理想信念就是共产党人精神上的“钙”，没有理想信念，理想信念不坚定，精神上就会“缺钙”，就会得“软骨病”。他曾以陈望道专心翻译《共产党宣言》为例，生动地说明了信仰的巨大力量。陈望道是《共产党宣言》的第一个中文全本译者。1920年，他在翻译这本书时，母亲为他准备了红糖蘸粽子吃。母亲在屋外问他红糖够不够，要不要再给添些。他说：“够甜，够甜的了。”当母亲进屋收拾碗筷时，却发现儿子的嘴上满是墨汁，红糖却一点儿也没动。原来陈望道是蘸着墨汁吃掉粽子的。这就是信仰的味道！信仰的力量！

当代青年大学生要坚定共同的理想和信念，同时要居安思危。怎样才能把理想变为现实呢？需要付出艰辛的努力和辛勤的劳动。要特别注意以下几个方面。

首先，实现理想要尊重科学，勇于创新。事物的产生和发展都有其自身规律，理想的实现也一样，遵循客观规律的要求，努力实践，勇于创新，既不能盲目、蛮干、急功近利，又不能思想僵化、因循守旧，否则不仅无法实现理想，还可能造成严重后果。把理想信念建立在对科学理论的理性认同上，建立在对历史规律的正确认识上，建立在对基本国情的准确把握上，不断增强道路自信、理论自信、制度自信，增强对坚持党的领导的信念，永远紧跟党高举中国特色社会主义伟大旗帜。

其次，实现理想要有艰苦奋斗的精神。实现理想的道路是曲折的，理想的实现是一个持续奋斗的过程。一个国家，实现现代化的理想需要艰苦奋斗的精神；

一个人，实现事业成功的理想同样需要艰苦奋斗的精神。我们的国家，我们的民族，从贫穷落后一步一步走到今天的发展繁荣，靠的就是一代又一代人的顽强拼搏，靠的就是中华民族自强不息的奋斗精神。当代青年要牢记“空谈误国、实干兴邦”，立足本职、埋头苦干，从自身做起，从点滴做起，用勤劳的双手、一流的业绩成就属于自己的精彩人生。

再者，在实践中把理想转化为现实，勇于创新。理想的实现，要靠每个人的实际行动。然而，人们经常看到，有的人只有美好未来的蓝图，却没有具体的行动；期望成为专家、能人，在学习上却不肯下苦功夫；喜欢谈论理想、前途，却没有脚踏实地地付诸努力。这样的人，往往一天一个理想，始终徘徊在现实的此岸，永远到不了理想的彼岸。毫无疑问，只有以实践为桥梁，脚踏实地，靠自己辛勤的双手，才能开辟到达理想境界的通途。所以，当代青年树立梦想从学习开始、事业靠本领成就的观念，让勤奋学习成为青春远航的动力，让增长本领成为青春搏击的能量。当代青年要坚持学以致用，深入基层、深入群众，在改革开放和社会主义现代化建设的大熔炉中，在社会的大学校里，掌握真才实学，努力成为可堪大用、能担重任的栋梁之材。当代青年要有敢为人先的锐气，勇于解放思想、与时俱进，敢于上下求索、开拓进取，树立在继承前人的基础上超越前人的雄心壮志，要有逢山开路、遇河架桥的精神，为了创新创造而百折不挠、勇往直前。要有探索真知、求真务实的态度，在立足本职的创新创造中不断积累经验、取得成果。

（二）“中国梦”引领当代大学生的爱国正能量

大学生个人梦想的实现也影响着中华民族复兴之梦的实现。大学生是祖国和民族的希望，是社会发展的关键力量。党的十八大报告中指出：“中国特色社会主义事业是面向未来的事业，需要一代又一代有志青年接续奋斗。……广大青年要积极响应党的号召，树立正确的世界观、人生观、价值观，永远热爱我们伟大的祖国，永远热爱我们伟大的人民，永远热爱我们伟大的中华民族，在投身中国特色社会主义伟大事业中，让青春焕发出绚丽的光彩。”这是中国共产党第十八次全国代表大会上传达给每个青年最强烈的信号，是党和国家宏伟大业向每位青年发出的深情召唤。也是让党的事业后继有人，让党的队伍始终充满生机与活力的根本。当代青年，特别是青年大学生，同样要对自己负责、对他人负责、对社会负责、对国家和民族负责，这是青年作为现代人所追求目标的重要标志，也是青年成长、成才的基础。作为国家培养出的当代青年大学生，应深感使命光荣、责任重大，具体应做到以下几点。

（1）明志，以远大的志向为前进和发展储足动能。激情飞扬的青春活力是推动发展的“正能量”。“发展是第一要义”，也是我们党执政兴国的根本。而发展离不开充满激情的青春理想，离不开远大的志向作为前行的航标，离不开充满生机活力的创新创业体制机制。广大青年大学生要踊跃投身国家建设，以激情飞扬的青春活力不断添加祖国前行的“燃料”。要敢为人先，善于创造，勤奋求实，勇于开拓，成为改革创新的生力军。有了坚定的志向和信念，以及坚忍不拔的毅力，就一定能将志向与目标变为现实。作为青年人，一旦拥有远大志向和理想，就会不畏前行道路上的艰难险阻，敢于面对困难与挫折。就会想尽一切办法，去克服和战胜困难，就会立足当下、放眼长远，全面实施“十三五”规划和落实好党的十八大和十八届四中、五中、六中全会精神，开拓奋进，从胜利走向新的胜利。

首先，要矢志不渝。《史记》中记载：“中国者，盖聪明循智之所居也，万物财用之所聚，贤圣之所教也，仁义之所施也。”清代的何启对自己祖国的赞美更是辞章华丽：“山岳为天下之至秀，江海为天下之至通，壤衍为天下之至腴，物产为天下之至富。”“莫等闲，白了少年头，空悲切……”岳飞在《满江红》里抒发着满腔爱国情怀，他“尽忠报国”的情怀深深地打动着我们。“人生自古谁无死，留取丹心照汗青”的文天祥，还有“家祭无忘告乃翁”的陆游等，他们都怀着一份炽热的爱国情怀，决不允许祖国受到一点儿的亵渎和伤害。虽然这些人物都已作古，但却引导着我们这些后人做一个坚贞不渝的爱国者。教育家陶行知说：“国家是大家的，爱国是每个人的本分……我觉得凡是脚踩中国之地，嘴吃中国五谷，身穿中国衣服的，无论男女老少，都应当爱中国。”国破则家亡，国兴则家昌，这是中华近百年来历史上昭示的一个深刻道理。祖国的前途、命运、未来和个人憧憬的前途、命运、未来，如同血肉，息息相关。

其次，要与时俱进。爱国，不需要原因和枯燥无味的数据，不必再借用古老的格言，更不应该流于形式，它需要切切实实的行动。在抗击非典的战场上，千千万万的白衣天使坚守岗位，这何尝不是爱国？申奥成功，首次载人航天，何尝不是爱国？当奥运会上冉冉升起的国旗，雄壮的国歌在异国响起时，运动员眼眶湿润，观众神情激动，这何尝不是爱国？灾难袭来时，志愿者忙碌的身影出现在灾区的各个角落，这何尝不是爱国？……面对新形势，我们大学生应该适应转变，认清使命；树立崇高的理想，形成正确的人生价值观；加强素质修养，提高道德水平；弘扬爱国精神。我们要做到：懂历史、懂政治、懂大势、懂责任；不相信、传播谣言，不参与、旁观非法游行集会，遇突发事件不茫然。家事、国事、天下事事事关心，让我们保持着一片赤子丹心，更紧密地联系在一起，为实现中华民族的伟大复兴而奋斗！

再者，要理性爱国。大学生是个特殊的群体，我们都深爱我们的祖国。我们有爱国的热情，有民族的自豪感，有报国的自强心。我们有知识、有文化，在爱国方面，我们可以做时代先锋。所以更应该有理智、理性，从而使爱国更有深度。大学生的理智、理性爱国，表现是多方面的：第一，理解、相信和支持党和政府的战略部署；第二，做稳定的促进派；第三，合理合法地表达我们大学生的爱国情感。如果把爱国热情纳入理性的通道，那一定可以产生无比笃定、坚韧、持续的力量，来支撑起大国崛起的梦想。是的，我们要用我们的理性，来表达我们的爱国热情。就如我们那些可爱的海外华侨，他们在表达爱国情感时，总是那么有理有据。外国人不知道事情真相，我们告诉他；外国人有反华情绪，我们跟他说我们中国的和平发展战略。我们要有中国国民应有的素质，要知道理性爱国才是最有力量的，才是真正的爱国。

（2）自强，树立坚忍不拔的拼搏精神和扎根基层服务社会的恒心。青年人最大的优点是：有拼劲、充满活力和朝气；有激情，始终鼓足创新前行的动力；有锐气，敢于挑战障碍，不拘一格。广大青年大学生，要学会独立思考、独立创业、独立奋斗。巩固和发展社会主义制度，需要几代人、十几代人甚至几十代人坚持不懈地奋斗，只有具备百折不挠、勇往直前、顽强拼搏的精神，才能在中国崛起、实现中华民族伟大复兴的征程上，贡献自己的力量，才会在全社会形成一股升力，在各个领域形成积极向上的良好氛围，凝聚每一个人的“正能量”，从而带动和影响更多的人始终保持旺盛的斗志。

石磊2008年从清华大学毕业后选择到农村工作，现任南京市栖霞区栖霞街道西花村社区党支部书记。他说，农村有广阔的舞台，大学生村官只有扎根基层、干事创业，才能夯实基层组织基础。江苏省第十二次党代会提出要让大学生村官“干事有劲头、创业有舞台、发展有空间”，目前全省有732名大学生村官担任村两委正职。西花村是个经济薄弱村，面对村民的期待，新一届支部承诺：在3年任期内实现村集体收入翻倍、村民福利待遇翻倍。在各级组织的关心帮助下，党支部一班人带领村民艰苦奋斗，通过物业服务、苗木种植等渠道增收，去年村集体收入接近200万元，超额完成了翻倍的目标。实实在在的工作，石磊感到群众对党支部、对村干部更认可了。自己不仅在干事中增长了工作本领，更提升了精神境界。比以往任何时候都坚定地认识到，大学生村官只有把自己的理想追求同国家民族的命运结合起来，同农村的科学发展结合起来，才能实现自己的价值。

爱国要从点滴做起。列宁曾经指出：爱国主义就是千百年来固定下来的对自己祖国的一种最深厚的感情。爱国就要从生活中的点点滴滴去渗透、去践行“爱国主义精神”“集体主义精神”。具体到大学生，可以利用自己的优势、利用假期去贫困地区支教，可以投身到服务社区的大潮中去，也可以利用自己所在的学生组织、学生社团去把社会视点聚焦到社会弱势群体上去。当然每一个大学生切切实实地去关心身边的每一位同学，让这份爱国之心一传十、十传百地推广开更是爱国的良好表现。我们大学生每年享受着国家那么多的教育补贴，教育基金，我们有义务积极地为祖国作出我们应有的贡献。

（3）自立，勇于承担人才强国的重任。科教兴国和人才强国是当代中国面向现代化、面向世界、面向未来，加快中国特色社会主义现代化建设的两项重大战略任务。科教兴国、人才强国既是国家战略，又是广大青年的历史责任。既体现了国家的意志，又表达了广大青年人的愿望。在科技和教育迅猛发展，社会信息化不断推进的背景下，当代青年有较多的机会学习、运用、创新现代科学技术。广大青年应义不容辞地担当迎接新技术革命挑战的重任，争当优秀的创新人才，成为国家富强、民族振兴的中坚力量。为此，胡锦涛同志在2010年全国人才工作会议上特别强调：要把培养造就青年人才作为人才队伍建设的一项重要战略任务，加大工作力度，完善工作制度，采取及早选苗、重点扶持、跟踪培养等特殊措施，使大批青年人才持续不断涌现出来。

首先，提高综合素质。爱国要有本领，这个本领就是要有丰富的知识、高超的谋略、创新的能力、凝聚人心的力量、敢于奋斗的勇气和坚忍不拔的毅力。因此大学生要好好学习，树立远大的理想和目标。立身百行，以学为基。大学生是祖国的未来和希望，对于大学生来说，今天最重要的任务就是以刻苦学习、增强本领的实际行动报效祖国。中国特色社会主义的伟大时代，是一个争奇斗艳、英才辈出的时代。在这样一个时代，大学生肩负着全面建设小康社会、努力构建和谐社会、实现中华民族伟大复兴的历史重任；也正是这样一个时代，为大学生施展聪明才智、实现报国之心提供了良好条件和广阔舞台。为了明天更好地报效祖国，我们大学生更应该把自己的爱国热情和理想抱负融化在刻苦学习、掌握本领之中。做好自己该做的事情，努力发展自己，让国家更加强大，才是真正的爱国。

其次，理论联系实际。作为高等院校的学生，享受着优越高等教育条件，首要任务是把学习搞好，爱国不是一天两天的事，把知识学专了，应用到国家的建设当中去，促进国家的发展就是最好的爱国方式之一。要努力学习科学文化知识，坚守政治信仰，拥护党的民族政策；与分裂祖国、破坏民族团结的反动分子作斗争；要学会尊重其他民族的生活习惯；通过支教下乡等途径，促进少数民族地区文化发展；通过开展各种宣传活动，普及我国的民族宗教政策。

第二节
忠于职守、执着事业

中华民族素有“仁义济世”“敬业乐群”“忠于职守”的优良传统。早在春秋时期，孔子就留下了“执事敬”“修己以敬”等话语，主张人在一生中始终要勤奋、刻苦，为事业尽心尽力；荀子说：“百事之成也，必在敬之，其败也，必在慢之。”指出敬业是成功的前提。唐代经学家孔颖达说：“敬业，为艺业长者，敬而亲之”。宋代理学家朱熹也曾说过：“敬业者，专心致志，以事其业也”。即用一种恭敬严肃的态度对待自己的工作，认真负责，一心一意，任劳任怨，精益求精。 一个人只有忠于祖国、忠于人民，才能真诚地搞好自己的本职工作，才能言而有信，行之必笃，做到推己及人、无私奉献，道德境界才会不断提高，而业务水平也定会不断长进。由此可见，只要我们对忠作出符合时代要求的解释，赋予其新的内涵，忠就完全可以成为现代职业道德中一个基本原则。因而，我们可以理直气壮地提出建立以忠为基础的现代职业道德观。

一、忠于职守需要持之以恒的精神

（一）事业心始于认同

在管理心理学中，认同是指群体内的每个成员对外界的一些重大事件与原则问题，通常能有共同的认识与评价。这主要是由于各成员有一个共同的目标，彼此间存在一致的利害关系。有时尽管群体认识不一定符合事物的本来面貌，但每个成员都能信以为真。认同感尤其在个人对外界事物信息不通，情况不清，情绪不安时会强烈地影响个人的认识。若没有认同感，那么很难忠于职守。做任何事情都要有事业心，要干一行爱一行，正如著名哲学家黑格尔所说："只有经过长时间完成其发展的艰苦工作，并长期埋头沉浸于其中的任务，才可望有所成就。"

费孝通是我国著名的社会学家，现任中国社会科学院社会学研究所所长。费老的革命事业心是十分令人佩服的。1935年，费孝通刚从清华研究院毕业，就同新婚的妻子一道去广西瑶山进行社会调查。当地交通不发达，行路艰难。一天傍晚他和妻子在深山里迷了路，费孝通跌入瑶民捕捉老虎的陷阱里，身受重伤，他妻子则在寻求援助时失足落水淹死。在晴天霹雳般的打击下，费孝通没有灰心丧气，伤愈后继续进行社会调查。1936年，费孝通调查了江苏省吴江县开弦弓村的经济情况。后来他到伦敦经济学院求学，以这个调查材料为基础，写成著名论文《江村经济》，1938年发表，在英国受到重视。后来费老又到开弦弓村作调查，在英国皇家人类学会1981年赫胥黎纪念演讲会上作了《三访江村》的讲演，并荣获英国皇家人类学会授予的赫胥黎纪念奖章。在费老已年过古稀，还呕心沥血进行社会学的研究，并且希望在有生之年再到大瑶山去做一次社会调查，写出一本经得起时间考验的书来。

费孝通认定这一生的目标是了解中国社会，依靠自己观察的最可靠资料进行科学研究，去治疗社会的病痛。费孝通就是这样一位执着的社会学家。一个普通的中国村子的故事，之所以能获得如此高的评价，原因是，传统的人类学或文化人类学把人与人、民族与民族区别为文明与野蛮，以研究所谓"野蛮""未开化"之民为己任。费孝通则把人类学的研究对象从"异域"转向了"本土"，从"原始文化"转向了"经济生活"。当代大学生要学习费老的这种在自己的专业领域持之以恒、不畏艰险的态度和对待科学的躬身践行的精神。

李素丽是北京市公交总公司汽一公司第一营运分公司21路售票员，1998年起从事"李素丽热线"管理工作。在18年的售票员工作中，她把"全心全意为人民服务"作为自己的座右铭，真诚、热情地为乘客服务，被群众誉为"老人的拐杖、盲人的眼睛、外地人的向导、病人的护士，群众的贴心人"，先后荣获全国五四奖章及"三八红旗手"、优秀共产党员等称号，2000年被评为全国劳动模范。

从售票台到热线平台，是什么使李素丽在平凡的岗位上光芒耀眼？她坦言："不管干什么工作，都要有强烈的事业心、责任心和爱心，只有把自己和职业融为一体，把自身价值和本职岗位紧密相连，全身心地投入到工作中去，才能把本职工作干好。"

为了给聋哑人提供优质服务，李素丽学会了简单的手语；为了使外地人在北京有亲切感，李素丽一有机会就学习方言；为了给不同层次的乘客提供优质服务，李素丽不断“充电”，目前已经是一位硕士研究生。她说，做一名优秀的服务人员很不容易，只有学到过硬的本领，才能为百姓搞好服务。一个好的售票员在某种程度上可能是一个心理学家、语言学家和外交家。工作中，李素丽常常试着与乘客换位思考，设身处地为乘客着想，努力把握乘客心理，常常几句话就化解了车厢里的矛盾。她说：“车厢就是一个流动的小社会，化解矛盾是售票员应该掌握的基本技能。”

“其实在我们的学习生活和工作中，只要你具备足够的自信心，坚持不懈的努力，加之数倍、百倍、千倍、万倍的努力，你一定会在岗位上成才，因为自信会让你在工作上表现得更好。”在一场报告会上，李素丽这样说。“用力去做只能达到称职，用心去做才能达到优秀。”正是这种“干一行、爱一行、钻一行”的敬业精神和全心全意为百姓服务的崇高境界。

（二）事业心源于热爱

毛泽东同志曾经说过：一个人的能力有大小，但只要有这点精神，就是一个高尚的人，一个纯粹的人，一个有道德的人，一个脱离了低级趣味的人，一个有益于人民的人。如果你只把工作当作一件差事，或者只把目光停留在工作本身，那么即使是从事你最喜欢的工作，你仍然无法持久地保持对工作的激情。但如果你把工作当成一项事业来看，情况就会完全不同。工作源于热爱，有爱就有未来。

“当代时传祥”张喜忠的故事

出生在太行山区贫困农村的张喜忠，1978年入伍后在北京卫戍区某部服役。在6年的军旅生涯中，他荣立三等功并光荣加入了中国共产党。1997年，随着城市建设的发展和人们卫生意识的提高，张喜忠根据市场调研，敏锐地意识到保洁服务的缺口很大。不少亲戚朋友都劝他别做保洁服务，认为保洁服务就是通下水道，掏大粪，好说不好听呀！张喜忠认为这是干事创业的极好机遇，当过兵的人，最大的优势就是不怕苦、不怕脏、不怕累。

2000年，张喜忠用东拼西凑加上多年积蓄的全部家当，购买了一辆二手污水抽运车，开始了掏粪生涯。夏季顶烈日，冬季冒严寒，遇到棘手的活儿时，就爬进下水道，跳进化粪池，用手一点儿一点儿掏。2008年奥运期间，奥运场馆附近的一个下水道阻塞了，张喜忠知道情况后立即组织人员奔赴现场。由于情况复杂，弄了一个小时都没有疏通。“不能再等了。”张喜忠边说边身戴防毒面具，一下跳了下去，没多长时间，就被人拉了上来。原来尽管有防毒面具，还是呛得他晕了过去。过了好一会儿，他醒了过来，说："我了解下面的情况，还是让我下去。"最后，硬是靠着一股拼劲，来来回回上下好几次才打通了。就是靠着这股实诚劲儿，张喜忠从最初一个人干到了如今带领50多名农民工的保洁队伍，拥有了5辆环卫抽吸车、1辆应急排水作业车、2辆高压清洗管道车及化粪池清掏的专业设备。

发展的同时，张喜忠也时刻心系千里外贫困的父老乡亲。张喜忠在家乡农忙季节，积极组织中心员工租赁各种机械，免费为老党员、军烈属、贫困户、残疾人及顾不上回家收秋种麦的农民工提供全方位服务。从业以来，张喜忠帮助2 000多名农民工、300多户农村剩余劳动力就业脱贫致富，500多名农民工在实践中学到了一技之长。

多年来，张喜忠热衷公益。张喜忠坚持为街道、社区义务绿化，栽树种草，美化环境；常年坚持为田村路街道28个社区的孤寡老人、残疾人、军烈属、特困户、福利院、敬老院免费疏通管道，清掏化粪池；每年3月学雷锋日积极组织员工到大街上义务擦洗车站站牌和广告设施。

张喜忠获得的荣誉数不胜数。他先后获得中国好人、北京市劳模、首都精神文明建设奖先进个人、北京市优秀共产党员、北京义工之星、首都奉献奥运好市民、全国优秀社区志愿者标兵等荣誉称号。这正是社会对他多年来不懈努力、艰苦奋斗的最好回应。

通下水道，掏大粪，这样的工作，让很多人避而远之。而张喜忠像时传祥一样，把这个职业做到了常人难以企及的高度，赢得了社会的尊重与赞扬。

大国工匠高凤林：火箭“心脏”焊接人

高凤林是中国航天科技集团公司第一研究院首都航天机械公司的一名特种熔融焊接工高级技师。焊接这个手艺看似简单，而在航天领域，每一个焊接点的位置、角度、轻重，都需要经过大脑缜密的思考。高凤林焊接的长征五号火箭发动机的喷管，仅一个喷管上就有数百根几毫米的空心管线。管壁的厚度只有0.33毫米，高凤林需要通过三万多次精密的焊接操作，才能把它们编织在一起，焊缝细到接近头发丝，而长度相当于绕一个标准足球场两周。

高凤林高超的技艺，让很多企业试图用高薪聘请他。甚至有人开出几倍工资加两套北京住房的诱人条件。诱惑力巨大，但高凤林说："每每看到我们生产的发动机，将卫星送入太空，那种成功以后的自豪感，你说金钱能买到吗？给我挖走了，可能我得不到一种民族认可的满足。"他的工作看似简单，其实没有几个人能做得了，他给火箭焊“心脏”。38万公里，是嫦娥三号从地球到月球的距离；0.16毫米，是火箭发动机上一个焊点的宽度。0.1秒，是完成焊接，时间允许的误差。在中国航天，53岁的高凤林是发动机焊接的第一人。现在，他又在挑战一个新的极限，为我国正在研制的新一代长征五号大运载火箭焊接发动机。

“工匠精神”是一种热爱工作的职业精神。和普通工人不一样的是，工匠的工作不单是为了谋生，而是为了从中获得快乐。这也是很少有工匠会去改变自己所从事职业的原因。这些工匠都能够耐得住清贫和寂寞，数十年如一日地追求着职业技能的更加娴熟，靠着传承和钻研，凭着专注和坚守，去缔造了一个又一个的奇迹。

（三）事业心赢在执着

事业心是指人们对自己所从事的事业执着追求的情感和坚定不移的信念。事业是指人所从事的,具有一定目标、规模和系统而对社会发展有影响的经常活动。事业心强的人，既能妥善利用自己的能力完成任务，又能正确对待失败。不管做什么事情，干什么工作，有了事业心，才会产生进取心和自信心，才会激发主动性和创造性，才会有干事的激情、创业的豪情、敬业的痴情。

比尔·盖茨也许不是哈佛大学数学成绩最好的学生，但他在计算机方面的才能却无人可以匹敌。他的导师不仅为他的聪明才智感到惊奇，更赞叹他那旺盛而充沛的精力。他说道：“有些学生在一开始时便展现出在计算机行业中的远大前程，毫无疑问，盖茨会取得成功的。”在阿尔布开克创业时期，盖茨除了谈生意、出差，就是在公司里通宵达旦地工作。有时，秘书会发现他竟然在办公室的地板上鼾声大作。不过为了能休息一下，盖茨和他的合伙人艾伦经常光顾阿尔布开克的晚间电影院。“我们看完电影后又回去工作。”艾伦说。

不论从事哪种职业，走向成功的第一步，就是必须对这种职业感兴趣，同时还必须具备敬业精神。盖茨从小就极爱思考，一迷上某事便能全身心投入。而伟大的事业源于坚韧不拔的毅力，以饱满的精神去工作。盖茨的成功是让很多当代大学生羡慕的，但是如果没有强烈的兴趣、执着的精神以及忘我的工作态度，盖茨肯定也不会有今天的成就。

老舍先生被誉为人民艺术家。仅仅在新中国成立后的一段时期，老舍先生就写出了二十四部剧本。显然，老舍先生不是官员，也不能算是一般工作岗位的普通职工。他是一位作家。然而，老舍先生从来不以作家自居。他自称“写家”。谁都不敢看不起老舍先生。老舍先生也确实把作家的真谛悟透了。作家就是以写作为职业，其本职工作是写，过去用笔写，现在还可以用电脑写；反正是写。老舍先生是货真价实的大作家，他懂得这个道理，所以自称“写家”。对于写作，老舍先生可谓“居之无倦”。他给自己规定了定额，每天必须写多少字。年轻时，老舍精力充沛，每天能写三四千字，一个暑假写一部长篇小说不成问题；抗日战争时期，老舍先生生活困苦，身体较差，患了头晕症，但每天也写足一千五百字。新中国成立后，老舍先生主要写剧本，每天坚持写两千字。晚年的老舍先生写《正红旗下》，精雕细琢，进度较慢，但无论有多少困难，每天都力争写够一千字。为了严格完成每天规定的字数定额，老舍先生无论走路、吃饭还是浇花，都在思考，他把自己整个的生命和生活都奉献给了自己的职业——文学创作，这实实在在地说明了老舍先生对于写作的忠诚。

老舍的墓碑上刻写着这样一句话：“文艺界尽责的小卒，睡在这里。”这是1938年，老舍为加入全国文艺界抗敌协会写了一篇《入会誓词》，他说：“我是文艺界中的一名小卒，十几年来日日夜夜操劳在书桌上与小凳之间，笔是枪，把鲜血洒在纸上。可以自傲的地方，只是我的勤苦；小卒心中没有大将的韬略，可是小卒该做的一切，我确是做到了。以前如是，现在如是，希望将来也如是。”这句话很能代表老舍的气质和执着的写作态度。

霍金是当代非常著名的物理学家，他1942年1月8日生于牛津，那一天刚好是伽利略逝世300年。可能因为他出生在第二次世界大战时期，所以小时候对模型特别着迷。他十几岁时不但喜欢做模型飞机和轮船，还和朋友制作了很多不同种类的战争游戏，反映出他对研究和操控事物的渴望。这种渴望驱使他攻读博士学位，并在黑洞和宇宙论的研究上获得重大成就。霍金十三、四岁时已下定决心要从事物理学和天文学的研究。十七岁那年，他考到了自然科学的奖学金，顺利入读牛津大学。毕业后他转到剑桥大学攻读博士，研究宇宙学。不久他发现自己患上了会导致肌肉萎缩的卢伽雷病。由于医生对此病束手无策，起初他打算放弃从事研究工作的理想，但后来病情恶化的速度减慢了，他便重拾心情，排除万难，从挫折中站起来，勇敢地面对这次不幸，继续醉心研究。

20世纪80年代，他开始研究量子宇宙论。这时他的行动已经出现问题，后来由于得了肺炎而接受气管手术，从此再不能说话。现在他全身瘫痪，要靠电动轮椅代替双脚，不但说话和写字要靠电脑和语言合成器帮忙，连阅读也要别人替他把每页纸摊平在桌上，让他驱动著轮椅逐页去看。霍金一生致力于理论物理学的研究，被誉为当今最杰出的科学家之一。他的著作包括《时间简史》及《黑洞与婴儿宇宙以及相关文章》。

虽然大家都觉得他非常不幸，但他在科学上的成就却是在他在患病后获得的。他凭着坚毅不屈的意志，战胜了疾病，创造了一个奇迹，也证明了残疾并非成功的障碍。他对生命的热爱和对科学研究的热诚，是值得年轻一代学习的。

二、忠于职守需要无私的奉献精神

奉献不是一句大话，一句空话，奉献不一定需要惊天动地。一个人如果在自己的平凡工作岗位上勤勤恳恳，埋头苦干，忠于职守，勤奋努力，也就等于为社会作出了最大的奉献。因此，讲奉献离不开敬业二字，很难想象，一个对本职工作三心二意的人，会对社会作出什么贡献。敬业是一种对事业的执着追求，对工作尽心尽责的崇高境界和高尚行为。

（一）爱岗敬业是忠于职守的基础

爱岗敬业是最可贵的职业品质，不爱岗就可能下岗，不敬业就可能失业。爱因斯坦曾经说过："我认为，对于一切来说，只有热爱才是最好的老师，它远远地超过了责任感。"一个人不论从事什么行业，首先必须热爱自己的职业。只有这样他才会全心全意地投入。而热爱自己职业的动力在于能在工作中得到快乐。爱岗是对人们工作态度的一种普遍要求。热爱本职，就是职业工作者以正确的态度对待各种职业劳动，努力培养热爱自己所从事的工作的幸福感、荣誉感。一个人，一旦爱上了自己的职业，他的身心就会融在职业工作中，就能在平凡的岗位上，作出不平凡的事业。

(1) 爱岗敬业要树立好三观。要有科学的世界观、正确的人生观和鲜明的荣辱观。前苏联著名作家尼·奥斯特洛夫斯基在《钢铁是怎样炼成的》中阐述了这样一段名言：人最宝贵的是生命，生命属于人只有一次。人的一生应该这样度过：当他回忆往事的时候，不会因虚度年华而悔恨，也不会因碌碌无为而羞愧。在他临死的时候，他能够说："我的整个生命和全部精力，都已经献给世界上最壮丽的事业——为人类的解放而斗争！"

她要在萨拉热窝找回牙齿

1992年6月，当34名记者在萨拉热窝内战中丧生时，40岁的女摄影记者玛格丽特·吉普赛·莫茨被美国有线新闻公司（CNN）派往萨拉热窝。逗留6个星期后，她已经习惯周围的流弹。有一次，一颗子弹击穿CNN采访车的玻璃，正好击中莫茨的脸部，虽然没有穿过致命的动脉，但是却掀掉了她大半个脸，她的颧骨被打得粉碎，舌头被打断。在经过长达7个小时的手术后，她总算保住了一条性命。

随后的三个月，医生用她肩上的皮肤和骨头修补了她的脸，通过整容，1994年3月，她又走上了工作岗位，她的下颚仍毫无感觉，脸部还留有弹片。“我已经要求重回萨拉热窝，说不定我还能在那里找回我的牙齿。”她含混不清地说。

“无冕之王”成千上万，但是像美国CNN女摄影记者玛格丽特·吉普赛·莫茨这样玩命的却堪称是“绝无仅有”的。

（2）爱岗敬业要做到三有。首先要有平和的心态。大千世界，茫茫人海，奴颜婢膝和光明磊落者皆有；贪赃枉法和清正廉洁者俱在；醉生梦死与无私奉献者并存；好逸恶劳与爱岗敬业者同生。芸芸众生，凡此种种，无非是在追求一个目标，就是自己所谓的幸福，而幸福源于平和的心态。其次要有崇高的理想。“志不立，天下无可成之事”“志不立，如无舵之舟、无衔之马”。理想牵动事业，事业创造幸福。再者要有饱满的精神。只有精神饱满，才能全身心投入到事业中去，才能事业有成。饱满的精神需要健康的体魄、良好的精神状态、健全的人格。

甘洛县乌史大桥乡二坪村，是四川省凉山北部峡谷绝壁上的彝寨，村民上下绝壁都要攀爬5架木制的云梯，进出极为艰难，村民一年难得下绝壁一次。就是在如此艰险的环境下，从汉族地区来的李桂林、陆建芬夫妻扎根这里18年，把知识的种子播种在彝寨，为村民走出彝寨架起“云梯”。1990年，李桂林夫妻来到这里，村民的落后与贫苦深深震撼了这对彝族夫妻。强烈的同情心和民族感使李桂林坚定了扎根二坪搞教育的信心，他的想法得到了妻子的大力支持。他与妻子18年如一日地教书育人，共培养了六届学生共149人，其中有22人是从外村慕名而来的。李桂林本人还两度被评为县优秀教师。二坪，这个过去的“文盲村穷山村”，现在成了“文化村”。

昔日的荒凉到今天的精神巨变，与这两位老师付出的心血是分不开的。他们为偏远山区的教育事业撑起了一片蓝天。在最崎岖的山路上点燃知识的火把，在最寂寞的悬崖边拉起孩子们求学的小手，清贫、坚守和操劳，沉淀为精神的沃土，让希望发芽。到西部去、到祖国最需要的地方去，一直是我们近年来提倡的做法。当青年学子背上行囊，来到需要援助的地方，他们的价值观和世界观也正在不断地提升，宏伟的蓝图正展现在面前。

（3）爱岗敬业要提倡三不。首先要面对现实不怨天尤人，学会三多三少：多纵比少横比、多下看少上看、多客观少主观。其次要脚踏实地不哗众取宠，我国制造业唯一一家进入世界500强企业的海尔集团董事长张瑞敏有句名言：做好每一件简单的事就不简单，做好每件平凡的事就不平凡。古人也讲过这样的道理：不积跬步，无以致千里；不积小流，无以成江海。合抱之木，生于毫末；九层之台，起于累土；千里之行，始于足下。再者要无私奉献不斤斤计较。

孔繁森的遗物

孔繁森因公殉职时，留下两件令人心碎的遗物，一是仅有的8.6元钱，一是他去世前4天写的关于发展阿里经济的几条建议。孔繁森生前曾两次赴藏工作。1988年第二次赴藏时，克服了诸多困难：年近九旬老母生活不能自理，妻子体弱多病，儿女尚小。他任拉萨市副市长，分管文教、卫生和民政工作。1993年4月，他主动延长在藏时间，改任阿里地委书记，全区106个乡，他跑了98个，行程8万公里。他亲自去北京为缓解阿里暴风雪灾情争取了一大笔款项，他主动抚养了3个孤儿，3次为西藏军区总医院义务献血，自己掏钱买收音机送给敬老院的老人。他为西藏阿里地区的繁荣和人民生活，献出了全部心血和精力甚至宝贵的生命。

党的好干部、人民的好儿子孔繁森，为了完成好党和人民的重托，舍弃了家庭的温暖，舍弃了比较舒适的工作条件和生活条件，舍弃了许多本来可以享受的东西，把自己的全部精力都献给了加快西藏建设、增强民族团结的伟大事业，用全心全意为人民服务的光辉实践，谱写了一曲感人至深、催人奋进的奉献之歌。今天，我们向孔繁森同志学习，最根本的就是要像他那样，确立正确的理想和信念，树立正确的人生观、世界观，在新的历史条件下大力弘扬无私奉献的精神。

（4）爱岗敬业要立足三做。首先从自己做起不叶公好龙；其次从现在做起，不得过且过；再者从小事做起，不好高骛远。东汉有一少年名叫陈蕃，独居一室而龌龊不堪。其父之友薛勤批评他，问他为何不打扫干净来迎接宾客。他回答说：“大丈夫处世，当扫除天下，安事一屋？”薛勤当即反驳道：“一屋不扫，何以扫天下？”

乔丹的职业态度

作为一名职业篮球选手，乔丹的敬业态度的确无与伦比。为了比赛的胜利，他可以放弃娱乐和休息，拼命苦练。长期艰苦的技巧和体能训练是乔丹获得成功的根本保证。乔丹在他的自述中提到了成功的“秘诀”：“为什么当我需要在赛场上最大限度地发挥潜能时，我能够做到呢？因为我以前曾经做过，它是我准备工作的一部分。我到达过那种水平，我知道它在什么地方——如何获得用以对付比赛的突发情况。”

不论从事哪种职业，走向成功的第一步，就是必须对这种职业感兴趣，同时还必须具备敬业精神。乔丹的成功是很多人所羡慕的，但是如果没有强烈的兴趣、执着的精神，乔丹肯定也不会有今天的成就。

（二）勤勉尽责是忠于职守的关键

古往今来，凡在事业上有所成就的人，大多离不开这样两条：一是有强烈的事业心和责任感，二是锲而不舍地勤奋和努力。这两条有机结合，就是敬业。爱岗敬业是人类社会最为普遍的奉献精神，看似平凡，实则伟大，它不仅是个人生存发展的需要，更是社会进步的保证。千百年来，中华民族爱岗敬业的优秀人物层出不穷：鲁班在生产实践中得到启发，经过反复研究、试验发明了刨子、曲尺、墨斗等工具，是工人立足本职、钻研创新的典范；李时珍遍尝百草、呕心沥血而写成《本草纲目》，是科学家工作严谨认真的体现；周恩来总理“鞠躬尽瘁、死而后已”，是领导干部公而忘私的楷模……时至今日，我们的社会仍不断涌现忠于职守、精益求精的敬业者。

王顺友是四川省凉山彝族自治州木里藏族自治县邮政局的投递员。从1985年参加工作，他一直从事木里县城至白雕、三角垭、倮波乡的马班邮路投递工作，邮路往返里程360公里，月投递两班，一个班期为14天。22年来，他送邮行程达26万多公里。王顺友负责的马班邮路，山高路险，气候恶劣，一天要经过几个气候带。他经常露宿荒山岩洞、乱石丛林，经历了被野兽袭击、意外受伤乃至肠子被骡马踢破等艰难困苦。他常年奔波在漫漫邮路上，一年中有330天左右的时间在大山中度过，无法照顾多病的妻子和年幼的儿女，但他没有向组织提出过任何要求。他视邮件为生命，从未丢失过一个邮件。为保护邮件，他曾勇斗歹徒，不顾个人安危跳入冰冷河水中抢捞邮件。他吃苦不言苦，饿了就吃几口糌粑面，渴了就喝几口山泉水，自编自唱山歌，独自走在艰苦寂寞的崎岖邮路上。为了能把信件及时送到群众手中，他宁愿在风雨中多走山路，改道绕行方便沿途群众，从未延误过一个班期，准确率达到100%。他还热心为农民群众传递科技信息、致富信息，购买优良种子。为了给群众捎去生产生活用品，王顺友甘愿绕路、贴钱、吃苦，受到群众的交口称赞。

在家乡他就像泥土一样朴实，在城里他湮没在喧闹的人群中，他和千千万万离乡离土的农民兄弟一样，奔波、忙碌、拉家带口过着平常的日子，当他和我们擦肩而过的时候，我们都不一定注意到他，然而就在那一瞬间，他让所有的人眼前一亮。没有豪言壮语，没有惊天动地，20多年平凡的工作中，王顺友表现出坚定的责任感和使命感，折射出强烈的敬业精神和奉献精神。路是脚踏出来的，历史是人写出来的。人的每一步行动都在书写自己的历史。一个普普通通的邮递员，用自己勤勉的尽责精神诠释了忠于职守的职业态度。

在许多人眼里，近百岁的老人理应在家享清福，可是胡佩兰老人却没有这么做。1916年，胡佩兰出生于河南省驻马店市汝南县县城北关。1938年，她以优异的成绩考入河南大学医学部，1944年毕业后开始了治病救人的医生生涯。在从医数十年后，1986年，70岁的胡佩兰才从郑州铁路中心医院的妇产科主任岗位上退休。退休后，家人朋友都劝她好好歇歇，但她仍不愿离开诊室，坚持每周坐诊6天。这一坐又是20年。长期坐诊让她患上严重的腰椎间盘突出，进出都要坐小推椅，但由于慕名找上门问诊的病人太多，胡佩兰每天都会坚持看完所有病人才下班。随着年龄增长，胡佩兰的记忆力和听力都大不如从前，但病人的情况她却记得清清楚楚。她耳朵里放着助听器，听不清的地方，便由旁边的学生解释。2013年，98岁的胡佩兰心脏病突发，经抢救后，第二天她依然准时到医院出诊。她说："只要能活动一天，就要为病人服务一天，国家培养了我，我要好好为人民服务。"2014年1月22日，98岁的胡佩兰老人不幸逝世，她在弥留之际依然念念不忘的是她的病人，她留给世人的最后一句话是"病人看完了，回家吧"。这位近百岁的老人，一生为事业鞠躬尽瘁，树立起人生的丰碑。

"如果你是一滴水，你是否滋润了一寸土地；如果你是一线阳光，你是否照亮了一分黑暗；如果你是一颗螺丝钉，你是否永远坚守在你的岗位上？"这是雷锋日记里的一段话，它告诉我们，无论在什么样的岗位上都要发挥最大的潜能，作出最大的贡献。

（三）无私奉献是忠于职守的升华

蒙田曾说，生命的用途并不在于长短，而在于我们怎样利用它。许多人活的日子并不多，却活了很长久。而马克思也有类似的观点：如果人仅仅为自己劳动，也许他能够成为著名的学者，伟大的智者，卓越的诗人，但是他永远也不能成为真正完善和真正伟大的人。忠于职守的最高境界就是无私奉献，生活中无私奉献的人很多，他们奉献了自己的青春，换回了事业的进步、国家的发展。

沈浩是安徽省财政厅派驻小岗村的选派干部。他带领村民办工业、兴商贸、科学种田，以市场经济的头脑发展种植、养殖和高效农业，发展农家乐生态旅游。2006年，小岗村跻身2005年度"全国十大名村"。2007年年初，小岗村被授予安徽省乡村旅游示范点称号。2006年年底，沈浩任职三年届满即将离开。小岗村村民们在挽留沈浩的申请书上按满了鲜红的手印，请求沈浩再带领他们干三年。沈浩留下来了。又是三年的默默苦干。2009年，任期又将届满。186名小岗村村民又在挽留沈浩的申请书上按下红手印。这一次村民们的愿望落空了。2009年11月6日，沈浩在小岗村临时租住的房子内去世，年仅46岁。这一次，沈浩永远留在了小岗村。

同样，忠于职守需要无私奉献。沈浩是一名践行信念的好村官，如同许许多多优秀的干部一样，他担任了小岗村的两任村官，人虽走却留下了五种精神，这就是勤奋敬业的精神、艰苦奋斗的精神、爱民为民的精神、无私奉献的精神、锐意改革的精神。感动中国年度人物的颁奖词是这样评价他的：两任村官，六载离家，总是和农民面对面、肩并肩。他走得匆忙，放不下村里的道路、工厂和农田，对不住家中娇妻、幼女、高堂。那一年，村民按下红手印，改变乡村的命运；如今，他们再次伸出手指，鲜红手印，颗颗都是他的碑文。村官——大学毕业之后有同学可能会选择这条路，那么怎样才能真正做到扎根农村、奉献自己、服务社会呢？我想沈浩已经给我们作出最完美的诠释。

1986年6月，杨善洲同志退休以后，放弃到省城安享晚年的机会，来到光秃秃的施甸县大亮山兴办林场，一干便是20个春秋，带领大家植树造林7万多亩，林场林木覆盖率达87%以上，把昔日的荒山秃岭变成了生机勃勃的绿色天地，使当地恶劣的自然环境得到明显改善；他修建18公里的林区公路，架设了4公里多的输电线路，使深居大亮山附近的村寨农户，通电通路。在善洲林场的简陋而低矮的老厂部，老场长自学洪回忆刚上山的情况："像这样下大雨到时候还是要继续栽。公路又不通、当时上来没有房子没有电，特别难栽，确实栽不住啊。"杨善洲奋斗一辈子，打造滇西粮仓、绿化大亮山，掏心扒肺让老百姓的日子富起来，用一生的力量做了这两件福泽于民的大好事。跟随杨善洲种树20年的林场职工说："跟着老书记把这个树种了、长起来了，现在树也多了、水也多了，老书记为我们造下这么大的福，我们真是感激不尽。"

杨善洲把价值几亿元的森林送给了大山里的群众。保山市委、市政府颁发他20万元特别贡献奖，他把10万元捐赠给保山第一中学，另外6万元，捐赠给大亮山林场，4万元给老伴儿养老送终。操劳一生，离世后他的身旁留下一顶草帽、一把砍刀、一支烟斗；身后留下一个依然需要刨土取食的家，家里有风烛残年的老伴，有每天上山种地、喂牛、打猪草的女儿女婿，有开着农用车跑运输的孙子们……

流传于滇西保山市施甸县的民谣："杨善洲，杨善洲，老牛拉车不回头，当官一场手空空，退休又钻山沟沟；二十多年绿荒山，拼了老命建林场，创造资产几个亿，分文不取乐悠悠……"绿了荒山，白了头发，他志在造福百姓；老骥伏枥，意气风发，他心向未来。清廉，自上任时起；奉献，直到最后一天。六十年里的一切作为，就是为了不辜负人民的期望。

2014年1月3日，河北保定学院学生餐厅内人头攒动，热闹非凡，“保定学院2014届毕业生双向选择洽谈会”正在举行。大屏幕上，当年豪迈地喊出“到西部教书去”的师兄师姐通过视频发出邀请：“同学们，选择西部，选择基层，就是选择了拼搏的人生、别样的青春。欢迎到新疆，欢迎来西藏，我们在这里等着你们!”

2000年开始，保定学院已经连续多届近百名毕业生选择了赴新疆、西藏、四川等地任教。他们都是品学兼优的学子，听到国家西部大开发的召唤，他们毅然放弃了继续深造的机会，谢绝了多家用人单位的盛情邀请，坚定地选择了万里之遥的祖国边疆。他们像戈壁红柳、似沙漠胡杨、如高山雪莲，10多年来全部扎根西部大地，使青春焕发出别样精彩。

即使在新疆，且末也是最遥远的地方。且末地处塔克拉玛干沙漠的最南端。十几年前的且末每年春夏秋三季频频遭遇“黄风啸啸石乱走”的恶劣天气，从乌鲁木齐到且末，坐汽车最少要6天。保定学院的一群毕业生把且末作为自己安放青春和梦想的地方。

新疆巴州教育局前副局长克尤木·买买提曾这样表达对保定学院的敬意：“从2000年到2013年，保定学院陆续为巴州输送了65名毕业生，他们不是普通的志愿者、援疆人员，而是全部在这里扎了根。这些老师不仅带来了先进的教育理念，更带来了一种无私奉献的高尚境界，为巴州的教育事业作出了很大贡献。”

三、忠于职守需要不断创新的精神

创新精神是指要具有能够综合运用已有的知识、信息、技能和方法，提出新方法、新观点的思维能力和进行发明创造、改革、革新的意志、信心、勇气和智慧。创新精神是一个国家和民族发展的不竭动力，也是一个现代人应该具备的素质。忠于职守需要创新精神，勇立潮头、引领创新，是广大知识分子应有的品格。面对日益激烈的国际竞争，我们必须把创新摆在国家发展全局的核心位置，不断推进理论创新、制度创新、科技创新、文化创新等各方面创新。广大知识分子要增强创新意识，敢于走前人没有走过的路，敢于抢占国内国际创新制高点。要把握创新特点，遵循创新规律，既奇思妙想、“无中生有”，努力追求原始创新，又兼收并蓄、博采众长，善于进行集成创新和引进消化吸收再创新；既甘于“十年磨一剑”，开展战略性创新攻关，又对接现实需求，及时开展应急性创新攻关；既尊重个人创造，发挥尖兵作用，又注重集体攻关，发挥合作优势。要坚持面向经济社会发展主战场、面向人民群众新需求，让创新成果更多更快造福社会、造福人民。党的十八大以来，习近平总书记对创新发展提出了一系列重要思想和论断，把创新发展提高到事关国家和民族前途命运的高度，摆到了国家发展全局的核心位置。党的十八届五中全会提出“五大发展理念”，排在首位的就是“创新发展”。创新是引领发展的第一动力。

（一）善于发现，不满足现状

有创新精神的人都是在行动上非常主动的人，不满足现状，总想改善，总想做事，不等不靠。善于发现新事物，善于创造“新理念、新思路、新制度、新模式、新方法、新工具、新商品、新领域、新客户”。当有人嘲笑爱迪生做灯丝试验失败了1 000次时，爱迪生说：“至少我已发现1 000种材料不适合做灯丝。”一个善于发现的人，必须具备这种坚持不懈的精神。

从叩诊法到听诊器

18世纪中叶的一天，维也纳的奥恩布鲁格医生正在对一具老年男尸进行解剖。患者生前胸痛、发热、呼吸困难、咳嗽，在还未完全诊断清楚之前就死了。当时尚未发现X射线，医生们希望尸检能明确诊断。尸体胸部被打开，淡黄色的液体从切开处流出，系胸腔积液。奥恩布鲁格想，今后再碰到这种病人怎么办？奥恩布鲁格的父亲经营酒业，经常用手指敲击木制的酒桶，听其响声来估计桶里还有多少酒。这给了奥恩布鲁格很大的启发：是否可以根据手指敲击患者胸部、腹部或背部的声音来诊断疾病呢？于是，他开始了观察病例和病理解剖的研究，发明了叩诊法（叩：敲击的意思）。叩诊法问世58年后，一位贵妇人到当时的法国名医拉埃奈克处就诊，叩诊之后已基本确定她患有心脏病。拉埃奈克根据自己多年的临床和病理解剖经验推测：在心脏有病变时，心搏声音难免发生改变，如果能将耳朵贴紧病人的胸壁叩诊，听一听患者的心跳就好了。但患者的性别和身份不允许他这样做。能不能制造一种工具，紧贴病人的胸壁，听取肺部呼吸和心脏搏动的声音。帮助诊断心、肺疾病呢？拉埃奈克顺手从身边取来一叠厚纸，卷成圆筒，用线扎住。这个圆纸筒的一头贴紧女病人胸壁，当他在另一头清晰地听到她的心脏搏动声时，兴奋得简直想跳起来。这以后，拉埃奈克对自己的发明作了多次改进：用檀木和杉木制作了几个木质圆筒，长30厘米，外径3厘米，内径5毫米。为了便于携带，圆筒分成两截用时再装配。圆木筒的一端是装有金属振动片的吻合口，放置于病人胸壁上，另一端用耳朵听。拉埃奈克还给它取了一个名字叫听诊器，是由两个希腊词汇合成的，意思分别为“胸部”和“注视”。

发现是一种富有创造力的行为，一个善于发现的人，他有着良好的观察与思考能力，所以说成功的秘诀就是善于发现。

被誉为“蓝领专家”的孔祥瑞是天津港（集团）公司煤码头有限责任公司操作一队队长，中共党员，高级工人技师。1972年他初中毕业后到天津港担任门吊司机，30多年如一日，一直奋战在港口生产第一线，在平凡的工作岗位上作出了不平凡的业绩，为企业的发展和科技进步作出了突出贡献，曾获得中华技能大奖、全国五一劳动奖章、全国劳动模范等奖励和荣誉称号。孔祥瑞坚持紧贴生产实践，积极开展技术革新和工作创新。孔祥瑞先后担任天津港六公司固机队队长和煤码头公司操作一队队长，注重效益，严格管理，大胆创新管理方法。多年来，在熟悉设备的基础上，他组织制定了本队港口机械设备保养制度和安全生产规定，还在实践中摸索了包括“四为”工作法、“五字经”车间管理法、“九字”团队管理法等内容的管理方法——孔祥瑞管理法。从1995年起，他主持实施的技术创新项目达150余项，为企业创造效益8 400多万元。

只有初中文凭的天津港门吊司机孔祥瑞，在近10余年的一线工作岗位上创造科研成果150余项，创造经济价值8 400多万元，在生产实践中成长为“蓝领专家”的生动事迹，催人振奋，发人深省。他这种自主研发、勤奋开拓的创新精神是新时期我国工人阶级主人翁精神的集中体现，是构建社会主义和谐社会、建设创新型国家的宝贵精神财富。在知识经济高速发展的今天，时代对产业工人提出了更高的要求。要顺应潮流，就要具备新视野，掌握新知识、新技能，就要有创造精神和创新能力，当代大学生作为未来社会的建设者，不仅要具备过硬的本领，还要有创新的意识和本领。

（二）敢于突破，不墨守成规

敢于突破，才能创新思路，不循规蹈矩，不抱守残缺，不顽固不化，勇往直前，攻坚克难。邓小平曾说：没有一点闯的精神，没有一点冒的精神，没有一股子气呀、劲呀，就走不出一条好路，走不出一条新路，就干不出新的事业。

1960年，当在偏远地区中专执教的袁隆平发现了一株天然的杂交稻并开始研究时，许多人嘲笑说提出杂交水稻这一课题是对遗传学的无知。当时，美国著名遗传学家辛诺特和邓恩的经典著作《遗传学原理》中明确指出，“自花授粉作物自交不衰退，因而杂交无优势”。1965年，袁隆平写出了第一篇论文——《水稻的雄性不孕性》，但是，由于论文与书本上的经典学说相背离，袁隆平当时又没有什么学术地位，论文的内容并不被学术界认同。有人说，他对遗传学无知，更有人说他异想天开。袁隆平没有动摇，但是他也知道，这条路充满了坎坷与风险。面对水稻单产从600公斤到800公斤再到即将实现的900公斤的飞跃，这位农学界的大师在被问及经验时说："我这个人，水平不高，但我有一种认识，就是要不断地创新，科学研究的最基本的特色，就是要创新，要不断地创新，不断地向新的领域、新的高峰攀登，这才是科学研究的本色。"

"科学研究要敢于探索，勇于创新。"作为一个科学家，不能迷信权威，迷信书本，也不能因为取得了一点成绩就沾沾自喜，居功自傲。科学是没有止境的。只有敢于探索、敢于创新，才能成果迭出，常创常新。袁隆平认为任何事情都没有极限。

德国"农二代"在传承中致富

德国能在战后崛起为欧洲最大经济体，恐怕离不开其实干和传承精神。这在德国工商业中最显而易见。众多家族企业构筑起"德国制造"的品质和形象，成为全球探究中小企业成长路径的样本。现年30岁的斯特凡是一个"农二代"，种植了约50公顷苹果。记者在斯特凡的果园看到，一排排苹果树排列十分规整。"苹果树排与排的间距固定为3米，每排相邻两棵树的间距固定为1米。"斯特凡介绍说。斯特凡说，这样的间距设置是15年实践得出的经验。"我和父亲尝试过各种不同的间距，之后发现这个间距最理想。""虽然我在学校学过农业，但很多种植方法和技巧主要来源于长期的实践，尤其是家庭经验的传授。"斯特凡说。

不过，作为接受过高等教育的"农二代"，斯特凡并不满足于父辈的经验，而是在实践中推陈出新。他告诉记者，为应对冰雹、干旱、病虫害等自然风险，他采取了相应的科学措施。管中窥豹，可见一斑。斯特凡不仅是一个职业农民、一个创业者，也是一个传承者。他的择业观、劳动致富观令人印象深刻，也是德国实干和传承精神的集中体现。

墨守成规，顾名思义，就是墨守现成的、陈旧的或通行已久的规则、办法。形容思想保守，不求改进，只知道按老规矩办事。突破墨守成规的思想，就是突破传统的思维、传统的旧经验和本本主义。停滞多由于墨守成规，而发展则源于寻求突破。不断突破，有所创新，便不断发展和进步。

有一个推销运动鞋的小伙子，背着装满货物的背包坐在公交车上，这时上来一个帽子推销员，他向车上的人不断推销自己的帽子，向别人讲述，自己的帽子质量有多么好，款式多么新颖。可是效果并不好。卖鞋的小伙子对他说："你知道为什么别人不买你的帽子吗？是因为你的形象不好，衣服虽然很整洁，但是鞋子满是泥污。"帽子推销员忙看自己的鞋子，有点不好意思，随口说："我这鞋子不耐脏。”小伙子很自然地介绍自己穿的运动鞋耐脏、结实，并进行了演示，从背包里拿出一双新鞋交给对方，对方欣然接受了推销的鞋子。

时常听到有人说：“原来就是这样做的。”特别是在出现错误挨批评时，这句话往往就是最顺手的“挡箭牌”。但这句话的背后却隐藏着墨守成规的惯性思维。时过境迁，同样的事情昨天这样办很好，今天这样做就不合适。要想在工作中有所突破，必须突破思维惯性。

（三）独立思考，不人云亦云

一个人要想有所成就，就一定要做一个积极、主动、独立的思考者。只有主动思考才不会人云亦云；只有主动思考你才会有所创新，只有主动思考你才会更有激情和动力；只有主动思考你才不会被人牵着鼻子走；只有主动思考你才会明白一件事情的来龙去脉，才能客观地看待问题。大学教育是为了培养学生敢于对前人进行质疑和批判的创新精神，而独立思考是创造精神与创新精神存在的基本前提，可以说，独立思考是大学生学习的灵魂和特质。一个大学生如果独立思考和独立生活的能力很差，就根本无法承担起历史的重任。那么，如何培养独立思考的能力呢?

(1) 勤于思考，强化怀疑和求异思维，注意从不同的角度看问题，培养发现问题的能力。遇到问题要学会刨根寻底，多问几个为什么，然后作出自己的独立判断。

读书和思考一直伴随着卢瑟福一生。卢瑟福是20世纪最伟大的实验物理学家之一，在放射性和原子结构等方面，都作出了重大的贡献，被称为近代原子核物理学之父。他成为一个硕果累累的大科学家之后，仍然很重视读书和思考。有一天深夜，卢瑟福看到实验室亮着灯，就推门进去，看见一个学生在那里，问道：“这么晚了，你还在干什么？”学生回答说：“我在工作。”当他得知学生从早到晚都在工作时，很不满意地反问：“那你什么时间思考问题呢？”每天拿出十分钟或者更多的时间专门思考问题，学习方面的、生活方面的、人际交往方面的，海阔天空，什么都可以想啊。最好做个专门的本子，随时把思考到的问题记下来，即使当时没有解决也不要着急，什么时候想通了什么时候解决。这种培养独立思考的方法具体可行，切实有效。诺贝尔奖获得者、著名科学家李政道曾提出，一天想一个问题，一年就可以想三百六十五个问题，即使其中百分之九十九是荒谬的，百分之一有价值，那就了不起。

(2) 逐渐学会收集整理信息资料，进而理出自己的思路，形成自己的观点，建构自己的框架。要勤于动脑，也要勤于动手，把自己作为辩论的正方或者反方，强迫自己去思考，批驳不倒对方，就树立不起自己的观点，这确实需要开动脑筋，大胆探索。现在网上有很多这样的东西，它给我们提供了思维和辩论的空间。看一个电影，看一个电视，看一本书，看一篇文章，都可以写观后感或者评论，这样慢慢就能培养起自己的独立思考能力。巴金曾经说过："有些人自己不习惯'独立思考'，也不习惯别人'独立思考'，他们把自己装在套子里。"作为思考者的巴金，就是冲破"套子"的人，既冲破别人所设的诸多套子和禁忌，也冲破自己已有思想的樊篱，最终成为一代文学巨匠。

（3）主动表达自己的观点。可以在课堂、在宿舍，在空闲的时候进行讨论。要积极发挥自己的主动性和创造性，真正把思想活跃起来，这样就不会感到无所事事，也不会感到迷茫。一个个问题摆在你面前，需要去思考，去探索，去解决，这样，就会感到学习和生活的充实，感到特别有意思，会获得无尽的快感。吸收别人的经验智慧，提出自己的独到见解，超越别人，实在是最大的享受。微软公司副总裁，谷歌中国区总裁李开复在《给大学生的信》中说，表达和沟通的能力是非常重要的。不论你做了怎么样优秀的工作，不会表达，无法让更多人去理解和分享，那就几乎等于白做。所以，在学习阶段，你不可以只生活在一个人的世界中，而应当尽量学会与各阶层的人交往和沟通，主动表达自己对各种事物的看法和意见，甚至在公众集会时发表演讲，锻炼自己的表达能力。同学们，只要从现在开始精心培养自己的独立思考能力，大学四年就会有很大的进步，就会收获多多。在毕业走上新的征途以后，定会获得更大的成功与辉煌!

忠是中国古代社会办事的基本原则，用现在的说法，属于职业道德的范畴。职业道德建设是我国当前精神文明建设的主要任务之一，它的几项基本内容——爱岗敬业、诚实守信、办事公道、服务群众、奉献社会，都可以从传统的"忠"德中汲取营养。具体来说，爱岗敬业就是忠于职守，兢兢业业，把自己该干的事干好。要做到这一点就必须发扬传统美德的"主敬"精神，要有事业心，热爱自己的本职工作，尽心竭力，恪尽职守，做一个称职的、合格的工作人员，对得起社会提供给自己的这份职业。

（四）当代大学生敬业精神的培育

敬业精神是大学生奋发向上的不竭动力。俗话说得好：三百六十行，行行出状元。社会的飞速发展依靠的是各行各业工作人员的共同努力。工作没有高低之分，只有分工不同，只要有兢兢业业的工作态度，干一行爱一行的职业操守，每个人都会成为各自工作领域的精英，为社会的前进发展助力。大学生作为社会主义的建设者和接班人，应该全面提高个人品行。

大学生的本职工作就是学习科学文化知识和社会实践经验，“敬重学业”这一提法赋予了敬业价值观更加鲜明的群体特征。就目前高校大学生的学习情况而言，大学生的敬业精神总体上来说是值得肯定的，然而高校大学生群体敬业方面存在的问题同样值得社会深思。

（1）学习态度不端正，存在懈怠思想。

每个大学生都是经过十几年的寒窗苦读，经历了意义重大的高考，来到大学校园的。但是迈过这一门槛之后，很多同学的心境和态度都发生了很大的变化，高考之前的巨大心理压力在进入大学时瞬间释放，加之社会流传的“考上大学就好了”“大学管理松得很”“学不学都无所谓”等说法，使很多大学生进入大学后心态放松。目前部分大学生存在着思想懈怠、随意逃课、不思进取的现象，这些大学生对于学业不认真、不重视。常有部分学生逃课上网、逃课睡觉、在寝室通宵上网、通宵赌博的现象见诸报端。这些对自己的未来不负责任的行为，严重影响了大学生自身的健康成长。

（2）自身定位不准确，期望值偏高。

高等教育在以往称为社会精英教育，旨在为社会培养从事高端研究与实践人才的教育，以往高等教育采取分配制，毕业生由国家进行分配，没有寻找工作上的困扰。而现在，随着教育改革，高校进行扩招，高等教育已经从以往的精英教育转为大众教育，以前的“天之骄子”现在更多地被人们认为是普通劳动者。然而，制度上的变化虽然改变了大学生在社会的地位，但是由于社会观念的滞后，并未从根本上改变大学生思想上的优越感。大学生社会阅历浅、社会实践经验不丰富，往往对未来期望很高，同时认为自己凭借大学生的身份应该成为社会精英，将自己的工作定位在高职高薪上，然而社会的变化与大学生个人的期望存在巨大差别，这让大学生对工作满意度不高，从而影响大学生敬业价值观的形成。

对于大学生来说，敬业精神不仅表现为对自身学业的热爱，也表现为对未来事业的追求。敬业精神的培养可以使在各个岗位的大学生具备坚定的事业心、强烈的进取精神，充分发挥自己的积极性、主动性和创造性，在各个领域、各行各业都发光发热。

（1）指导大学生树立“学业为本”的思想。

1939年，毛泽东曾经讲过一段意味深长的话：我们队伍里边有一种恐慌，不是经济恐慌，也不是政治恐慌，而是本领恐慌。把学习当作一种生活习惯、一种精神境界、一种精神追求，在勤学、会学和学以致用上下功夫，把学习当成人生目标、价值观念和生活方式融入工作与生活中，做到孜孜以求，学而不怠。大学生进入大学校园，首要身份是学生，学生最重要的任务就是学习。学习不仅仅是理论知识的学习，同时也包含社会知识、实践方面的学习。一些学生被功利主义和享乐主义等腐朽思想侵蚀，利用课余甚至上课时间玩乐，本该在教室里接受科学文化知识的时间被用在了享乐上，这对于大学生来说无疑是“见小利而忘大利”。

我们应该提倡大学生树立“学业为本”的思想，把学习当作自己的本职工作对待，做好本职工作，爱岗敬业。高校应该加强大学生敬业教育的力度，强调学生的本职工作是学业，寻找重视学业获得成功的正面教材和轻视学业而失败的反面特例，以此为对比，从主观和客观两个方面促进大学生的学业思想发生改变，使学业为本的思想成为大学生对待本职工作的正确观念，同时也为今后步入工作岗位后能够兢兢业业，踏踏实实做好工作打下坚实的基础。

（2）培养大学生自律意识。

对于树立大学生敬业价值观这个问题，需要主观因素和客观因素的共同作用。客观因素主要是高校、社会的引导，能够让大学生认识和感悟敬业价值观的含义和意义；但是对于大学生形成正确的敬业价值观，在引导的同时，大学生主观的自律和自省是最重要的。

首先，大学生要学会职业自律。在职业道德修养中，自律扮演着十分重要的角色，大学生处在人生的十字路口，自我管理和约束能力相对较弱，但是大学生群体有很强的可塑性，若能从内心培植正确的敬业价值观，建立长效自我约束机制，就会使其在工作中爱岗敬业、谦逊礼让、严于律己、宽以待人。

其次，大学生在提高自身道德修养的同时，应该经常做到“内省”，善于认识自己，对自己有客观而正面的审视和评价，勇于正视自己的缺点，敢于自我批评，在实践中不断完善自己的职业道德品质；在“内省”的同时还要做到“慎独”，“慎独”讲求的是在他人面前能够按职业道德行事，即使在别人不知情的情况下也能自觉做好事情，只有这样，才能在新形势下始终保持清醒的头脑，经受住工作上的各种考验。

最后，大学生敬业价值观的培育还应该注意从小事做起，循序渐进。大学生正处于培育敬业价值观的大好时机，只有在日常学习生活中，无论大小事都认真对待，经过长期积累，才能逐步培养和形成良好的职业道德信念。因此，在平时的学习生活中，良好的习惯对于敬业价值观的培育具有重大的作用。

第三节

忠于正义、追求公平

人类天性中就根深蒂固地含有对公平观念的渴望。正如亚当·斯密曾指出的，“正义犹如支撑整个大厦的主要支柱。如果这根柱子松动的话，那么人类社会这个雄伟而巨大的建筑必然会在顷刻之间土崩瓦解”。

一、忠于正义是人类文明进步的标志

天下为公、担当道义，是广大知识分子应有的情怀。我国知识分子历来有浓厚的家国情怀，有强烈的社会责任感。“修身齐家治国平天下”“为天地立心、为生民立命、为往圣继绝学、为万世开太平”“先天下之忧而忧，后天下之乐而乐”，这些思想为一代又一代知识分子所尊崇。现在，党和人民更加需要广大知识分子发扬这样的担当精神。这是一份沉甸甸的责任。

（一）尊重事实是坚持正义的应有之义

只有忠于事实，才能忠于真理。孙中山说：“我们做一件事，总要始终不渝，做到成功，如果做不成功，就是牺牲性命亦在所不惜，这便是忠。”

求真、务实，不来虚的，不搞花架子，是沈因洛一贯的作风。初到武钢，为尽快摸熟、吃透厂情，沈因洛开始与时间赛跑。时任办公室文员的王国连形容沈因洛作风“像秤砣一样扎实”：天不亮就到办公室处理公务，事情一忙完，就骑着自行车，一个本子一支笔，一个一个车间地跑。有一次，他到炼铁厂劳动，休息时喝汽水，不小心将瓶口碰破了。他马上向财务科照价赔偿两毛钱。后来，那张他忘记带走的收条，在增产节约活动中展出，让职工们深受教育。

记者章重回忆，沈因洛调到省委组织部工作后，一一走访了所有处长的家，这是组织部以前从未有过的事。许多处长的家庭情况、性格特点、优缺点等等，沈因洛的笔记中都有详细记载。谈及沈因洛的工作作风，曾经分管全省农业工作的省老领导王生铁体会很深。“20世纪90年代末，农场管理权一度全部收到省里，随后暴露了一些问题，农场的场长、属地的领导和普通群众都非常着急。”王生铁说。当时，他在电话中和沈因洛交流意见，沈因洛说：“你不急，我下去调研，给省委、省政府反映真实的情况。”“随后，80多岁的沈老跑遍了全省所有省属国有农场。这一年，我们在外跑了120多天。”司机吉胜说，“调研中，有些领导赶来作陪，沈老总是劝他们，你们工作忙，就不要陪了。有些领导很‘执着’，站在我们车前不走。沈老说，你们不走我就走，当地领导只有作罢。”王生铁说，“调研回来后，沈老给省委、省政府写了报告。省领导认真研究之后，把农场管理权重新下放，农垦系统的干部职工非常高兴。实践证明，他报告中提出的建议是正确的。”

“沈老看报特别仔细。凡报纸上密集报道的地方，他总要想办法亲眼看看。武汉汉口北、市民之家、首义广场、武汉国博、省图新馆，地铁二号线……发现跟报道不符的地方，也总要追问原因。”“2013年，他93岁了，为了核实报纸上沼气利用的一个数据，还专程去省农业厅调研。”秘书陈明说。

没有花圈，没有哀乐，没开追悼会。去世3小时后，他的遗体被移交给红十字会。一如他生前所愿，亲人们让他走得简朴、安静、自然。沈因洛虽然已远离人们，但他留下的精神遗产，像阳光、空气，温暖、滋养着敬重他、挚爱他的人们；他的精神、品格、风范，如一面旗帜，感召、激励更多的后来者。

滇池，一位农民的守护

张正祥今年61岁。30多年来，他把心血都花在了保护滇池上。最多一周，他就会绕滇池一圈，检查滇池的污染情况。绕滇池一周的长度是126公里。至今，张正祥已经绕滇池走了1 000多圈。这12万多公里的行走都是为了阻止人们对滇池的污染和破坏。在过去的30多年里，张正祥花光了所有积蓄，卖了家里的养猪场。妻子无法忍受，离他而去。他的子女也经常受到不明身份人的恐吓，小儿子因此患上了精神分裂症。张正祥自己更是经常遭到毒打。2002年深秋，当张正祥去一家私挖私采的矿场拍照取证时，矿主的保镖开着车就向他直冲过来，张正祥当即晕倒在地。两个小时后，一场大雨把他浇醒。这次挨打，使其右眼失明，右眼眶骨折。不理解的人称他为“张疯子”。张正祥说：“不是我疯了，是那些人疯了。是那些人不知天高地厚了，疯得只知道钱了。”他用牺牲整个家庭的惨重代价，换来了滇池自然保护区内33个大、中型矿场，采石场和所有采砂、取土点的封停。滇池的治理还在进行。

一个农民，为了国家和人民的利益，为了保护滇池，不惜牺牲全家的利益，更不惜付出身残的代价，这精神何等宝贵！面对贪婪、愚昧和凶残，他坚持信念，用不屈不挠的精神证明，热爱祖国不是一句空话，他是中国真正的环保大使。生命只有一次，滇池只有一个，他把生命和滇池紧紧地绑在了一起。他是一个战士，他的勇气让所有人胆寒，他是孤独的，是执拗的，是雪峰之巅的傲然寒松。因为有这样的人，人类的风骨得以传承。在我们的生活当中，在大学校园里，我们会遇到许许多多不文明的现象，如随地吐痰、乱扔垃圾、公共场所抽烟等，是置之不理、袖手旁观，还是上前制止、监督到位？任何一种文明习惯的养成，都是与身边的小事分不开的。

（二）坚持正义是尊重事实的最好诠释

广大知识分子要坚持国家至上、民族至上、人民至上，始终胸怀大局、心有大我。要坚守正道、追求真理，立足我国国情，放眼观察世界，不妄自菲薄，不人云亦云。要实事求是、客观公允，重实情、看本质、建真言，多为推进党和人民事业发展献计出力。任何时候任何情况下，都不能做有损国家民族尊严、有损知识分子良知的事。

一个良知看护者执着于什么

刘姝威，中央财经大学一位普通的研究员，这是一位儒雅、文静但却用良知说话、坚守自己职业操守的女性知识分子。在《上市公司虚假会计报表识别技术》一书的写作过程中，她于2001年10月9日开始对上市公司蓝田股份的财务报告进行分析。刘姝威认为：蓝田股份的短期偿债能力很弱，已经成为一个空壳，完全依靠银行的贷款在维持生存，这是非常危险的。于是，刘姝威写了一篇短文《应立即停止对蓝田股份发放贷款》，2001年10月26日，只供中央金融工委、人民银行总行领导和有关司局级领导参阅的《金融内参》刊登了这篇600字的短文。此后不久，国家有关银行相继停止对蓝田股份发放新的贷款。此后引发了轰动全国的“蓝田事件”。这为她带来过诉讼和人身威胁，也成为终结蓝田神话的“最后一根稻草”。

柔肩扛道义，正义战邪恶。她求真务实的科学态度，拒绝铜臭、捍卫真理的知识分子风范赢得了最终的胜利。她到处疾呼：国家和老百姓的钱不能白白扔进一个个无底的黑洞里，类似“蓝田”这样的企业，早晚有一天会把国家的经济给蛀空。我们需要像刘姝威这样的人，因为它不仅戳穿了一个“蓝田”神话，更给一个国家和民族敲响了警钟。她被誉为“中国经济环境的清洁师”“敢说出皇帝根本没穿新衣的直言的孩子”，甚至被称为“真英雄”的普通的中国女性。无论是在科学的道路上，还是在平常的家长里短中，都有权威、有专家、有大牌，作为大学生，我们应该具备起码的知识与素养，不要迷信，要敢于怀疑和质疑，这样“蓝田”们才不会危及他人，“三鹿”们才不会长存、“悟本”们也将回归现实。

邹碧华同志生前是上海市高级人民法院党组成员、副院长。2014年12月10日，邹碧华同志在工作中突发心脏病，经抢救无效因公殉职，逝世时年仅47岁。邹碧华同志忠诚于党，忠诚于社会主义法治事业，毕生追求“当一名有良知的法官”，依法公正审理了上海社保基金追索案、北方证券破产案等一大批全国瞩目的重大疑难案件。他坚持司法为民、便民、利民，在上海市长宁区人民法院率先创建集电话网络、短信微信、窗口柜台服务于一体的诉讼服务平台，挂牌成立诉调对接中心，编写《群众工作接待规范》，将为民服务深度融入司法实践。他勇当司法体制改革探路先锋，在全国首创法院工作流程、案件审判、干警队伍可视化管理机制，带领研发了国内领先的法院信息化系统平台，独创的“要件审判九步法”被全国法院系统作为范本，为上海法院司法改革试点乃至全国司法体制改革作出了突出贡献。他大力弘扬法治精神，主编或撰写了10余部法律著作，发表论文40余篇，开设个人微博，参与法官培训教学，被称为法律界的“燃灯者”。他严于律己、刚正不阿，从来不办人情案、关系案、金钱案，对家人严格要求，始终保持人民法官的清廉本色。

习近平总书记作出重要批示：“邹碧华同志崇法尚德，践行党的宗旨、捍卫公平正义，特别是在司法改革中，敢啃硬骨头，甘当‘燃灯者’，生动诠释一名共产党员对党和人民事业的忠诚的先进事迹和崇高精神，引导和激励广大党员干部特别是政法干部。邹碧华同志在全面建成小康社会、全面深化改革、全面依法治国、全面从严治党的征程中，坚定理想信念，坚守法治精神，忠诚敬业、锐意进取、勇于创新、乐于奉献，努力作出无愧于时代、无愧于人民、无愧于历史的业绩。”中央组织部决定，追授邹碧华同志“全国优秀共产党员”称号。

追求真相是你最好的武器

著名主持人杨澜在接受采访时回忆，自己曾给美国“电视主持人之父”克朗凯特作过专访，“当时其实我就问到他这个问题，在一个信息多元化和信息扁平化的时代，一个新闻从业者到底应该做一些什么？凯特先生就说，信息就像是一个隧道，如果没有对真相的苛求，那就像是一个暗无天日的隧道。”

“无论在技术手段还有多少的学术名词在诱惑着我们和左右着我们的注意力，我觉得当你从事这一各行业的那天起，你对于真相的追求和对于真善美的追求，还有包括对于自己本土百姓的生活和社会进步所作出的承诺，永远是你最好的武器。”杨澜说。

作为当代大学生在坚守真理和正义时要注意分清楚几个方面的关系：①要分清坚持真理和偏执的界线，二者的根本区别在于所坚持的是不是真理；②坚持真理就不要怕孤独，真理有时就掌握在少数人的手中，不要因为多数人的压力而屈服于谬误和世俗的偏见；③营造民主的氛围，允许发表自己的见解；④不要盲从书本、老师、权威，实践是检验真理的唯一标准。不盲从书本不等于不好好学习、不继承前人知识，不盲从权威、老师，不等于狂妄自大，“吾爱吾师，吾更爱真理”；⑤要学会谦逊，坚持真理和谦虚谨慎并不矛盾，热爱真理的人无一不是谦逊的，而只有随时准备抛弃错误，才能更好地坚持真理。

二、追求公平是人类社会的本质要求

社会的发展离不开人的发展。有了公平，社会才能为人的发展提供平等的权利和机会，每个社会成员的生存和发展才有保障；有了公平，我们才可能通过诚实劳动，得到自己应得的东西，满足自己的合理期望，从而调动自身的积极性。这样，整个社会才能人人各司其职，各尽所能，各得其所，促进社会持续发展。公平是在比较中产生的，人们心目中的公平意味着处理事情要合情合理，参与社会合作的每一个人承担他应承担的责任、得到他相应的权利。

（一）追求公平必须坚定信念

前国家领导人向全国广大青年提出了四点希望：坚定理想信念，勤奋刻苦学习，勇于艰苦创业，培养高尚品德。在这四点希望里，他把青年人坚定理想信念放在首要位置加以突出强调。坚定信念的同时也要尊重事实，不注重的事实的信念就像一艘驶向错误目标的航船。

全国敬业奉献模范——记方永刚

方永刚，男，44岁，中共党员，海军大连舰艇学院政治系中国特色社会主义理论教研室教授。方永刚入伍20多年来，以对马克思主义的坚定信仰，立足本职岗位，深入学习、积极传播、模范践行党的创新理论，在党的理论武装工作中作出了突出贡献。他把业余时间全部用在了刻苦学习和研究党的创新理论上，正是凭着这种水滴石穿的精神，从邓小平理论、“三个代表”重要思想到科学发展观，党的创新理论每前进一步，他的学习研究就会跟进一步、深入一层，不断推出研究成果。他先后出版16部政治理论专著，完成10项国家和军队重点科研项目，发表100多篇学术论文，荣获全军院校育才银奖、全军政治理论研究优秀成果一等奖。作为辽宁省国防教育讲师团成员、大连市委讲师团成员、沈阳军区联勤部客座教授，先后为部队和地方党政机关、社区、企事业、干休所、学校等单位作辅导报告1 000多场，从军队到地方、从城市到乡村、从北国的漠河边防到南疆的海防哨卡，都留下他传播创新理论的足迹，被官兵群众誉为“平民教授”“大众学者”和“科普专家”。

2006年11月，被确诊为晚期结肠癌的方永刚，仍然以顽强的毅力与病魔抗争。

他坚持从医院回到学院，为学生上完最后两节课，还躺在病床上完成了对3名研究生的学期教学和毕业论文写作辅导任务。

“如果有一天我的生命之钟停摆了，我愿意把它定格在自己的岗位上，永远保持理论战士的冲锋姿态，让有限的生命为太阳底下最壮丽的事业燃烧……”这是对海军大连舰艇学院政治系教授方永刚践行人生价值的真实写照，也是最好的诠释。20多年来，他坚定自己的信念，始终走在理论创新工作的最前沿，让有限的生命放射出了无限力量，让平凡的工作岗位焕发出了耀眼光芒。方永刚的事迹启示我们：信仰因学而坚，事业因学而成。一个有科学信仰的人是真正有力量的人，一个真正为信仰奋斗和献身的人，他的人生追求必定忠诚而无畏。这是广大理论工作者学习方永刚事迹的共同体会。

（二）追求公平就是要有社会责任感

社会责任感就是在一个特定的社会里，每个人在心理和感觉上对其他人的伦理关怀和义务。古罗马著名思想家西塞罗说：“生活的全部高尚寓于对责任的高度重视，生活的耻辱在于对责任的疏忽。”马克思、恩格斯特别强调：“作为确定的人，现实的人，你就有规定，就有使命，就有任务”。季羡林先生深刻指出：“如果人生有意义与价值的话，其意义与价值就在于对人类发展的承上启下、承前启后的责任感。”人生活在社会中承担着各种责任，其中最重要的是对社会的责任。社会是人生存发展的最重要环境，社会环境越好，其成员的生存发展就越好。每一个社会成员都是社会环境的主人，承担着维护社会环境的责任。要使社会环境好，社会成员必须高度重视和自觉承担社会责任，而要始终高度重视和自觉承担社会责任，就必须有社会责任感。

洪战辉，我们为你感动

2005年冬天，有这样一个故事让人们倍感温暖：年仅23岁的河南籍青年、湖南怀化学院经管系2003级学生洪战辉，将一个和自己没有任何血缘关系的弃婴女孩一手带大。13岁，母亲离家出走，伺候患有间歇性精神病的父亲，抚养不足周岁的捡来的小妹，照顾年幼的弟弟，令他过早地感受了生活的艰辛。16岁，开始带着小妹妹外出断断续续求学打工，饱尝辛酸和屈辱，这使他更为执着，也更为坚韧。21岁，考取了湖南怀化学院，最艰难的日子渐渐远去，希望在前面招手。他说：“我的心中，只有感恩和爱。”洪战辉带着捡来的妹妹艰难求学的感人事迹，经媒体报道后，在全国引起热烈反响。洪战辉的事迹体现了中华民族的传统美德，展示了当代大学生的崭新精神风貌，是当代大学生的优秀代表和先进典型。共青团中央、全国学联授予洪战辉“全国自立自强优秀大学生”荣誉称号。并被评为2005年度感动中国人物。2005年12月16日，教育部发出了《关于开展向洪战辉同学学习的通知》。

挫折和苦难并不是天然的财富和垫脚石，要从中得到财富和智慧，需要舍我其谁的责任感、坚如磐石的信念和经年累月的坚持。当一位大学生问道，“责任对于许多人来说是一个十分沉重的话题，对你来讲显得尤其沉重，但你在谈到责任时却始终面带微笑，是不是你心中那段刻骨铭心的伤痛不愿意轻易示人”时，洪战辉说：“那段经历让我很心痛，我觉得那是我的一块伤疤，其实我一直不愿意回忆过去，不愿意谈到过去。我觉得人笑着总比哭着好，我一直这么想，要是哭就一个人哭，要是笑就让大家分享这份快乐。苦难不能博得人们的同情，只有奋斗，经过不断的奋斗来改变自己的命运，这才是我们每个人应该承担的责任。”他还说：“从我独立的那一刻起，也就懂得了责任，这种责任包括对自己、对家庭、对社会的责任。我想，对于那些家庭条件比较好的同学来说，早一天学会自食其力，才能尽快培养责任感吧。”

1994年3月31日，梁从诚在北京创建了中国第一个群众性、会员制的非政府环保组织——“中华文化书院绿色文化分院”（又称“自然之友”），以“保护自然、善待自然”为宗旨，以开展公众环保教育为己任，以与政府的良好合作为基础，竭力推进中国的环保事业。他就是这个组织的灵魂性领袖人物。梁从诫的环保义举，赢得了广泛认可，获得了多项奖项或荣誉。但他常说，我只是一个普通公民，只是在履行一个公民的职责。

用“温而厉”来形容梁从诫的性格比较恰当。对于前来求教的学生，对于热心环保的志愿者，梁从诫总是面带微笑，谦和可亲；对那些蛮不讲理的官员和财大气粗的老板，梁从诫从来是不畏不惧，直言不讳，有时甚至疾言厉色，拍案而起。1995年，梁从诫和某省一位官员同去一处风景区，官员随手往车窗外丢矿泉水瓶，当梁从诫劝阻他并下车把瓶子捡回来的时候，官员竟极不耐烦地说：“这有什么关系。扔的人多着呢！”梁从诫在给美国《时代》周刊的文章中写道：“在这么简单而明显的问题上，我和他一时竟找不到共同语言。”2001年，在北京城市河道治理对话会上，他因为河床干涸的缘由，与北京市一位领导争执得面红耳赤。他当面斥责：“你这是睁着眼睛说瞎话！”以致这位官员气得拂袖而去。

“管别人，先要管好自己。”梁从诫以身作则，用点滴行动诠释着什么是言行一致：每次外出吃饭，即便是赶赴香槟酒晚宴，他都随身携带专门为带筷子而配套使用的“筷子袋”。他拒绝纸巾，只使用一方发黄的白手帕。他家中的洗菜水，收集起来冲马桶；他住的房子，几十年没有装修；出门办事，他能骑自行车就骑自行车……“自然之友”所有专职工作人员的名片，都是报废纸印的。非打印不可的资料，都打在废纸张的背面。即便是梁从诫的生日，工作人员亲手制作的贺卡，也仅是一张小小的签满名字的绿色纸片。

学界泰斗、原北京大学副校长季羡林先生曾说：“从诫本来是一个历史学家……然而，他不甘心坐在象牙塔里，养尊处优；他毅然抛开那一条‘无灾无难到公卿’的道路，由一个历史学家一变而为‘自然之友’。这就是他忧国忧民忧天下思想的表现，是顺乎民心应乎潮流之举。我对他只能表示钦佩与尊敬。宁愿丢一个历史学家，也要多一个‘自然之友’。”

正如梦想与现实息息相关一样，责任也与现实紧密相连。一个有社会责任感的人，主要应该具备三点品质：坚持道德上正确的主张或真理；坚持实践正义原则；愿为他人作出奉献和牺牲。如何对待责任，是映照个人素质高低、社会文明程度的一面镜子。对与自身紧密关联的自然、社会、他人是否能自觉尽到应尽的责任，并将自己的梦想追求和社会的发展轨迹有机结合起来，努力为社会的建设作出自己的独特贡献，决定着个体的成就大小，也决定着社会发展的文明程度。

从1999年起，为了国家能尽早建成一套完备的信用管理体系，她四处奔走，先后4次给总理上书，推动了我国信用体系建设。她就是深圳市女企业家黄闻云。“由于信用缺失且没有监管，我亲眼看到许多朋友被骗得倾家荡产，自己在办企业过程中也有过很多类似的遭遇。”1985年，28岁的黄闻云满怀理想来到深圳逐梦，一开始，她从事进出口贸易，1992年开始创办实业，设计和生产各类电子产品。但让她颇有感触的是，自己开发一款新产品需要2～3年时间，但产品被人抄袭只要1～3个月，她自己的企业就因创新成果被“山寨”而几近破产。

对于黄闻云来说，这还不是她的全部感受。在她身边因贷款、货款、订金等被骗、被无限期无理由拖欠的事情几乎每天都在发生。“在企业经营中，经常是我们交货了，对方的款项迟迟不到账。一旦应还款项不到，整个公司的经营链就可能断裂。”在缺乏信用的环境下，企业家人人自危，人与人、企业与企业间的不信任感四处弥漫，黄闻云因此也陷入深深的迷茫。从国外考察回来，黄闻云作出一个大胆的决定：上书中央领导。她在给时任国务院总理的朱镕基同志的信中详细阐释了公平竞争对于经济发展的必要性，并建议建立我国的国家信用管理体系。

社会信用体系的建设，对一位商人来说，并非分内之事。十几年来，黄闻云却为了社会信用体系的建设四处奔走。这就是一位普通商人的社会责任感，一位普通公民的社会责任感。在维护自己的权益时，也许很多人会竭尽全力，但并没有很多人会从他人和社会的角度考虑问题，并为之作出实实在在的努力。而这，正是黄闻云让人钦佩的地方。遇到问题，有些人只会一味抱怨，有些人甚至讽刺谩骂，有些人则踢皮球、袖手旁观，但黄闻云却行动起来，持之以恒，为社会的改变和进步作出了踏踏实实的贡献。在这一点上，黄闻云尤其令人钦佩，并值得我们好好学习。

三、在坚持客观事实的基础上坚守正义和追求公平

对社会而言，公正、平等地对待每一位社会成员是社会责任，公平正义是人类社会的最高价值体现，也是社会主义政治文明的具体内容。我们作为社会主义国家，正在努力维护社会的公平与正义。对个人而言，公正平等地对待周围的人才能赢得他人的信赖和尊重。

（一）明辨是非是追求公平的前提和基础

我国正处在社会主义初级阶段，社会的各个领域都在进行改革，而我们的法律、法规、政策在某些方面未能跟上改革的步伐和社会发展的需要，这样在社会的各个领域暂时出现了与法制建设相背离的东西和盲区。比如，在经济领域有些人忘记了商业活动的诚信原则，假冒伪劣商品泛滥，制假贩假活动猖獗；在政府机构，有的部门和官员丧失了“公仆”观念，滥用职权，腐败严重；在教育领域出现考试舞弊，学术腐败等。这些不良现象的存在是由社会发展的诸多历史原因和现状引起的，并很容易引起大学生们的关注，由于他们的世界观、人生观、价值观正处在形成时期，对善恶美丑的判断还存在一定偏差，很多时候不能用理性的头脑来分析事物，会误导他们从而失去诚信观念，甚至出现了与公民道德规范相背离的行为规范。所以，引导大学生善于明辨是非，是实现坚守正义和追求公平的前提和基础。

子罕拒玉

宋国有个人得到一块璞玉，献给本国的大夫子罕。子罕不受。于是这个人说：“我把玉给工匠看过了，他们说这是宝物，我这才敢献给您。”子罕回答：“我以不贪为宝，你以玉为宝，你若把玉给了我，我们就都失去了自己最宝贵的东西。我们不如各守其宝。”

子罕的可贵，不在于他鄙视宝玉，而在于他能够分清什么是宝。宋人以“玉”

为宝，子罕以“不贪”为宝。许多人听了这个故事以后，都称赞子罕。其实仔细想想，这个宋人之语也不无道理。“不贪”是宝，“宝玉”也是宝。“不贪”是“精神之宝”，而“宝玉”则是“物质之宝”。按照常理来说，人们既需要“精神之宝”，也需要“物质之宝”。而且在很多人眼里，“物质之宝”比“精神之宝”更为重要。

亚伯拉罕·林肯（1809—1865），美国政治家，第16任总统，也是首位共和党籍总统。在其总统任内，美国爆发内战，史称南北战争。林肯废除了奴隶制度，击败了南方分裂势力，维护了国家的统一。内战结束后不久，林肯遇刺身亡。他是第一个遭到刺杀的美国总统。他在当选总统之前，当过律师。他富于同情心，敢于主持正义，在诉讼活动中以说理充分、例证丰富、逻辑性强而素负盛名。

由于林肯精通法律，口才很好，在当地很有声望，很多人都来找他帮着打官司。但是他为当事人辩护有一个条件，就是当事人必须是正义的一方。许多穷人没有钱付给他劳务费，但是只要告诉林肯：“我是正义的，请你帮我讨回公道。”林肯就会免费为他辩护。一次，一个很有钱的人请林肯为他辩护。林肯听了那个客户的陈述，发现那个人是在诬陷好人，于是就说：“很抱歉，我不能替您辩护，因为您的行为是非正义的。”那个人说：“林肯先生，我就是想请您帮我打这场不正义的官司，只要我胜诉，您要多少酬劳都可以。”林肯严肃地说：“只要使用一点点法庭辩护的技巧，您的案子很容易胜诉，但是案子本身是不公平的。假如我接了您的案子，当我站在法官面前讲话的时候，我会对自己说：‘林肯，你在撒谎。’谎话只有在丢掉良心的时候，才能大声地说出口。我不能丢掉良心，也不可能讲出谎话。所以，请您另请高明，我没有能力为您效劳。”那个人听了，什么也没说，默默地离开了林肯的办公室。

要明辨，善于明辨是非，善于决断选择。“学而不思则罔，思而不学则殆。”是非明，方向清，路子正，人们付出的辛劳才能结出果实。面对世界的深刻复杂变化，面对信息时代各种思潮的相互激荡，面对纷繁多变、鱼龙混杂、泥沙俱下的社会，面对学业、情感、职业选择等多方面的考量，一时有些疑惑、彷徨、失落，是正常的人生经历。关键是要学会思考、善于分析、正确抉择，做到稳重自持、从容自信、坚定自励。要树立正确的世界观、人生观、价值观，掌握了这把总钥匙，再来看看社会万象、人生历程，一切是非、正误、主次，一切真假、善恶、美丑，自然就洞若观火、清澈明了，自然就能作出正确判断、作出正确选择。正所谓“千淘万漉虽辛苦，吹尽狂沙始到金”。

（二）追求公平要把握好“度”

追求公平是美好的生活理想，也是社会的正能量，同时在追求公平的路途中也要把握好“度”。如果不能把握好“度”，当受到不公平对待时，就会感到冤枉、气愤，甚至导致报复行为。这种心理和行为使人与人之间信任感降低，导致彼此关系恶化，合作难以为继，会对经济发展产生不利影响，甚至会由此带来一系列社会问题，影响社会的长治久安。

首先，要把握在学习和生活中的公平度。比如在家里要尊老爱幼，平等对待每一个家庭成员；要平等地与同学交往，遇到困难时应互相帮助；社会建设中加强法制建设，依法维护公平，力争早日实现权利公平、机会公平、义务公平、分配公平、规则公平和法律公平；在竞争与合作中遵守相同的行为规则；正确看待自己的利益，同时也能尊重他人权利。

其次，要理智面对社会生活中的不公平。①没有绝对的公平。公平总是会受到一定社会条件的制约，任何社会都会存在一些不公平的现象。公平总是相对的，无论我们如何努力，都不可能达到绝对公平，所以尽量避免和杜绝钻牛角尖的现象。尽管如此，我们仍然要为创造一个更加公平的社会作出不懈努力。②正确对待不公平现象的做法。我们应该增加维权意识，关于寻找解决途径，用合法的手段去寻求帮助，解决问题，以谋求最大限度的公平。我们不妨改变自己的行为、思维方式，反思自己的价值观念，或许我们会更客观地对待生活中的“不公平”现象。崇尚公平、主持公道，要求我们同破坏公平的行为作斗争，对受害者伸出援助之手。③学会平等待人。我们追求公平，要求社会与他人公平地对待自己，享受自己应有的权利是应该的；随着社会的发展，我们的权利意识会越来越强，会在更加广阔的领域里追求更高层次的公平。我们在要求别人对我们公平的同时，也要公平地对待他人。

女王与妻子

一次，女王维多利亚忙于接见王公，却把她的丈夫阿尔倍托冷落在一边。丈夫很生气，就悄悄回到卧室。不久有人敲门，丈夫问：“谁？”回答：“我是女王。”门没有开，女王又敲门。房内又问：“谁？”女王和气地说：“维多利亚！”可是门依然紧闭。女王气极，想想还是要回去，于是再敲门，并温和地回答：“你的妻子。”丈夫边笑边打开了房门。

故事说出一个道理：只要你平等待人，别人才会尊重你，无论你是谁。学会平等待人不仅是女王，也是每个普通的民众应该做到的，而被尊重者定会更加感激在心，这样才能形成良性循环，有助于弘扬社会好的风气。

第四节
忠恕之道、忠于内心

“忠”的这一道德规范是双向的、相互的，也即是“外圣内王”的境界，它要求人与人相处时，尊重他人的人格尊严，尊重他人的同等权利。言必信、行必果，决不能背信食言，出尔反尔；更不能利用虚假承诺谋取私利，忠于友情、爱情和亲情。“忠于内心”和“忠”的“尽己”之义相连，主要包含两方面的内容。一方面是个人对自己生命存在的肯定和尊重，它要求个人一定要自爱、自重，要积极主动地投入到社会实践中去，充分地发挥自己的主观能动性和劳动创造性，最大限度地使自己得到全面的发展，最终圆满实现个体的自我价值；另一方面，“忠于内心”也意味着忠实于自己的社会良知。良知的根本在于为社会服务，即把自我价值融入到社会价值中去。“忠于内心”的最终目的是要立身为公。《曾国藩家书》中说：“人无一内愧之事，则天君泰然，此心常快足宽平，是人生第一自强之道，第一寻乐之方，守身之先务也。”忠实于自己，对得起良心，这样，才能乐莫大焉。

一、忠恕行事、铁肩担责

最早将忠恕联系起来的是春秋时代的曾子。他在解释孔子“吾道一以贯之”时说：“夫子之道，忠恕而已矣。”“忠恕”，是以待自己的态度对待人。传统道德文化中的恕与忠相联系。这便构成了忠恕之道，成为中华民族最有价值的传统道德精华，渗透在中国社会生活的方方面面。忠是所有传统道德的基础，规范着诸多传统道德的方向和性质，曾被扭曲为君臣关系。恕是社会生活中人际关系的准则，是为人处世最实用也是最重要的道德品质。忠恕之道，包含了人与人的基本关系，包含政治关系和人际关系，如果再与规范家庭成员关系的道德准则“孝悌”合在一起，基本上包括了中国传统社会生活中人与人的关系准则。

（一）忠恕行事品格高

孔子一以贯之的道——忠恕，具体实践的运用就是换位思考。忠恕之道符合人之常理，大致分为三个层面：己所不欲勿施于人—己所欲亦勿施于人—人之所欲，施之于人。第一层面："己所不欲勿施于人"——自己不喜欢的，请不要强加给别人。第二个层面："己所欲，亦勿施于人"——你自己喜欢的，也别强迫别人喜欢。第三个层面："人之所欲，施之于人"——人们普遍喜欢的，可以推广。忠以待己，恕以施人，忠恕的落脚点是人的和谐与幸福。

在市场经济条件下，一切疏远、不和与矛盾几乎都可以归结为利益纠纷和利益矛盾，因此，以恕道来对待利益关系，处理利益矛盾，应该成为中华民族特有的精神品质。费尔巴哈在论述他的幸福观时，就引用了儒家的"己所不欲，勿施于人"，以及"忠恕违道不远。施诸己而不愿，亦勿施于人"这样的话。认为这个朴素的、通俗的原理是最好的、最真实的。他说："当你有了你所希望的东西，当你幸福的时候，你不希望别人把你不愿意的事施诸于你，即不要对你做坏事和恶事，那么你也不要把这些事施诸于他们。当你不幸时，你希望别人做你所希望的事，即希望他们帮助你，当你无法自助的时候，希望别人对你做善事，那么当他们需要你时，当他们不幸时，你也同样对他们做。"在利益角逐表面化、公开化、市场化的今天，树立理性的利益观，以恕道为理念处理利益关系，是当代中国人的重要课题。这样该有以下几方面的基本要求。

首先，承认每个利益主体具有独立、平等的人格。承认这一点，其实就是承认每个人都是和自己一样具有人格尊严和利益需求的人，你自己想要的事，也是别人想要的；你自己不希望的事，也是别人力图避免的，这是履行恕道的前提。

其次，尊重各方利益。在市场经济社会，人格不再是一个空洞的符号或某种名称，而是具有实际内容的利益载体。对利益主体人格的肯定，是通过对其利益的尊重来实现并确立的。承认别人和自己有着相同的利益需求，充分尊重别人的利益，是现代人必须具备的精神品质。因为市场活动的利益主体并不是互不相干、彼此独立的孤立个体，而是在复杂的利益关系中相互联系、相互制约并有自己明确利益趋向的行为主体。在实际的经济活动中，每个利益主体都具有"趋利避害"的天然倾向。而"趋利"和"避害"则是一枚硬币的两面，它们总是相伴相随的，在市场竞争中，如果某一利益主体不约束自己的求利行为，那么它的趋利行为就会对对方或第三方造成侵害，从而使对方或第三方的避害成为空话。在市场活动的利益关系中，每一个利益主体都可能成为别人的任性和不负责任行为的受害方，因此，如果你不想别人这样对待你，那你就不应该以损害别人的方式对待别人，这就是“己所不欲，勿施于人”在市场竞争中的运用。

再次，认同普遍的市场准则。市场是各利益主体获取利益的场所，正常的市场秩序是市场参与者顺利实现利益的必要条件。正因为如此，市场一般潜在地就包含有“市场准入”或“市场参与者”资格审查的要求，即只有遵守市场规则的人才能在市场上获得生存和发展的机会。一般认为，市场规则是一种强制性约束，其实不然。从表面上看，市场规则是一种他律，而实际上则是各市场参与者的自我约束，是为了顺利实现自己的利益与价值所进行的自律，因为一个有正常秩序的市场对各方都是有利的。因此，市场参与者对市场普遍规则的认同实际上是市场竞争各方的一种合作。没有这种合作，正常竞争就无法进行。若是每个人都能以“己所不欲，勿施于人”的理念在行为前对自己的动机进行一番拷问：“我应该怎么做？”“我应该怎样对待别人？”就能使自己的行为准则成为普遍的准则。因为它基于一个简单的前提：“我希望别人怎么对待我？”从这个意义上说，它比任何外在的道德戒律更为有效。

除对他人的尊重之外，仁慈之心也是恕道的内在要求。在神圣时代，仁慈一直是作为人的基本德性来要求的。几乎所有宗教的教义都强调仁慈，佛教要求以慈悲为怀，儒学虽然不是一种宗教，但它的超越性理念和终极关怀实际上起到了宗教的作用。因此作为一种“准宗教”的儒学，仁慈自然就成了关注点。

（二）铁肩担责成伟业

艰难困苦，玉汝于成。人的成长历程中总会经历曲折、挑战，在工作中也会遇到各种困难和阻力。面对困难敢不敢于积极解决？面对矛盾敢不敢于迎难而上？面对失误敢不敢于承担责任？面对危机敢不敢于挺身而出？面对是非敢不敢于坚持原则？面对歪风邪气敢不敢于坚决斗争？如此等等，考验的就是人的担当意识和担当品质。从本质上讲，敢于担当、善于担当，就是敢于和善于负起责任，它是一种工作作风，更是一种人生觉悟、个人优秀品质。

有多大的担当才能干多大的事业，尽多大的责任才会有多大的成就。在现实生活中，担当总是与人们的果敢、良心、责任、奉献、牺牲等品质和素养紧密联系在一起，既代表着“鞠躬尽瘁，死而后已”的奉献品质，也彰显着“苟利国家生死以，岂因祸福避趋之”的牺牲精神；既代表着“先天下之忧而忧，后天下之乐而乐”的责任觉悟，也体现着天下兴亡、匹夫有责的无私情怀。尽管如何正确认识担当可以有不同角度，怎样明确区分担当也可以分不同层次，但人生需要担当，并且要敢于担当和善于担当，则是确定无疑的。正是因为担当的不可或缺，习近平总书记在多个重要会议和场合，强调领导干部要始终做到对党忠诚、个人干净、敢于担当。

少年的需求可能是健康成长，老年的需求可能是颐养天年，而青年呢？四川眉山团委书记田波认为，青年的最大需求是发展。无论农村、城市、企业或者机关青年，都希望抓住机遇，通过成长平台进行自我发展壮大和提高，以成就完美人生。而在发展的过程中，绝对绕不开这三个关键词：梦想、责任与担当。因为梦想，我们必须懂得责任，学会担当。责任和诚信、善良、公正等都是做人的基本准则和要素，无须随意拔高、空说大话套话，没有什么崇高品质的说法，这应该是人生的一种常态。也就是说，既然要做人，你就要负起做人的责任。这个世界没有无缘无故的爱和恨，权利和义务永远是对等的。大时代需要大担当。当前改革开放进入深水区，好吃的肉吃完了，剩下的都是难啃的骨头。今天，我们面临前辈从未遇到过的复杂问题，尤其需要一批不以眼前利益为最高追求，而是功成不必在我、锐意进取、敢于担当的人。习近平曾指出："看一个领导干部，很重要的是看有没有责任感，有没有担当精神。"诸葛亮受任于败军之际，奉命于危难之时，可以鞠躬尽瘁、死而后已，这是一种担当。解放战争时期，大将粟裕多次提出与中央不同的作战意见，受到毛泽东的赞赏，这也是一种担当。为了抗战胜利，个人的荣辱不放在心上，没有这种担当，难以想象淮海战役是如何成功的。没有担当的人，必定是一个软弱的人，没有担当的民族，注定是任人欺凌的民族。越是在危急时分，越能看出一个人的品性，越是在艰难时刻，越能感到担当的珍贵。勇于担当的人，一定能把握机遇，成就伟业。

2013年5月4日，习近平在同各界优秀青年代表座谈时的讲话中强调："历史和现实都告诉我们，青年一代有理想、有担当，国家就有前途，民族就有希望，实现我们的发展目标就有源源不断的强大力量。"

二、忠于内心、淳厚品格

要想忠于自己的内心必然先要忠于你认可的世界，忠于这个世界的人，想要真诚地面对自己先要真诚地面对身边的人。因为忠于你认可的世界是你忠于自己的基础，你活在这个世界中，忠于它就是给自己一个立足之地。忠于自己的内心不能随波逐流，忠于自己内心也要兼顾他人感受。

林清玄《常想一二》（节选）

朋友买来纸笔砚台，请我题几个字让它挂在新居客厅补壁。这使我感到有些为难，因为我自知字写得不好看，何况已经有很多年没写书法了。朋友说："怕什么？挂你的字我感到很光荣，我都不怕了，你怕什么？"我便在朋友面前展纸、磨墨，写了四个字："常想一二"。朋友说："这是什么意思？"我说："意思是说我字写得不好，你看到这幅字，请多多包涵，多想一二件我的好处，就原谅我了。"看到我玩笑的态度，朋友说："讲正经的，到底是什么意思？""俗语说：'人生不如意事十之八九'，我们生命里面不如意的事占了绝大部分，因此，活着本身是痛苦的。但扣除八、九成的不如意，至少还有一二成是如意的、快乐的、欣慰的事情，我们如果要过快乐人生，就要常想那一二成好事，这样就会感到庆幸、懂得珍惜，不致被八九成的不如意所打倒了。"朋友听了，非常欢喜，抱着"常想一二"回家了。

常想一二的观想，乃在重重乌云中寻觅一丝黎明的曙光，乃是在滚滚红尘中开启一些宁静的消息，乃是在濒临窒息时，有一次深长的呼吸。生命已经够苦了，如果我们把几年不如意的事综合起来，一定会使我们举步维艰。生活与感情陷入苦境，有时是无可奈何的，但是如果连思想和心情都陷入苦境，那就是自讨苦吃，苦上加苦了。在波涛汹涌的海上航行，我早已学会面对苦境的方法。

林清玄自己也说，"一般人大概很难这样去做，但你的生命要转弯，你必须做得绝对一点。"绝对的勇气来自觉悟，而这个觉悟，来自于内心。忠于内心，这是林清玄的作品给我留下深刻印象的四个字，在这四个字的指引下，林清玄知道了，哪些是生命里的旁枝末节，哪些该是主干，最后得到的，就是生活的单纯、专一、从容。

50年前，珍·古道尔深入坦桑尼亚的热带雨林，研究黑猩猩的生活习性。她的研究改变了人类对近亲黑猩猩的看法，使人们更深入地了解了黑猩猩的能力、情感和社会关系，同时也重新界定了人类的意义。后来，古道尔将工作重心转向保护黑猩猩及其栖息地。她创立了全球性非营利组织——珍·古道尔研究会致力于开创性的动物保护工作。

2010年，这位著名的灵长类动物学家珍·古道尔在哈佛《商业评论》中接受凯瑟琳·贝尔采访时回答到，自己的道德意识与短期目标之间找到平衡很困难。"如果别人认为我是个环保主义者，我就无法跟那些掌握决定权的人对上话。但是现在，我受到他们双方的抨击。因此，我必须顽强，'必须对自己忠实'。生命永远都不该沉寂，没有人可以规定你必须在什么时候，又成为什么人，忠于自己的内心，忠于真诚的情感，忠于幸福，才是一生停不了的使命。”

三、忠恕之道的当代价值及培育

“忠恕之道”一方面主张人与人之间的平等互利，即“己欲立而立人，己欲达而达人”，另一方面又强调在平等互利中尊重他人的独立意志，不要以己之意志强加于他人，即“我不欲人之加诸我也，吾亦欲无加诸人”，“己所不欲，勿施于人”。因为这是最基本、最普遍的道德准则，所以它不仅适用于古代，而且适用于现代；不仅适用于个体的人际关系，而且适用于群体的民族、国际关系。

其一，忠恕之道促进和谐的人际关系形成。“忠恕”思想虽然形成于以血缘亲情为基础的宗法社会，但是其基础依旧建立在人之常情的基础之上，由此出发，我们可以挖掘“忠恕”思想对于建立和谐人际关系的功用。坚持“忠恕之道”，更易于使人避免个体的狭隘与自私，追寻人生的意义与价值。

“忠恕之道”所传达的合理理念，对于改善大学生人际关系、加强其处世教育、提高其处世能力具有一定的积极意义。当代大学生多为独生子女，且成长环境颇为优越，在成长过程中集万千宠爱于一身，易形成 “以自我为中心”的价值观，将自己的利益得失放在他人、集体之上。大学是公平竞争的场所，个人素质突出，就会获得荣誉，嫉妒心理便在学生之间悄然存在。若不能正确调节，同学间的关系就会陷入紧张状态。随着高校与社会的联系越来越密切，一些社会不良风气逐渐渗入，部分学生的功利心逐渐增加，做事往往仅从自身利益出发，而将他人与社会利益抛之脑后。个人主义、享乐主义、拜金主义等思潮在学生中盛行，使大学生在人际交往过程中忽视最起码的忠诚与宽容。同时，网络等科技的发展，又使大学生沉迷虚拟世界，逃避现实的人际关系，自我封闭，使得人与人之间变得更加淡漠。

“忠恕之道”的合理内核是大学生个人道德修养的重要内容。孔子十分重视个人的道德修养，他所提倡的修身养德是以仁爱为基础的。“忠恕之道”是仁爱的重要内容；而忠恕的合理内核在于爱人、忠诚、自律和宽容，这些品质，是大学生在培养自身人格时尤为重要的。爱人，要求对自己、对他人、对他物，都应该给予平等而无蔑视的爱，这是尊重他人人格的表现，也是赢得尊重的根本途径。忠诚，要求对待自己和他人的时候，要尽心尽力，这样才能收获信任。自律，是做好任何事情的基础，只有做到严于律己，才能成功。宽容，是拉近心与心距离的桥梁，但要注意宽而有度。

其二，忠恕之道推动诚信的发展。孔子所创立的儒家是特别看重诚信伦理的，不仅把它视为个人修身的主要内容，同时又把它作为推行教化、调节人际关系的重要手段。而诚信的建立，离不开“忠恕之道”的推行，古今如是。

其三，忠恕之道有助于世界持久的和平。“忠恕”思想运用于处理国与国之间的关系，讲究以诚相待，求同存异，和平共处，就此而言，忠恕实现对于实现世界和平，亦不无意义。

在中国近现代史上，孙中山明确提出了民族、民权、民生的三民主义。蔡元培曾评论孙中山的民族主义，“既谋本民族的独立，又谋各民族的平等，是为国家主义与世界主义的折中”。这种“折中”从方法论上说继承了儒家传统的“中庸”之道，而在内容上则是在新时代的“民族国家”观念中继承和发扬了中国传统的“忠恕之道”。1949年以后，新生的中华人民共和国处在东西方两大阵营的冷战之中。在20世纪50年代，周恩来总理提出了“和平共处五项原则”，即“互相尊重主权和领土完整，互不侵犯，互不干涉内政，平等互利，和平共处”，这为建立新型的国际关系奠定了基础，得到世界上愈来愈多国家的普遍认可，逐渐成为处理国际关系的基本准则。这一准则实际上也体现了中国传统的“忠恕之道”。在当前的国际政治关系中，中国主张“对话而不对抗，结伴而不结盟”。在当前的国际经济关系中，中国主张共赢互利，各民族国家相互协作，共同发展。这些都是传承和弘扬了中国文化的“忠恕之道”与“和而不同”的优秀传统，中国将与其他民族国家一起建构一个和平的、和谐的“人类命运共同体”。

（一）忠恕之道、忠于内心要以尊重为前提

无论是与人忠还是忠于己，人首先要学会的是尊重。著名哲学家弗洛姆曾说：“尊重生命、尊重他人也尊重自己的生命，是生命进程中的伴随物，也是心理健康的一个条件。”尊重生命是人生的前提和基础，是人生的初始；热爱生命、尊重自己是人生的一道底线，是人生的一个亮点，自尊无价。尊重他人是人生的一门学问，是人生的一片风景，尊人优雅。

敬畏生命

那是一个夏天的长得不能再长的下午，在印第安纳州的一个湖边。我起先是不经意地坐着看书，忽然发现湖边有几棵树正在飘散一些白色的纤维。大团大团的，像棉花似的，有些飘在草地上，有些飘入湖水里。我当时没有十分注意，只当是偶然风起所带来的。

可是，渐渐地，我发现情况简直令人吃惊。好几个小时过去了，那些树仍旧

浑然不觉地在飘送那些小型的云朵，倒好像是一座无限的云库似的。整个下午，整个晚上，漫天都是那种东西。第二天的情形完全一样，我感到诧异和震撼。

其实小学的时候就知道有一类种子是靠风力吹动纤维播送的。但也只是知道一道测验题的答案而已。那几天真的看到了，满心所感到的是一种折服，一种无以名之的敬畏。我几乎是第一次遇见生命——虽然是植物的。

我感到那云状的种子在我心底强烈地碰撞上什么东西。我不能不被生命豪华的、奢侈的、不计成本的投资所感动。也许，在不分昼夜的飘散之余，只有一颗种子足以成荫，但造物主乐于做这样惊心动魄的壮举。

我至今仍然在沉思之际想起那一片柔媚的湖水，不知湖畔那群种子中有哪一颗成了小树。至少，我知道，有一颗已经成长。那颗种子曾遇见了一片土地，在一个过客的心之峡谷里蔚然成荫，教会他怎样敬畏生命。

这是张晓风的一段散文，讲述的是个体的存在以尊重生命为前提，那么如何理解生活，怎样对待生活？鉴于此，我们就难以理解云南大学的马加爵事件，富士康的十几连跳事件，还有幼儿园门口的砍杀事件等等。这些事件，触目惊心，没有对生命最起码的尊重，生命本来是“优越无比”“值得称颂”“富有乐趣”的，是有些人自己把它变成“一件苦事、一件贱物”的。有些人以“消磨坏日子”“慢慢赏玩、领略美好时光”的态度来度日。生命的意义取决于我们自己对于生命的理解和态度。弘一法师在圆寂前，再三叮嘱弟子把他的遗体装龛时，在龛的四个脚下各垫上一个碗，碗中装水，以免蚂蚁虫子爬上遗体后在火化时被无辜烧死。好几次看弘一法师的传记，读到这个细节，总是为弘一法师对于生命的深彻的怜悯与敬畏之心所深深感动。

晏子使楚

春秋时期，齐王派晏子出使楚国。晏子个子很小，楚王想乘机侮辱晏子，以显威风。晏子来到楚国，楚王叫人把城门关了，让晏子从城门旁一个五尺高的小门进去。晏子对接待的人说：“这是狗洞不是城门。只有访问狗国，才从狗洞进去。你们先去问个明白，楚国到底是个什么样的国家。”楚王得知晏子的话，只好吩咐大开城门，把晏子迎进城门。

这是我们熟知的一个小故事，晏子的行为不仅维护了个人的人格，还维护了国家的尊严。我们常说的人格，是人的尊严、价值和品格的总和。自尊的人最看重自己的人格，所谓“富贵不能淫，贫贱不能移，威武不能屈”，说的就是这个道理。作为当代大学生，我们要讲尊严但不固执，要实现自己的价值需要采取正当的手段，拥有高尚的品格但不孤芳自赏。

珍惜无价的自尊

著名作家萧伯纳在国外访问期间曾经遇到一个聪明活泼的小姑娘，并和她玩了很长时间。分手后，萧伯纳对小姑娘说：“回去告诉你妈，今天同你玩的是世界著名的萧伯纳。”小姑娘望了萧伯纳一眼，学着大人的口气说：“回去告诉你妈妈，今天同你玩的是××（小姑娘的名字）。”这使萧伯纳大吃一惊，立刻感到自己太傲慢了。从此，他常常回忆这件事，并感慨地说：“一个人无论有多大成就，都要永远谦逊。这就是那个小姑娘给我的教训。”萧伯纳的教训就在于他把自己看得太高了，忘记了尊重别人，而天真直率的小姑娘用独立人格，回敬了他的傲慢。

真正做到尊重他人，就要善于站在对方的角度，感同身受，推己及人。尊重他人，首先要善于欣赏、接纳他人。与人相处时，能由衷地欣赏和赞美别人的优点、长处，允许他人有超越自己的地方，对别人与自己不同的地方，要能接纳，不排斥，不藐视。其次不做有损他人人格的事情。通过这个小故事我们能了解到，与人相处时，即便是大人物也要有礼貌、尊重他人、悦纳他人。

（二）忠恕之道、忠于内心要以诚信为根本

诚信，是做人的根本，也是中华民族的优良传统和美德。“人而无信，不知其可也”“一诺千金”“言必行，行必果”“君子一言，驷马难追”等古语，无不表明诚信的内涵与庄重。古今中外，关于“诚信”的故事实在太多，由诚信引发的启示发人深省：社会无信不稳，企业无信不兴，个人无信不立。

荀巨伯看友人疾

汉末，有个叫荀巨伯的人从远方来探望朋友的病情，适逢胡人攻城。（荀巨伯的）朋友对荀巨伯说：“我注定要死去，你赶快离开吧！”巨伯说：“我从远方来探望你，而你却让我离开，舍弃义气而寻求生命，难道这是我荀巨伯所做的吗？”胡人已经到了，对荀巨伯说：“大军到了，整个城的人都空了，你是什么人，竟敢一个人留下？”荀巨伯说：“我的朋友身患重病，我不忍心舍弃他，我宁愿用我的身体来取代朋友的性命。”胡人听了，对荀巨伯说：“我们这些不懂道义的人，却侵入了这个有仁义的国家。”于是军队就撤回去，整个城都获救了。

《世说新语》的这篇文章表现了荀巨伯的义举，宁代朋友死去，而让自己的朋友获救，此举忠勇皆备、感人至深。与人忠的一个很重要的方面就是忠于友，在危难时的不离不弃，与人相处时言必信、行必果，做个忠义守信之人。《三国演义》中的刘、关、张三人是桃园三结义的兄弟，其忠义之情昭然天下，也正是因为这种忠义最终没能让刘备顾全大局，不仅损失了兄弟也葬送了江山，不免令

人扼腕而叹！大学生需要具备忠义的品格，但是要分清是非，不能莽撞行事。

一句话守了一辈子

1980年4月8日，年轻的陈俊贵随部队来到新疆天山深处参加修筑独库公路大会战。因施工部队被暴风雪围困，班长郑林书奉命带领陈俊贵等3名战士向驻守在山下的部队送信。不料被大雪围困。生死关头，班长郑林书将最后一个馒头给了陈俊贵，说："你年轻，坚持住，如果有机会，请你到我老家看望一下我父母。"

班长牺牲后，陈俊贵和战友被牧民救起。因严重冻伤，陈俊贵接受了4年治疗，1984年复员回到辽宁老家娶妻生子，但他始终没有忘记班长临终的嘱托。因为和班长仅相处一月，陈俊贵不知道班长家庭地址和父母姓名，而原部队已编入武警序列。在多方打听无果的情况下，1985年冬天，陈俊贵作出了改变一辈子命运的决定，他带着妻子和刚刚出生的儿子，来到班长和战友牺牲的新疆天山脚下，为自己战友守墓。为了养活全家人，陈俊贵在大山里开荒种地，过着近乎原始的生活。20多年里，他每天都要到墓地转转，陪班长和战友度过一个个春夏秋冬。20多年里，他从未停止对班长父母的寻找。一名老战友来新疆为老班长扫墓，陈俊贵终于得到班长在湖北省罗田县白莲乡的地址。2005年10月，陈俊贵赶赴湖北省罗田县，寻找班长家人。得知班长的父亲母亲都已去世。陈俊贵跪在班长父母坟前说："对不起，我来晚了，你们不要牵挂，今生今世我都将守在郑林书坟前，让他永不寂寞！"

陈俊贵今年已经54岁，很多人劝说他开春再上山守墓，冬天下雪就回来。但是，陈俊贵和妻子孙丽琴都认为，这片墓地就像村子一样，牺牲的战友就像邻居，我们走了，谁来陪他们？儿子陈晓洪过去不理解父亲，总觉得父亲含辛茹苦在天山深处守墓对不起家人，自从他成为军人后，便彻底理解了父亲。目前，陈俊贵已将班长和副班长的遗骨，从新源县移到新扩建的尼勒克县乔尔玛筑路解放军烈士陵园安葬，还担任了这里的管理员。陈俊贵说："我不仅可以和班长在一起，还可以守护为修筑天山独库公路牺牲的战友们了！"

在暴风雪围困的危急时刻，班长舍己为人，把生还的希望留给陈俊贵。此后30多年里，陈俊贵坚持扎根天山，为牺牲的战友护陵守墓，用一生书写感天动地的战友情。他被评为"感动中国"2013年度人物。颁奖词是"心比金坚"，只为风雪之夜一次生死相托，你守住誓言，为我们守住心灵的最后阵地。洒一碗酒，那碗里是岁月峥嵘；敬一个礼，那是士兵最真的情义。雪下了又融，草黄了又青，你种在山顶的松，岿然不动。

三鹿奶粉给我们的警示

铺天盖地的三鹿奶粉事件的报道，让老百姓“谈奶色变”，也震动了海内外，党中央、国务院高度重视三鹿牌婴幼儿奶粉事件。9月19号，胡锦涛总书记发表重要讲话，批评一些干部对群众呼声和疾苦置若罔闻，对群众生命安全麻木不仁。9月20号，温家宝总理强调，绝不能以损害人民生命健康来换取企业发展和经济增长，并指出要强化行政问责制，出了问题必须要严格追究领导责任。9月22日，鉴于河北省省委常委、石家庄市委书记吴显国同志对三鹿牌奶粉事件负有领导责任，对事件未及时上报，处置不力，负有直接责任，经党中央国务院批准，免去吴显国同志河北省省委常委、石家庄市市委书记职务。三鹿集团也将为此付出沉重代价，国家、企业、员工利益也因此受到极其严重的损失。

三鹿奶粉事件正是因为企业诚信出了问题，耿氏兄弟因屡次交奶检验不合格被拒收，向牛奶中掺加化工原料三聚氰胺以增加蛋白质检测指标销往三鹿集团，造成震惊海内外的三鹿奶粉事件。对此，我们也应清楚地看到企业的诚信是何等重要，市场经济以企业诚信为本。只有诚信，才能立于不败之地。一切弄虚作假、避重就轻、互相扯皮、推诿、不负责任的不良作风，终有一天会给企业带来灭顶之灾。

（三）忠恕之道、忠于内心助你实现人生价值

‘忠’为主动意识，‘恕’为保护意识。“保护”者应首先尊重他人的独立意志，“主动”者不要强加于他人，而使他人陷于被动。“爱人”者首先应该明白，你所爱的人是有主体性、主动性、独立意志的人。忠恕之道的精髓就是确认了人与人之间的交互主体性。在儒家思想中，“忠”与“恕”是相互补充、相互规定、相互包含的。正如马克思所说：“作为确定的人，现实的人，你就有规定，就有使命，就有任务。至于你是否意识到达一点，那都是无所谓的。这个任务是由你的需要及其与现存世界的联系而产生的。”

春秋战国时，齐襄公被杀后，公子小白和公子纠为争夺王位而战。鲍叔牙助小白，管仲助纠。双方交战中，管仲曾用箭射中了小白衣带上的钩子，小白险些丧命。后来小白做了齐国国君，即齐桓公。齐桓公执政后，任命鲍叔牙为相国。可鲍叔牙心胸宽广，坚持把管仲推荐给齐桓公。齐桓公也是宽容大度之人，不记射钩私仇，重用管仲为相国。管仲担任相国后，协助桓公在经济、内政、军事方面进行改革，数年之间，齐转弱为强，成为春秋前期中原经济最发达的强国，齐桓公也成就了“九合诸侯，一匡天下”的霸业。连孔子都说，如果没有管仲，恐

怕我们也要披散着头发，衣襟向左开，被异族统治了。鲍叔牙、齐桓公对管仲的宽容、忠恕，不仅是一种个人美德，还因此而成就了大业，改变了历史。

成人之美，善待别人，无疑在今天依然是人类高尚的品德。然而“金无足赤，人无完人”，在纷繁复杂的社会生活，在人与人相处、交流、合作、共事中，因为成长背景、性格特点、学识修养的不同，难免会发生误会、矛盾和冲突，进而会相互伤害。当别人不能善待自己，特别是受到别人的伤害时，我们该怎么办呢？是以眼还眼，以牙还牙，还是宽恕为怀？这正是见“忠恕”功夫的时候，也正是体现我们修养、胸怀之处。

兄弟的使命

2008年初，特大雪灾袭击了华南地区，湖南郴州成了一座冰雪中的孤城。没有上级号召，也没有组织要求，河北唐山13个农民除夕那天租了辆中巴车出发，顶风冒雪来到那里参与救灾。

这13个来自唐山市玉田县东八里铺村二组的农民，自己准备了工具，初二上午赶到郴州电力抢险指挥部，成了湖南电力安装工程公司一支编外“搬运队”，每天起早贪黑、踏雪履冰为抢修工地扛器材、搬材料、抬电杆。2月23日，在工作了16天之后，这13位农民兄弟离郴返乡，许多郴州市民在得知这一消息后，自发赶来为他们送行。他们还被郴州市授予“荣誉市民”的称号。

5月12日下午，在得知四川汶川发生特大地震后，宋志永和12位兄弟商量后，几经辗转来到灾情最重的北川县城，成为最早进入北川的志愿者之一。他们用最原始的方法——铁锤砸、钢锹撬、徒手刨，不断寻找幸存者。只要哪里需要，他们就到哪里。他们与解放军、武警战士一起，抢救出25名幸存者，刨出近60名遇难者遗体。

来自唐山的十三位农民兄弟：宋志永、杨国明、杨东、王加祥、王得良、宋志先、王宝国、王宝中、曹秀军、尹福、宋久富、杨国平、王金龙被评为2008年度感动中国人物。一方有难、八方支援，感动中国组委会给予十三位农民兄弟的颁奖词是：不是归途，是千里奔波，雪中送炭；不是邻里，是素不相识，出手相援。他们用纯朴、善良和倔强的行动，告诉了我们“兄弟”的含义，告诉了我们人生的价值。

见义勇为

2009年10月24日，长江大学文理学院的40多名同学结伴出游，来到湖北荆州市宝塔河江段的江堤上野炊。下午2时左右，一些同学在长江边游玩时，突然发现两个小男孩在江中挣扎。同学们迅速冲了过去，先救起了一个男孩。但是在救另一个男孩时并不顺利。危急时刻，站在沙滩上的十多名同学赶紧手拉手组成人梯下水搭救，另一名少年也获救。但是，由于水情复杂，加上学生们体力不支，最终搭起的人梯被冲垮了，很多学生落入江中。岸边的同学们大声呼救。附近的冬泳队队员闻声赶来，相继从水中救起6名大学生。而陈及时、何东旭、方招3人却因救人后体力不支消失在湍急的江水中，献出了年仅19岁的宝贵生命。

他们用19岁的肩膀铸造生命之梯，他们的行动体现了当代大学生的社会责任感。三个年轻生命的逝去和两个孩子的生还，并不是简单的生命风险交换，而是在修复和重构着健康社会应有的道德基石。他们纵身一跃，画出了人生最壮丽的弧线，他们奋力一举，绽放出生命最高尚的光芒。他们用青春传承了见义勇为，用无畏谱写了一曲英雄的赞歌。

曼德拉，是南非一位黑人政治领袖，他因为领导反对白人种族隔离的斗争而入狱，白人统治者把他关在荒凉的大西洋罗本岛上27年。当时曼德拉年事已高，看管他的三个看守并不友好，总是寻找各种理由虐待他。谁也没有想到，1991年曼德拉出狱当选总统以后，他在就职典礼上的一个举动震惊了整个世界。

总统就职仪式开始后，曼德拉起身致辞，欢迎来宾。他依次介绍了来自世界各国的政要，然后他说，能接待这么多尊贵的客人，他深感荣幸，但他最高兴的是，当初罗本岛监狱看守他的三名狱警也到场。随即他邀请他们起身，并把三人介绍给大家。

曼德拉的博大胸襟和宽容精神，令那些残酷虐待了他27年的白人汗颜，也让所有到场的人肃然起敬。看着年迈的曼德拉缓缓站起，恭敬地向三个曾看押他的看守致敬，在场的所有来宾乃至整个世界，都静下来了。后来，曼德拉向朋友们解释说，自己年轻时性子很急，脾气暴躁，正是狱中生活使他学会了控制情绪，因此才活了下来。牢狱岁月给了他时间与激励，也使他学会了如何处理自己遭遇的痛苦。他说，感恩与宽容常常源自痛苦与磨难，必须通过极强的毅力来训练。获释当天，他的心情非常平静。他说：“当我迈出监狱大门时，我已经清楚，自己若不能将悲痛与怨恨留在身后，那么我其实仍在狱中。”

与别人为善，就是与自己为善；与别人过不去就是与自己过不去。只有宽容地看待人生和体谅他人时，才可以获取一个放松、自在的人生，才能生活在欢乐与友爱之中，心中就会少一份懊悔和沮丧，就能在心底树起一个坚强的我。

借用梁启超《少年中国说》里的一段话来共勉：“少年智则国智，少年富则国富，少年强则国强，少年独立则国独立，少年自由则国自由，少年进步则国进步，少年胜于欧洲，则国胜于欧洲，少年雄于地球，则国雄于地球。红日初升，其道大光；河出伏流，一泻汪洋；潜龙腾渊，鳞爪飞扬；乳虎啸谷，百兽震惶；鹰隼试翼，风尘翕张；奇花初胎，矞矞皇皇；干将发硎，有作其芒；天戴其苍，地履其黄；纵有千古，横有八荒；前途似海，来日方长。美哉，我少年中国，与天不老！壮哉，我中国少年，与国无疆！”忠于祖国和人民、忠于事业和职守、忠于真理和正义、忠于他人和自己，这四者之间既一脉相承又融会贯通。

思考与讨论

思考题

1．请谈下当代大学生怎样更好地忠于国家？

2．比尔·盖茨说：“这个社会并不缺乏有能力、有智慧的人，缺乏的是既有能力又忠诚的人。相对而言，员工的忠诚对于企业来说更重要，因为智慧和能力并不代表一个人的品质。对企业来说，忠诚比智慧、能力更有价值。”有人认为在职场能力是第一位的，实际上仅有能力远远是不够的，只有忠诚才是决定你在组织中的真正地位的关键因素。你怎样理解比尔·盖茨的观点？

3．猫的天职在于抓老鼠，为了消除鼠患，主人家用鱼养了好几只猫，主人原以为，猫越多，工作效果就越好，然而，几只猫中只有一只尽忠职守，这只忠实的猫却成了猫群的异类。假如主人来考察众猫的工作情况，以民主方式确定下岗名单的话，这样最忠的猫必然会受到排挤的。屈原曾经感叹“众人皆浊我独清，众人皆醉我独醒”，那个有鱼吃却还要抓老鼠的猫就是屈原。机关事业单位，最可怕的是“劣币”驱逐了“良币”。大家都在得过且过地混日子，那个最能干的、工作最勤快的就成了异类，很可能会受到排挤而干不下去，待到“主人”发现问题时，损失已无法挽回。

思考：忠于职守者反成异类，假如遇到这种情况你会怎么做？

4．“忠于真理、生活寒苦”的蔡元培一生“威武不能屈、贫贱不能移、富贵不能淫”，尽管他自己也说“性近于学术而不宜于政治”，甚至“畏涉政事”，“德行有余，而方略颇短，性又好学，不耐人事烦扰”，但在涉及个人信仰、价值、操守方面，他毫不妥协，从未懈怠，在个人理想与社会现实无法调和时，辞职成了他的利器。蔡元培的一生，几乎都在辞职中。对蔡元培来说，就职、辞职，辞职、就职、再辞职，几个月的首任民国教育总长，四年多的北大校长，十多年的中央研究院院长，构建了他生命中的三段辉煌。在蔡元培坚持理想，数度辞职时，他和全家数年所坚守的清廉寒苦之生活，无人能及，个人所面临的谗言误解威胁迫害，也无人能及。正如胡愈之所言：过去数十年间，在思想界、文化界执着火炬而不断前进的有几个？数十年如一日，不为利禄而变节操的有几个？始终忠实于真理、不愧屋漏的有几个？为民主自由而奋斗到底、不避刀俎斧钺的有几个？始终成为青年导师、知行合一而不欺骗青年的又有几个？

思考1：读上面这则关于蔡元培辞职的小故事，思考怎样才能不挠不屈、不仰不俯地尊重事实对待真理？

思考2：古希腊学者亚里士多德有一句名言“吾爱吾师，吾更爱真理”，请谈谈你的看法。

5．俗话说，做事先做人，《论语》中关于做人的道理有许多，但曾子说其实只有一条：夫子之道，忠恕而已。“忠”与“恕”有着相互补充、相互规定、相互包含的意思。把“忠”与“恕”统一起来，既做到“己欲立而立人，己欲达而达人”，又做到“己所不欲，勿施于人”，可见忠恕之道是为人处世的重要准则。

思考：作为当代大学生，结合“忠恕”之道来谈谈“与人忠、忠于己”的内涵。

第四章 忠与孝

唐代封演所作《封氏闻见记》记载了这样一件事情。唐代宗时，吏部尚书韦陟死后，太常博士程皓谥其为“忠孝”，刑部尚书颜真卿加以反驳：“出处事殊，忠孝不并。已为孝子不得为忠臣，为忠臣不得为孝子。”程皓则坚持说：“至于忠孝不并，……各求所志，盖取诸随。至若奉慈亲，当圣代，出事主，入事亲，忠孝两全，谁曰不可。”颜真卿的观点非常鲜明，即“忠孝不并”，为人臣和为人子者不可能同时既为忠臣又为孝子；程皓却认为“当圣代”时忠孝可以两全，一旦面临极端情况，并不苛求忠抑或孝，各人可根据自己的实际情况作出自己的选择。

今天，我们就要继续拾起这个历史话题，共同来探讨忠孝究竟是“不并”还是可以“两全”。忠与孝究竟关系如何，面对忠孝如何取舍？其实很多时候，我们内心都很希望能做到“忠孝两全”，可不少历史事实却告诉我们“忠孝难两全”。难道忠孝之间真的就存在一种固有的、不可调和的内在矛盾吗？忠孝何以两全？随着历史的进步，今天忠与孝的概念也有了新的发展。那么，在新的历史条件下，我们如何来看待忠与孝的关系？当面对忠孝时，如何做才能真正成为一个忠孝两全的统一的人呢？这一章，我们将进行讨论。

第一节
忠孝不并

忠孝不并，指人们在为人处世过程中遇到忠孝冲突难以两全的情况。这个词的明确提出是在唐·令狐德《大唐故柱国燕国公于君碑铭》：“忠孝不并，我儿须人辅弼，卿宜抑割，岂可徇以私情？”忠孝二字，如果把它与封建社会思维相联系则沉重而艰难，源远流长的历史让它们似乎与生俱来就是一对冤家，是一对矛盾体，让古往今来的孝子忠臣们抬不起头来。如我们所熟知的，李密、徐庶、陈宫、赵苞等历史名人都用自己的方式诠释着对忠孝的理解和抉择，演绎着一段段感人肺腑的千古绝唱，忠孝何其苦哉！

一、自古忠孝难两全

（一）令人感动的孝子和忠臣

忠孝关系是颇受古今学者思辨的政治道德观念，二者之间确实存在着与现代文明所追求的个性、精神相悖离的因素。正是由于君臣之间、父子之间自古以来的不平等关系，千百年来后者必须以服从前者为义务，甚至是一种荣耀，这也是一直以来人们提起“中国文化”就联想起“封建”“死板”的重要原因。

古人讲忠孝，也不知是从什么时候开始，唯知为人臣者要忠，为人子者要孝。忠，是对国家、民族忠诚，孝，是对父母、长辈孝敬。在古人眼里，人主要有两种角色，其一是“臣”，在现在看来是一种工作关系；其二是“子”，这是一种亲情关系。

《诗经》告诉我们：孝顺的子孙层出不穷，上天会恩赐福祉给孝顺的人（孝子不匮，永锡尔类）。

孔子就关于孝的问题回答学生说，孝子不仅仅是表面上供养父母，让父母衣食无忧、丰衣足食，这并不是“孝”的全部，还提倡更重要的是从内心敬爱父母，时时刻刻把父母放“心上”。

首先，孝子是令人感动和钦佩的。

李密孝敬祖母的故事一直为人称道。据《晋书·李密传》说：祖母有疾，他痛哭流涕，夜不解衣，侍其左右。膳食、汤药、必亲自口尝然后进献。李密幼时体弱多病，甚好学，师事谯周，博览五经，尤精《左传》，以文学见长。年轻时，曾任蜀汉尚书郎。晋灭蜀后，征西将军邓艾敬慕他的才能，请他担任主簿。李密以奉养年迈祖母为由，谢绝了邓艾的邀请。泰始三年（267年）晋武帝立太子，慕李密之名，下诏征他为太子洗马。诏书累下，郡县不断催促，这时，李密的祖母已九十六岁，年老多病。于是他向晋武帝上表，陈述家里情况，说明自己无法应诏的原因。这就是著名的《陈情表》。表到朝廷，晋武帝看了，为李密对祖母刘氏的一片孝心所感动，赞叹李密“不空有名也”。不仅同意其暂不赴诏，还嘉奖他孝敬长辈的诚心。

其次，忠臣也自古以来就让人敬仰。

苏武是中国西汉的大臣。（前140—前60）字子卿，汉族，杜陵（今陕西西安东南）人。汉武帝时为郎。天汉元年（前100年）奉命以中郎将持节出使匈奴，被扣留。匈奴贵族多次威胁利诱，欲使其投降；后将他迁到北海（今贝加尔湖）边牧羊，扬言要公羊生子方可释放他回国。苏武历尽艰辛，留居匈奴十九年持节不屈。至始元六年（前81年），方获释回汉。苏武死后，汉宣帝将其列为麒麟阁十一功臣之一，彰显其节操。

我国著名作家老舍在《四世同堂》这部小说里，就站在儒家伦理的基础上，通过塑造一个“四世同堂”的大家庭中三个兄弟的各自个性鲜明的形象，阐释了作者本人的忠孝观：最基础的认识是，忠和孝之间的矛盾是普遍存在且不可调和的，但在战争这种特殊危急的状态下，当家和国不再区分你我，紧密联系在一起时，国家意识的觉醒与民族凝聚力的加强，可以使二者之间的矛盾暂时消解，但这只是一种表面现象，否则表里皆有可能不复存在。这是一种中庸的、体谅的忠孝观念。

应该说孝子和忠臣都是我们的道德典范、行为楷模，但千百年来，人们的一种普遍共识却是“忠孝不能两全”，忠孝之间关系似乎势如水火，彼此排斥。面对忠与孝的选择，稍有差池，就容易背上“叛徒”“卖国贼”“大逆不道”的黑锅，几辈子都抬不起头做人。忠孝之间的冲突，愈演愈烈，充满悲剧性，有的甚至要以付出生命为代价，颇有谈“虎”色变之感。

（二）忠孝冲突选择难

忠与孝是封建道德的总纲领。忠是政治道德的主纲，孝是家庭道德的主纲。

忠孝冲突，在古代官场中表现得尤为突出、尤为具体。古代官员在为官的职业生涯中，在忠与孝的具体实践上，往往表现出互相抵触，彼此矛盾，故而屡屡发出“为忠臣不得为孝子”“忠孝难两全”之类的感叹！

“忠孝难两全”，人们毕其一生努力的最大心愿就是能“金榜题名”，而一旦被皇帝委以官职，就要背井离乡，远离父母，甚至终生不得相见，其尽孝与尽忠就不能兼顾，难以两全了。忠孝问题引发的矛盾冲突，主要表现为面对忠君与孝亲究竟把谁放在第一位，即君与父究竟谁大谁小，或者是说把谁放在第一位。

《三国志》记载太子曹丕有一次招待宾客，席中曹丕故意问了所有宾客一个问题：“假设国君和你的父亲都生了重病，但是只有一粒药丸可以治病救人，请问你们会选择救国君呢还是救父亲？”众人意见纷纭，有的说救国君重要，有的说救父亲重要，总之就是没有一个统一的意见。

曹丕这个人是很狡猾的，作为一名“雇主”，他假设了一个不可两全的事例，并希望通过这样的矛盾冲突来讨论“君”与“父”即“忠”与“孝”孰先孰后的问题。这一问题的提出就是曹丕的有的放矢，这个问题也是基于古代官场政治现实中常有的两难选择而存在的。当然，作为“雇主”的统治阶级，都有一个心愿，就是员工能够“毫无私心，全心为公”！

汉献帝建安十三年（公元208年），曹操率大军南征荆州。刘备率军民二十多万人南撤。在曹军追到当阳长坂坡时，刘备寡不敌众，大败而逃，辎重全失。徐庶的母亲也不幸被曹军掳获，并被曹操派人伪造其母书信召其去许都，徐庶得知此讯，痛不欲生，含泪向刘备辞行。他用手指着自己的胸口说：“本打算与将军共图王霸大业，耿耿此心，唯天可表。不幸老母被掳，方寸已乱，即使我留在将军身边也无济于事，请将军允许我辞别，北上侍养老母！”刘备虽然舍不得让徐庶离开自己，但他知道徐庶是出了名的孝子，不忍看其母子分离，只好同徐庶挥泪而别。

徐庶投靠刘备是择“明君”而辅天下，是名正言顺为国为民尽忠，这是在徐庶本人毫无其他牵挂的情况作出的“顺心”选择。但当曹操抓获徐庶母亲要挟相逼时，徐庶矛盾了，怎么办？要刘备还是要母亲？要忠还是要孝？要“顺心”还是“违心”？想来想去，母亲在心中的地位还是高于刘备的，即便是“违心”之选，还是要立即奔往曹操处。徐庶本想好好辅佐刘备成就惊天事业，无奈老母被俘令他心神大乱，从而陷入尽忠与尽孝的矛盾冲突：尽忠则势必使老母蒙难，尽孝则将背弃明主，放弃自己的事业追求。在忠与孝之间，徐庶最终选择了弃忠尽孝，放弃了自己的事业追求。

而同一时期的陈宫，面对忠与孝的艰难抉择，则表现出与徐庶截然不同的态度。

陈宫被曹操抓了，曹操威胁陈宫说：你不投降你的老母妻儿就不能活。面对威逼，陈宫慨然回答说：“我听说以孝道治理天下的君王不会杀别人的亲人，他会用仁义广施天下，如果我母亲被杀，是因为你曹操为人没有道义的原因，不是我不孝敬！”说完后，陈宫毅然赴死，作出了尽忠弃孝的生死抉择。

无论选择“尽忠”还是“尽孝”，在古代封建思想的统治下，代价都是惨重的。

赵苞任辽西太守，正好鲜卑人入侵，赵苞的母亲和妻子被擒作人质，赵苞哭着说：“我真是不知道怎么办了，本想用皇帝赐予的俸禄养母亲，不想却让母亲受难，现在我是皇帝的臣子，不能因私废公，现在即使死一万次都不能抵消我的罪名了。”赵苞终被鲜卑人打败，他的母亲妻子也遭遇不幸遇害。赵苞最后虽然尽了忠但却亏了孝，怄气吐血而死。

这是个悲剧故事，处于故事中的赵苞很痛苦，他在“忠孝难两全”的矛盾冲突中，尽忠皇帝却使自己的母亲遭遇不幸，虽然保全了“为王臣，义不得顾私恩”的忠臣之道，但愧疚于母亲因己而遇害，自觉有亏孝道，最后吐血而死。忠孝不能两全，导致了赵苞怄恨而亡的悲剧下场。

“忠”与“孝”的矛盾冲突，在封建社会这种具体历史条件下，对那些“食君之禄，担君之忧”的官员而言，是一场异常尖锐激烈的政治心理冲突。前面曹丕用一粒药丸是救皇帝还是救父亲的假设，臣子们“或父或君”众说纷纭，之所以敢于出现不同答案，是因为没有付诸现实的责任压力。而一旦把这一问题落实到非此即彼不能两全的现实选择中，就成为人们两头为难的问题了。

尽管或忠或孝的不同选择，都是古代官场既往发生的常见现象，但通常情况下，官场中人面对“忠孝难两全”的抉择，大多抱着“忠必不顾其亲”的原则弃孝保忠，把事君尽忠放在首要地位。对于他们来说，忠于君主是一生的理想，是崇高的责任，甚至也是父母从小的教诲，无论君主是对是错都要无条件执行，“君叫臣死，臣不得不死”。这种情况，后世称之为“愚忠”。

在漫长的中国古代社会，君权与神权交织在一起，君主以人格化的上帝——“天”的代表身份，垄断了与“天”相交通的特权。

古代官员在忠孝两难的困境矛盾中，不少人选择弃孝全忠，是基于现实利害关系以及对严峻政治后果权衡再三的痛苦抉择。大量事例表明，古代官员若因顾及亲老尽孝的缘故而放弃尽忠皇帝，最后的结果往往是尽孝也不能做到。这是封建制度使然，纵使给予人们选择的机会，路也只有一条。

《忠经》说道：“君子行其孝必先以忠”；“忠则福禄至焉，不忠则刑罚加焉”。

忠成为孝的根本保证，即“以忠之故，得保于孝”（《忠经·保孝行章》旧注）古代官员要保全家族，泽惠宗亲，最重要的是站稳忠的立场守住忠道——“守忠之道，众善攸归，身安亲乐，得尽其养”（《忠经·保孝行章》旧注）；如果在忠的行为方面有所缺失，就会“既失于忠，又失于孝”（《忠经·保孝行章》旧注），成为不忠不孝之人。

另外，如果从国家“以孝治国”的基调来思考忠孝之间的关系，不难发现，在忠与孝的权重中，以忠为贵，忠在孝先，甚至是“忠”必损“孝”是封建国家的既定法律原则。

以唐律为例，在唐律诸多“不孝”犯罪的刑法条律中，有“诸告祖父母；父母者，绞”的刑律条文，把子孙告发自己的祖父母、父母定为不孝重罪，一律处以死刑；但封建王朝对这一刑律又有另外一条补充规定称：“谋反；大逆及谋叛以上，皆为不臣，故子孙告亦无罪”；也就是说，子孙告发有谋逆反叛行为的父母时，“不孝”的说法就不存在了，反而被列入了“大义灭亲”的忠君政治内容。

可以见得，在事关皇帝安危、皇权稳定这一根本原则问题上，封建法律的规定，是“孝”必须让位于“忠”，“孝”的人伦道德规范，最终必须服从于“忠”的皇权政治利益需要，古代“尽忠”“尽孝”的局限性可见一斑。

也正是因为在忠与孝的矛盾冲突及两难取舍中，不能二者兼顾而只能选择尽忠，所以，古代官员在其伦理节操的道德选择操作中，很难“忠孝两全”，功德圆满；换句话说，在古代官场政治的实践中，有其自身固有的、严重的人伦不足与道德缺陷。

对于以上论述的种种，运用现代哲学的观点来分析，其实忠、孝之间的冲突根源于人性的内在矛盾——自然人与社会人二重性的矛盾。但这种矛盾的发生并不是绝对的，而是有一定历史条件的。它是在传统中国社会制度的演变过程中，在特殊的情况下封建专制统治社会中才逐渐显现出来的。

二、忠孝矛盾的实践特征

忠与孝在人们的实践过程中所服务的对象是不同的，既然对象不同，那么其代表的利益主体就不会一样，因此其矛盾冲突就存在天然的基础。古语有云“君叫臣死，臣不得不死”这是服从于君主的利益主体。而孔子认为以侍奉父母终老为孝，那么当君王需要臣子死的时候，臣子是要服从君命去死还是违抗君命遵从孝道选择不死呢？这种矛盾冲突随着历史的演进，似乎愈演愈烈。

（一）孝的重要地位

在中国传统道德中，“孝”处于十分重要的地位，它是“百行之冠，众善之始”（《二十四孝》），是超乎人类其他德行之上的行为准则和道德准则，同时是理家治国的重要手段和心理束缚；“忠”借着“孝”的要求，从“小家”延伸或者说是扩展到“大家”，是更高一层意义上的孝。

孝的作用是广大无边的，“教民亲爱，莫善于孝”。

北魏孝文帝在位29年，亲政9年，其统治时期是北魏改革最频繁的一个历史阶段。他作为一个少数民族的统治者，为了攻固自己的国家政权，抛弃民族偏见，坚决推行改革。改革的措施中包括学习汉族礼法，尊崇孔子，以孝治国，提倡尊老、养老的风气等。这些措施促进了民族融合，使鲜卑族迅速跨入先进民族行列。

对每个人而言，首先就生于“小家”，自然受其影响深远。知孝行孝，在家就会敬顺、亲爱自己的父母、兄弟，人人如此，则家庭和睦，祸端不生。对帝王而言，因为君临天下，其一言一行都容易被人们视为遵从效法的规范，可见孝文帝“以孝治国”方略确实是高瞻远瞩的。

新华网“新华教育”版块曾登出了“北大自主招生不招不孝学生不鼓励往届生报考”的新闻。今年北大新增了对中学推荐优秀学生的要求，即“十六字方针”：热爱北大，心系天下，人格健全，成绩优秀。刘明利称一开始北大提的是：热爱北大，孝敬父母，人格健全，成绩优秀。“第二句话——孝敬父母，出发点是源自‘一屋不扫何以扫天下’。一个人没有孝敬父母之心，很难想象他能作出对他人、对国家以及对社会有益的事情。”之后，专家组否定了这句话，认为孝敬父母本来就不应该特别强调，因为人人都应该做到，于是改成了“心系天下”。虽然作了修改，但是刘明利强调，北大将在自主招生过程中进行监督举证，如果发现日常生活中有不孝敬父母行为的学生，“一经查实，北大自主招生是不会录取的”。

另外在考试中也可能会有相关的考察方式。

人皆有父母，因父母有抚养之恩，所以爱父母是世界上共有的伦理，也是人的本能，属于道德底线。所谓羊有跪乳之恩，鸦有反哺之义。但中国古代的统治者强调“孝”，在治国安民的政策里提出实行“以孝治天下”，目的是要造就“治国平天下”的人才。北大推出这一招生方针，无独有偶，其出发点便是源自汉代陈蕃“一屋不扫，何以扫天下”的故事。也就是说“一个人没有孝敬父母之心，很难想象他能作出对他人、对国家以及对社会有益的事情”。实际上这也就是以孝治国的思路。

如能做到“爱敬尽于事亲，而德教加于百姓，刑于四海”（《孝经·天子章》），以一人的行为感化天下的民众，就会取得“天下和平，灾害不生，祸乱不作”（《孝经·孝治章》）的治理效果，也就自然有了国家的祥和安宁。

我国古代儒家思想相当看重和倚重孝道，所谓“百善孝为先”，家庭关系是构成社会关系的基本单位，社会关系建立在家庭关系的基础之上，是一个有生命的有机体。在儒学思想体系还没有登上封建思想统治宝座时，重“孝”的思想难以撼动，重“忠”思想才刚刚被构建起来。因此，人们面对孝忠矛盾而难以取舍，反映了当时在历史转折时期，社会的统一尺度蕴含着内在的矛盾。

（二）忠孝孰为先

在现实生活当中，忠孝不可以两全的实践理由大致可以分为以下两方面。

一方面，从时间与空间两方面来说，当外敌入侵疆土的时候，仁人义士都会义不容辞地亲赴战场，与家人相隔万里，如何兼顾到孝？杜甫有诗“寄书长不达，况乃为休兵”，边疆诗人们的思乡之愁正是忠与孝矛盾冲突的具体表现。

另一方面，从人本身的精力来讲也是有限的，当飞将军李广在战场保家卫国之时，当两弹一星元勋邓稼先守在研究原子弹的第一线之时，他们不可能有精力去顾全对家人的孝。

当人们面对“忠孝不能两全”时，现实中的行为人在遇到忠孝难以兼顾的特殊时刻，是有自己的选择权的。那么，当事者会怎样处理这对矛盾呢？

第一，弃忠为保孝。

《韩诗外传》记载齐宣王有一次问田过说：“你认为国君和父亲哪个更重要呢？”田过回答：“殆不如父重”，国君大概不如父亲重要。田过说：“非君之土地无以处吾亲，非君之禄无以养吾亲，非君之爵无以尊显吾亲。受之于君，致之于亲，凡事君，以为亲也。”侍奉国君可以得到俸禄养活父亲，我之所以要侍奉你君王，是因为我的父亲，从而父亲比君王重要。侍奉国君的一切行动都只是一种手段，为了父亲才是真正的目的。此处孝重于忠，忠是为孝服务。

中国传统伦理中孝观念的产生，是随着传统家族制度的父系家长专制的形成而确立的，时间可追溯到夏、商、周三代。由子女尊敬、侍奉家长的义务观转化而成的孝的思想，早已深深植根于中国传统文化的土壤之中。两千多年来，“孝”不仅影响着中国历朝历代人们的思想，同时也成为支配人们行动的准则和评判人的德行的标准。但是，在封建统治下，能把父放在君前这样的人是不多的，这其实也是对于君权在某种程度上的一种否定，田过如此回答是他自己对忠与孝关系的一种重新思考。

《孟子·尽心上》记载学生桃应问孟子：“舜为天子，皋陶为士，瞽瞍杀人，则如之何？”皋陶是有名的大法官，瞽瞍是舜的父亲。孟子回答说：把瞽瞍抓起来。学生又问：“然则舜如之何？”孟子的回答是：“舜视弃天下犹弃敝屣也。窃负而逃，遵海滨而处，终身欣然，乐而忘天下。”

在某一种具体的历史背景下，强调孝重于忠的理由，具体说来，一方面是由于父母与子女之间有着自然的血缘亲情，人因为父母才能来到这个世界，同时又依赖父母的养育才能长大“成人”。为了回报养育之恩，孝敬和赡养父母乃是顺理成章之事。

“谁言寸草心，报得三春晖”，为人子女，对父母行孝道应是不言而喻的。然而，在封建社会，想做到孝在忠前，还是十分艰难的。

第二，尽忠为尽孝。

《木兰诗》记载：“阿爷无大儿，木兰无长兄。愿为市鞍马，从此替爷征。”

闺中待嫁的女儿顾念父亲年老体衰，便替父从军，是为尽孝；毅然披坚执锐，奔赴沙场，保家卫国，是为尽忠。木兰以尽忠的方式，表达了自己对父亲的孝心，可谓忠孝兼顾，从而千古称扬。

在商以前，孝为敬天之意，周人赋予其敬祖的人伦意义。到孔子之时，才有后人讲的“善事父母”为孝，孝成为一种家族道德。到了孟子，孝的意义又被扩大，《孟子·告子下》有记载“尧舜之道，孝弟而已矣”。

孔孟以后，孝道思想被泛化至政治领域，与“忠”联系了起来。这种泛化在《大学》《中庸》中已经有着鲜明体现：

“君子不出家而成教于国。孝者所以事君也；弟者所以事长也；慈者所以使众也”。

“故为政在人，取人以身，修身以道，修道以仁。……故君子不可以不修身，思修身不可以不事亲”

在《礼记》中，这种政治泛化的倾向进一步得到了继承和发展：

《曾子·养老》记载：“孝子善事君，悌弟善事长”。

西汉初年，随着儒家学术地位的上升，儒家学者开始努力挖掘为统治者服务的思想，儒家重孝的观念逐步转化为忠君之道。一个人在家为人子的基本要求是孝敬父母，从政以后为人臣的基本要求是忠于君主。尽管忠孝在某些场合下是可以统一的，但是，在封建社会，家庭利益和国家利益却时时发生着矛盾冲突。

《论语·子罕》记载孔子曾说：“出则事公卿，入则事父兄”。《论语·学而》记载：“其为人也孝弟，而好犯上者，鲜矣；不好犯上，而好作乱者，未之有也。”

孔子把孝看作仁的根本，如果一个人在家能孝顺尊敬父母兄长，那么他出外就能做到安分守己，不犯上作乱，从而社会就会和谐，国家就能长治久安。尽孝最后能达到的目的地就是尽忠了。

因此，儒家学者明确要求人们“始于事亲，中于事君，终于立身”，国君可以向为臣的作出父亲对于儿子的同样要求。不过，孝与忠在理论上虽可以统一，但是面对具体的社会现实，利益的冲突与矛盾实际上是无法避免的。

嵇绍不计较司马氏的杀父之仇而仍服从于晋政权，先后担任秘书丞、侍中等要职。后来，在荡阴之难中，舍身护君，“血溅御服”，死于帝侧。嵇绍便作为忠君的典范被收入《晋书·忠义传》。

《后周枭雄录》记载李从憬之父李嗣源率兵攻其君时，李从憬不助其父而忠心捍卫后唐庄宗，亦是弃孝而尽忠。

对于舍孝而就忠的臣子，到底如何评说，实在是难以一概论之。“忠君”思想尽管有很多的消极成分，但在传统中国，忠君和爱国是很难分开的。皇帝就是国家的象征，从这个意义上说，历史上许多因“忠孝不能两全”而舍生取义的爱国志士，是不能看作“愚忠”的牺牲品的。但如果所效忠的皇帝昏庸无能，则又另当别论。

三、忠孝矛盾的内在本质

从始至终，忠与孝都是备受推崇的。然而忠和孝的义务和服务对象毕竟不同，在实际运作中总会遇到无法回避的矛盾，有时甚至发生激烈的对抗和冲突，令当事者难以作出两全其美的选择。而人偏偏是一种感情的动物，总希望凡事能完美，最好面面俱到，然而运用理性的分析，我们可以知道，理想与现实是有差距的，忠孝有其内在的、固有的矛盾本质。

（一）忠孝矛盾是君权与父权的矛盾

君主专制是中国古代封建社会长期占统治地位的政治形式。在这种政治制度下，君主和家长分别成为政治生活和家庭生活的主宰。君权和父权虽然专制对象有别，但本质同一。君臣关系的忠完全可以看成父子关系的孝的放大。

但是，传统中国政治与伦理的整合并非完美无缺，君权和父权毕竟是不同利益关系的代表。既然是利益主体不同，矛盾的产生知识时间问题。

万历五年，张居正之父张文明去世，此时父子已经十九年未曾见面。按礼法，张居正应该归丧，为父守墓三年，就是所谓“丁忧”。然而，改革正处于政治和经济转变的关键时刻，张居正担心他这一走，好不容易形成的政治改革，就功亏一篑。而且皇帝尚且年幼，三年的时间，没有自己在身边耳提面命，“众口铄金，积毁销骨”，皇帝的心意倘若变了，可就怎么都无法挽回了。

如果这件事放到现代，肯定没什么问题，还是俗话说得好：自古忠孝难两全。家长的权威只是局限在家庭、家族的范围之内，而君主是“天下之大父母也”（《洪范》）。故张居正只能选择侍君而放弃为父守墓。

忠孝之道从表面上看都是提倡要求人们服从君与父的双重权威，然而现实生活中是无法绝对排除父权与君权的冲突的。所以才有曹丕对其宾客的询问：“君父各有笃疾，有药一丸，可救一人，当救君邪？父邪？”冲突一旦形成，当事者身兼忠臣与孝子的双重角色，到底何去何从，实在是难以抉择。换一句话说就是：尽忠则无法行孝，行孝则不能尽忠，忠孝难以两全。

（二）忠孝矛盾是公与私的矛盾

施华山，江西省贵溪市公安局流口派出所政治教导员。1991年以来，他行程30多万公里，成功解救出161名被拐卖的妇女儿童，抓获人贩子38名，被群众誉为“打拐英雄”。2002年8月5日上午，施华山一行正在商量如何解救被拐妇女时，施华山突然接到二哥的电话：“母亲去了。”噩耗传来，施华山的脑袋“嗡”地一下，许久说不出话来。但是他强忍悲痛，继续带领解救小组按计划实施解救行动，当天下午3时许将被拐妇女顺利解救出来。第二天晚，施华山赶回家中，他再也抑制不住，趴在母亲的玻璃棺上，泣不成声：“妈，你怎么不等儿子回来啊，儿子不孝啊！”施华山母亲去世的消息传开后，当地居民纷纷前往医院或施华山的家中探视慰问。当地一位公安局领导说，施华山虽然没有对母亲尽到孝，但对祖国尽了忠，对人民尽了忠，对法律尽了忠。一时间，“英雄忠孝两难全”的故事在当地传为佳话。“每成功解救一名妇女，就挽救了一个人，挽救了一个家，就给社会增添了一份和谐。这样的付出，我觉得值!”施华山是这样理解忠孝之间的关系的。

公的原始含义主要是指公正，而私则指偏袒。然而要做到公正之“公”，必然意味着不徇私情、不谋私利，所以又隐含着“公利”和“私利”的意义。施华山为了解救被拐妇女而放弃回家见母亲最后一面，这是公与私的矛盾冲突，但他选择了公而把私暂时放在一边，这是热爱本职工作、对人民尽职尽责的崇高表现!

《左传》说:“公家之利，知无不为，忠也。”

《忠经》说:“忠者，中也，致公无私。”

由此可见，忠的具体价值取向是“大公无私”，就是要求任何个人、家庭或者集体的利益都要服从于公的利益。这里的公就是指国家。而孝是对血缘关系中亲子之间自然感情的确认。

孔子曾指出，父母不仅生了儿女，还养育了儿女，儿女为了报答父母的养育之恩，就要尽孝道。但在儒家的孝道思想里，也隐含着“私情”与“国法”的矛盾。

《孟子》记载孟子的弟子桃应问孟子，如果舜的父亲杀人，舜该怎么办?孟子认为舜应该“窃负而逃，遵海滨而处，终身欣然，乐而忘天下”。

孔子和孟子都把维护孝道放在首位。可见，孝道的圆满实践必须在一定程度上抛开或是损坏公的利益，这种价值取向与忠君的“致公”则势同水火、两不相容了。

(三)忠孝矛盾是人自然性和社会性的矛盾

哲学上说“矛盾双方是对立统一的”，古语中说“鱼与熊掌不可兼得”。中国自古以忠孝为美德，但历史上二者都顾全的却是少有。无论忠与孝，谱写的都是最辉煌壮烈的歌，也上演了幕幕悲剧。

东晋的文人学士之中，陶渊明历来被奉为清高之鼻祖。那时候以入仕为荣，光耀门楣是每个学士的最初梦想与抱负。但“邦无道则愚”，拥有高尚情操的人不愿与世俗为伍，不愿陷入官场无尽的黑暗争斗中。他几度想“守拙归园田”，但也困于五斗米而被迫维持家计。他很想以自己的抱负才华辅佐清明，他也想尽孝于家庭，撑起寒舍。试想要是那时的君主贤能，官道清明，那他也不致埋没于田园，留下妻儿孤苦于世。

自古忠孝难两全，只令英雄悲，骨肉愁!

根据现代哲学的知识，我们知道人本身具有两个基本方面:那就是作为自然的人和社会的人所表现出来的自然性和社会性。

人首先是自然人，在家庭生活中具有血缘感情。人又是能思维的高级动物，形成带有价值导向的规范人们行为的道德原则，这就是孝。孝是基于血缘关系而产生的亲子之情，它所体现的是亲子关系。

人同时又是社会的人，是“一切社会关系的总和”。人的社会性通过在社会上人与人互相交往的社会生活、政治关系表现出来。所以忠是一种尊重之爱，它所体现的是后天的可选择的社会性关系。

人的自然性和社会性作为人性的两面，既是统一的，同时也可能是对立的。孝和忠作为人的自然性和社会性的一种外化形式，同样是既有一致的一面，也有发生矛盾冲突的可能。

在太平盛世，遇到贤明的君主，能够区别忠奸、正邪，又善于知人善任，忠、孝是可以统一于一身的。而在君昏国危的乱世，要求臣子“文死谏，武死战”，自然人与社会人的冲突就凸现出来。忠君赴难，则无法继续承欢膝下；弃忠行孝，则会落下“不忠”的罪名。忠于君主与孝养父母于是势难两全。

四、“忠孝不并”是美德

（一）孔繁森的忠孝观

1988年，党组织决定派孔繁森再次支藏。那时，他的老母年已九旬，生活难以自理，3个孩子尚未成年，妻子动过几次大手术，体弱多病，家里困难重重。孔繁森是个有名的孝子，倘若那时不想再去西藏，理由非常充分。可是，他二话没说，坚决服从组织分配。临行前，他跪在老母面前，流着眼泪说：“娘，儿子不孝，您要保重。”

孔繁森难道真的是一个不孝之子吗？孔繁森一心牵挂着藏族聚居区的人民，却无法顾及远在千里之外的家庭。可是，谁没有爹娘妻儿呢！孔繁森第二次去西藏之前，心想，这一走山远水遥，万一哪天老母去世，临别都不能见最后一面，该有多难过啊！他是真的不忍心抛下年事已高的母亲！但是，自己是国家干部，是人民公仆呀，人生的价值何在，难道片刻不停伴守着家人就是孝吗？最后，孔繁森用行动回答了人怎样活着更有价值。今天，回忆起昔日前辈的故事，我们应全面深入认识孔繁森精神的内涵，挖掘出“好人”“大写的人”的本质内涵，我们要与时俱进地学习孔繁森，要用发展的眼光来看待他的先进精神，这对构建和谐社会有着重要的时代意义。虽然，从表面上看来，孔繁森不能做到“忠孝两全”，但是孔繁森精神里体现出来的爱，有爱别人、爱人民、爱集体、爱祖国，这种伟大精神适用于一切生活领域、一切家庭团体、一切国家种族和宗教，具有跨文化、跨民族、跨宗教的价值！

在孔繁森的葬礼上，悬挂着一幅挽联，形象地概括了孔繁森的一生，也道出了藏族人民对他的怀念。

上联：一尘不染两袖清风，视名利安危淡似狮泉河水

下联：二离桑梓独恋雪域，置民族团结重如冈底斯山

人生价值如此，虽“忠孝不并”，于心足矣！

（二）“忠孝不并”的激励作用

认真读过《陈情表》的人都会有这样的感觉，满眶眼泪，为作者的深情和孝心所感动。毕淑敏曾在作品里写道：“在心里向父母许下孝的宏愿，相信来日方长，相信水到渠成，相信自己可以从容尽孝。”从毕淑敏的话里可以看出，选择尽孝，确实是作为人的本身性情。自呱呱坠地，到长大成人，这一生一世，都伴随着父母的养育之恩，子女就是他们的一切；若干年后角色调换，子女已成新的父母，但仍然为自己父母所有。羊有跪乳之情，看着父母一天天衰老，我们岂能弃之不顾？

与此同时，也必须要记住，“精忠报国”也一直是中国历史不断上演的主旋律，就似跳动着的音符，在我们脑中不断刺激着人们的敏感神经。南宋时期的文天祥，誓死效忠宋室，一首《正气歌》在历史的长河中不断回响，看起来倒是从容，也因此他也得以青史留名。然而，当忠与孝之间的矛盾横亘在现代人面前之时，我们是否还能从容不迫？相信很多人的答案都是不确定的，我们无法从容；抗战时期的大文豪茅盾面对此抉择亦不能，眼看上海不保，他内心波涛汹涌，虽然万千思虑、思虑万千后决定为了忠于抵御外侮事业而弃老母于乌镇无暇顾及。

“忠孝不能两全”这则古训，既是中华民族的优良传统道德，又是中华儿女正确处理国家、民族利益和家庭利益的行为准则。

翻开我国历史，无数优秀的中华儿女在国家和民族需要自己牺牲家庭利益时，皆以“忠孝不能两全”的古训来激励自己，舍己为公，或慷慨就义，血洒沙场，“捐躯赴国难，视死忽如归”。

晋朝会稽余姚人虞潭，幼年丧父，由寡母孙氏扶养成人。在他任长兴太守时，恰逢苏峻作乱，贼势十分猖獗，时孙氏已年高多病，但她却认为“忠孝不能两全”，

一再嘱咐虞潭："汝当舍生取义，勿以吾老为累。"还拿出家财充作军饷，动员孙子入伍，和虞潭一起杀敌。

宋朝时，金兵入侵中原，烧杀抢掠。岳母姚氏也以："忠孝不能两全"教育岳飞，并在岳飞背上刺了"尽忠报国"四个大字，勉励儿子报国杀敌。

在神州大地上，这种彪炳千秋、永垂青史的人物代代都有，他们都是民族的脊梁，国家的中流砥柱，其高风亮节，永远为后代景仰。

41岁的李华是有着21年党龄的共产党员，是西昌会理供电有限责任公司黎溪供电所的线路专责兼营销专责。他既要负责树堡、江竹两个乡台区线路的维护，还要负责这两个乡的抄表收费及客户服务。今年旱情严重，春节前水库里的水就已经降到了"死水位"，蓄水不到10万立方米。会理县水务局一直不敢动用这10万立方米"救命水"，下游4 000多名村民、7 000多头牲畜遭遇饮水困难，纷纷打井抽取岩层水（目前该地区已无地表水），李华则一直为村民打井、抽水提供电源忙个不停。李华带领的5名农电工家都在农村，严重的旱情让他们的家里缺少人手，家里三番五次催他们回去，情绪难免受到影响。李华及时出面做农电工家属的思想工作，给她们讲"大河有水小河满，大河没水小河干"的道理，换来了家属们的理解和支持。每个清明节前，李华都要到绿水乡为自己的祖父母、父母扫墓，多年来从未间断，然而今年却没有做到。当地习俗是过了4月5日就不能再扫墓，而就在绿水乡忙着施工的李华却始终脱不开身，虽然墓地离工地并不远。"自古忠孝难两全，只有尽忠代尽孝吧。"李华略带遗憾地说。

可见，"忠孝不能两全"的古训有着丰富的爱国主义精神和崇高的道德情操，舍个人家庭"小义"而成国家民族"大义"，它是前人留给我们的一个极其宝贵的精神财富。我们要弘扬中华文化，就应当继承一切优良传统并发扬光大。

（三）"忠孝不并"的现代启示

常言道"自古忠孝不能两全"，面对这个讨论过千百遍的命题时，忠孝的两难选项，又岂是可以自由轻松抉择的？古人的艰难形成了我们今天的千古之议，因故关于忠孝的千古佳文流传不少，有道是"忠则《出师表》，孝则《陈情表》"。诸葛亮的忠君思想，从"两朝开济老臣心"便可佐证，呕心沥血在所不惜。读李密的《陈情表》，可以体会作者与祖母相依为命的亲情，今天处于世俗纷扰中的人们很难有真切体会。当人们感悟字里流露出的拳拳真情，领略行间辗转凄恻的苦衷，孝也自然就在其中了。

在古代，“忠孝不能两全”往往表现在国家民族危难之时，今天，则表现在社会主义建设的和平时期，有着更重要的现实意义。

在改革开放中，同样有如何正确处理国家利益和家庭利益关系的问题。一般来说，从根本上国家利益和家庭利益是一致的，只有整个国家富强独立，才有一个个家庭的兴旺发达，也只有每一个家庭幸福美满，才有整个国家的和谐发展。尽管如此，有时也难免会发生矛盾。这时，是一叶障目，斤斤计较个人和家庭得失，还是胸怀大局，自觉地把维护国家利益放在首位？这对每个人都是一个严峻的考验。

改革开放之后，腐败之风之所以会把一些人吹得晕头转向，究其原因，其中很重要的一条就是有些人鼠目寸光，只看到个人和家庭这个小天地，不能正确处理国家利益和家庭利益、公与私的关系，因而，“争名于朝，争利于市”，整天为营造自己的安乐窝而奔波，有的甚至为此丧失人格、国格，作奸犯科，腐败堕落，走上犯罪的道路。

鲁迅先生说过：“惟有民魂是值得宝贵的，惟有他发扬起来，中国才有希望。”

“自古忠孝不能两全”古训所体现的热爱祖国、先公后私的精神是中华民族的一种优良的传统道德，也是中华民魂最集中、最典型的表现。

在国家、集体利益和家庭、个人利益发生矛盾时，我们应该把国家、集体利益放在首位，这才是正确的选择。

第二节
忠孝两全

忠孝两全，指对国家尽忠，对父母尽孝，两样都做得很好，亦作“忠孝双全”。出自于白居易《除程执恭检校右仆射制》：“业传将略，名在勋籍。蕴天爵以修己，忠孝两全。”在前面对于“忠孝不并”的分析中，带有太多沉重的历史色彩，谈及“忠孝”好似也会让人望而生畏。然而忠孝都是美德，都是中华的传统文化瑰宝，难道在它们之间真有不可跨越的鸿沟、不可调和的矛盾吗？忠孝的内在关系是否可以转化，是否可以两全其美？忠孝可否两全呢？

一、忠与孝的联系

（一）忠孝的同一趋势

几千年来，直到辛亥革命以前，忠和孝一直是中国封建文化的两大精神支柱。多民族封建集权的格局下，忠孝既是哲学、伦理准则，又是宗教信仰准则。

忠与孝之间，都是一种人的意识行为，究竟有着怎样的联系？在前面我们论述了忠孝之间的历史矛盾，从一些史实来看，似乎忠孝的内在关系就是冲突，那么忠孝就真的不可调和、水火不容吗？

影片《情系故乡》讲述的是在市场经济条件下，已在城里拼搏出一片蓝天的张雨，身为总经理拥有自己辉煌的事业和灿烂的前景，在他回乡接家人到城里定居之际遭遇乡村小学教室倒塌，当他组织人们救出学生之后，“现场会”上竟意外地被乡亲们推举为村里的党支部书记，这边是生他养他一贫如洗的风雨家园，父老乡亲们眼巴巴地盼望着能脱贫致富；那边是繁华都市，年薪几十万的总经理职位。在妻儿强烈的反对声中，他在去留之间选择了留下来。从此，他在忠孝之间迂回：为了村里的孩子，他把教室搬进了自己的家，为了找到村里脱贫致富之路，他把在公司里的股金和原来打算让儿子做买卖的几十万元，投资在村里的科技开发枣树种植上。就冲着大伙把自己选成了支书，就冲着老父亲那句“要干就干好，别让大伙扫兴”的嘱托，张雨舍生忘死地扑在村里头，老父亲从来没有觉得儿子有什么不孝，有其父必有其子，实现百姓和父亲的重托成了他心中最大的孝，为了村民的幸福和枣业的发展，张雨倒在了建设保鲜库的工地上。他醒来后不顾自己已患晚期胃癌，毅然回到了支书的岗位上率领大伙奋战在最前线，可病魔再也不准他继续待在村里，这时候满头白发的老父亲前来为他送行，张雨望着父亲百感交集，他用足了全身的气力呼唤一声“爹！”后跪地不起，在场的人无不落泪，这一声呼唤，早已把他身上的忠和孝交织在了一起！

（《中国校外教育》2008年第S1期）

这情这爱确源自一个忠，源自一个孝。这忠，是忠于职守的忠，是忠于人民的忠，这孝是顺从民意的孝，是孝忠事业的孝，而不仅是简单意义上只孝顺父母和长辈的孝。在这部影片中孝已升华，可谓忠孝合一！

我们知道，一个社会要发展，要和谐运行，就需要人们遵守一定的秩序（礼），人人做到彼此礼貌相待，自己也就得到了尊重。

当人们开始懂得自觉遵守社会公共秩序（仁），恪尽职守、兢兢业业（尽己）之时，整个社会的秩序就能得到良好保障。而人遵守社会秩序与规则的自觉性取决于个人的修养，人只有自觉修身（敦于反己、三省吾身），才会懂得关心他人、社会、天下（推己）。

做到了孝顺长亲，才有可能做好一切。张雨是爱自己的家人的，他正是懂得把对家人的“小爱”转化为对父老乡亲的“大爱”，才能在病魔的折磨下继续奋斗，作出了自己对忠孝的完美诠释。

孔子说：“弟子，入则孝，出则弟，谨而信，泛爱众，而亲仁。”

通过孔子的话，我们可以知道为人做事应该如何升华境界：一是人要不断向外界广施仁爱，由“孝悌”到“泛爱众”，实现仁爱的普遍化、孝的泛化，扩大到全社会、延伸到国家，孝与忠的关系就开始缓和，甚至开始趋同了，“老吾老以及人之老，幼吾幼以及人之幼”就是这个意思。

古老的中华民族向来提倡忠孝道德，形成了光耀千秋的传统美德。因为只有劳动人民才能真正体会到生活的艰辛和父母养育子女的不容易，因而，劳动人民的敬老孝亲的自然纯朴的情感更强烈，自古就有“寒门出孝子”的说法。

实际上，生活在社会底层的劳动人民更能感受到国家兴亡，社会治乱，民族强弱与他们的生产生活的密切关系，从而产生“天下兴亡，匹夫有责”的对国家民族的忠贞。劳动人民的“忠”则主要表现为忠于国家和民族，是一种更伟大的忠，也是最具美感的悲壮的忠，也是中华民族传统美德中最有价值的所在。

（二）忠孝关系源远流

孟子有语：“君之视臣如手足，则臣视君如腹心；君之视臣如犬马，则臣视君如国人；君之视臣如土芥，则臣视君如寇雠”。臣对君的忠和君对臣的爱都是双向的，如果仅仅是一方面在苦作“单相思”是不可能有好结果的。“君使臣以礼”与“臣事君以忠”是一个问题的两个方面，相辅相成，互为因果。“忧民之忧者，民亦忧其忧”。人都是有良心的，关心他人的人，必然会受到他人的关心。因此世上不存在彼此交互的双方某一方无限制付出，而另一方却只作索取不用付出的。

“忠孝自古不能两全”的说法指的是当忠与孝刚好发生在某一件事情上，存在冲突时，作为心怀天下忧的忠臣要忍痛暂时把骨肉亲情以及把父母放在一边，服从君父之大义而成就国之大事。由此看来，忠与孝似乎就是一对矛盾体，其实不然，在儒家学说有如“孝者，所以事君也”的说法，意思就是说忠与孝差不多是一回事。在中国古代，在很大程度上孝的适用情形甚至远比忠来得宽大，不仅仅是对生身的父母而言，更重要的是对统治者君父、管理者地方官、授业解惑者的老师等等。皇帝也叫君父，地方官又称父母官，就连当过一天的老师也可终身为父，学生须孝敬到老。

从这个道理来看，忠与孝不但不相矛盾而且同本共源。忠也好，孝也罢，都是为统治阶级利益服务的。忠是根本，孝是忠的外延，忠的完善。因为单纯讲忠君会显出君父的自私自利，其社会基础有限，而讲孝或者把忠用孝包装起来，忠的社会基础就骤然坚实稳固得多。所以当全天下原来对忠君行为不以为然的父母，体会到在忠君思想的引导下，在自己家庭生活中也能得到孝道的好处，对忠之道也就能忠实支持了。

《孝经》记载："资于事父以事母，而爱同；资于事父以事君，而敬同。故母取其爱，而君取其敬，兼之者父也。故以孝事君则忠，以敬事长则顺。忠顺不失，以事其上，然后能保其禄位，而守其祭祀。"

在我国古代有这样一种说法，"孝子门前求忠臣"，这句话应该是忠孝辩证关系的精辟体现。在个人的成长过程中，孝先于忠；而在以政治价值优先为特征的封建社会，忠却重于孝。培养子女之孝，是为了成人之后尽忠，孝同时也强化了忠。

中国文明持续了五千多年，有很多复杂的原因和根源。其中，多民族的封建集权制度应当是一个重要因素。其之所以能维持一个国土如此辽阔的政治实体，必有根本的物质保障、思想保障。

基于以上分析，我们可以看出忠与孝有如下三种关系。

第一，源与流。

《孝经》记载："以孝事君则忠"。

如同国源于家一样，政治性范畴的"忠"源于"孝"，"忠"的功能，如前已述包含在"孝"之中。"治天下""治国""治家"的核心是要取得国家、百姓和家人的拥戴。"明王以孝治天下，得万国"的拥戴，从而每一个人都能做到孝敬父母、热爱家庭，就会出现"天下和平，灾害不生，祸乱不作"的大好局面，故而人人都能忠于国家了。

第二，互为补全。

在古代的自然经济条件下，人们聚族而居，一个家族便形成一个村舍，彼此的贸易往来因为交通闭塞甚是罕见。

对这些为数众多而分散的基层组织的管理，国家的权威，统治阶级的意志以及各种政治性的约束，都显得乏力而脆弱，它必须由人们的自治来补充和完善。

“孝”便成为国家基层组织单位家庭的行为规范和政治准则。

《孝经》记载：“君子之事亲孝，故忠可以移于君；事兄弟，帮顺可以移于长；居家理，帮治可以移于官”。

所以历代政权都认为“不孝”是大罪，并用国家法律的形式禁止和处罚不孝行为。

第三，相映生辉。

“忠孝不能两全”之说似乎是说事亲与事君，孝与忠存在尖锐的冲突，最典型的事例是《陈情表》中记载的晋人李密的境况。但事实上，这些不忠之大忠的纯孝行为，正是历代有远见的政治家所欢迎并大加褒奖的。

《论语·里仁》记载：“父母在，不远游。”

这不是反对出门为官尽忠，因为离家为官属于“游而有方”，是对孝的扩充和弘扬。这一规矩所限制的仅是流民与商人，这二者都游而无方。在传统的伦理观看来，不仅应当出门为官，而且还应做尽可能大的官，才能“尽忠”，且能衣锦还乡、光宗耀祖，自然成就“大孝”，故此忠孝相映生辉！

二、忠孝能两全

（一）《孝经》里的忠孝关系

如今人们耳熟能详的《孝经》也是汉代非常流行的著作，地位崇高。

《孝经》记载：“夫孝，天之经也，地之义也，民之行也。”

汉代对忠孝关系的处理，大致可以分为两种倾向，其一是理论上的阐释，以《孝经》为代表；其二是实际的社会制度，以实行“孝悌力田”为中心，把其作为一种荣耀的头衔来进行宣扬。

李泽厚认为，忠孝之所以能连接，根本的原因在于两者都处于同一个天人系统中，“孝”是“天经地义”。因此孝即忠，忠即孝，国无非是家的扩大。所以，对孝道的论证同时也就是对忠道的论证。

同时，《孝经》又进一步阐述了忠孝的双重关系。

首先，忠于国家就是孝敬双亲，“夫孝，始于事亲，中于事君，终于立身。”

从孝的不同层次来看，孝敬双亲为孝之始，而忠于国家就是孝的进一步发展。所以，忠于国家始于孝亲又高于孝亲。

其次，孝敬双亲可以扩大为忠于国家，“君子之事亲孝，故忠可移于君。”在家孝亲，自然就会在朝廷中忠君，君是国家的代表，同时君主也是抽象层次上的“父母”，所以“退家则尽心于亲，进宦则竭力于君。”

中国古代的社会组织特点是“家国同构”，家与国在结构秩序或组织原则方面具有相似性或同一性。古代封建君主对臣民的统治，表现为一姓家族“家天下”的父权家长制统治，皇帝是天下所有臣民的总家长，由此衍生出“君父”与“子民”这样一种虚拟的家国血缘关系。

于是可以得出这样一个结论：忠君孝亲在理论上是一体的，亦即“忠孝一体”。

（二）忠孝关系的内在协调

忠与孝，作为传统精神财富源远流长。在古代，“忠”是对朝廷忠贞不贰。如今，“忠”则指对祖国一片赤诚。而“孝”讲的是尊敬父母，自古不变。面对忠与孝，常言难两全。消防队员黄胜新却用自己的实际行动生动阐释了新时代忠孝可两全的道理——战场是英雄，在家好男儿，爱国为民亦爱家。爱国为民，重视国家和集体的利益也是我国的传统。司马迁所说的“常思奋不顾身，而殉国家之急”，表达的就是舍身为公的情怀。林则徐写下的“苟利国家生死以，岂因祸福避趋之”，表现了崇高的爱国主义气概和自我牺牲精神。黄胜新在工作岗位上饱含对祖国对人民的满腔热情，以崇高的爱国主义气概，在工作的11年间，出生入死，参加灭火战斗和抢险救援1 600多次，为国家挽回了不少损失。他不辞辛苦，胸怀广大人民群众，成功地从水中、高空、井下、悬崖和高速公路上救出遇险群众428人，用血肉之躯为保护群众的生命安全搭建了一道安全屏障。立足本职工作，百倍努力做好本职工作，黄胜新用血和汗水谱写了一首当代消防战士的爱国为民的忠诚曲。为国尽忠，在家尽孝，这两点其实并不矛盾。具体来讲，忠是孝的放大，孝是忠的浓缩；忠是对祖国的孝道，孝是对父母的忠诚。毕竟，一个家庭是社会的一分子，对家庭负责、对父母尽孝也就是对社会尽了一份责任。常有人说，小河有水大河满。只有对父母尽到孝道，才会对祖国充满敬意，也只有大多数家庭和谐了，也才谈得上国家和社会的稳定团结。黄胜新不但工作做得好，受到领导、战友和群众的称赞，在尽孝心方面也是楷模。当母亲生病时，他寸步不离，每天夜里看护，作为儿子真是尽职尽责。而在抗震救灾的生死关头更是发出“我有什么事，你们帮我照顾好我妈就行了”的肺腑心语。黄胜新以一个消防战士的具体行动真正做到了忠孝两全，是一个有情有义的英雄。

翻开历史，其实从汉代起就逐渐形成了君臣等同于父子的认识，其结合点就在于：君父从责任上来看，都有治国安邦、养育臣民的使命。从角色上看，一个人既是父之子，也是君之臣，君父都负有养育、教化他的责任。

其实对普通人来说，做好自己的工作，就是对社会的贡献，也是对祖国尽忠的具体朴实的行动。而对于忠孝能否两全形成忠孝一体，在很大程度取决于能否做好忠与孝的协调。如果在工作和生活中既讲原则性也讲灵活性，处理好公事与家事的辩证关系，公私兼顾，那么忠孝两全是完全能够做到的。因此，我们要像黄胜新那样牢记忠实履行使命、忠诚献身使命的宗旨，立足本职工作，做好本职工作，无怨无悔。我们更要像黄胜新那样妥善处理公事和家事，在做好自己工作为国尽忠的同时，不忘对父母家人的关怀，让忠与孝达到和谐的统一，成为一个对国忠诚、对父母孝敬的人。

忠孝的品质，依儒学主流理论来说，是人生来就应该具备的天赋、本能；但实际上，即使“人之初，性本善”，高尚的品质也不可能是天生的，需要后天培养。人们心性上沾染的欲望，需要用心灵的眼睛去仔细透视、进行一番彻底的洗刷和艰苦的治愈，才能变得清明。

另外，忠孝一体，也是有它深刻的理论渊源的。在忠孝教化下，把众多民族团结起来，形成文化共识，结成民族文化团结的精神纽带。

首先，封建社会的忠和孝都要求人们自觉地服从和维护权威，表现在行为规范上都突出一个“顺”字，即所谓“孝顺”和“忠顺”。

《孟子·离娄上》记载：“不得乎亲，不可以为人；不顺乎亲，不可以为子。”

《汉书·宣帝纪》记载：“导民以孝，是天下顺。”

人们在家中如能够孝亲敬长，在社会政治生活中，则必然是“温良恭俭让”、祸乱无从生的时代顺应者。

《论语·学而》记载：“其为人也孝弟，而好犯上者鲜矣!不好犯上，而好作乱者，未之有也。”

《盐铁论·忧边》记载：“为人臣者尽忠以顺职”。

人人如此，则家庭和睦，社会祥和安宁。

一个能够孝顺父母的人，将“顺应”延伸到政治生活领域，就会尽忠驯顺，那么，社会就一定会长治久安。这里，忠与孝救相互支持、相互影响，在观念上引导社会形成一种普遍服从的精神，并建构起整个社会的伦常与政治秩序。

其次，在观念上，忠和孝没有明显的道德分野，二者可以相通互换、合二为一。

《礼记·祭统》记载：“忠臣以事其君，孝子以事其亲，其本一也”。

这些论述，或将孝的内容扩大而包含忠，或直截了当地把孝亲推移为忠君，成为忠孝相通、“忠孝一体”思想的理论基础。

再次，忠与孝是一条路上的两个点，行孝和尽忠是相互联系着的两种人生经历，或者说是个人不同生活历练的陈述。

孝是忠的出发点，忠是孝的必然归宿。从孝出发走向忠，就完成了个人道德的自我完善，也是实现其治国平天下的理想。

忠孝双全看似是高目标，其实是对为人子者的基本要求。

身体发肤，受之父母，感恩尽孝便为人的立身之本，为让父母安享幸福生活，必然要忠于职守，直至报效祖国、服务人民，这就是忠，也正是孝的目的。

“忠”“孝”是做人之魂，是社会主义荣辱观的核心内容。用靳旭老师的话说：一个人若能在逆境中，明白荣辱、履行忠孝的真谛、摒弃“空虚”、勇敢地接受苦难的磨砺，为社会、为国家兢兢业业、默默无闻地奉献自己的美好年华，那才是一种快乐、一种难得的财富。55年前，靳旭老师出生在一个农村家庭，在祖辈勤劳、忠厚、质朴、孝贤、善良传统美德的影响下，他从小就养成了“忠”“孝”的品德，工作至今，丝毫没有背叛先辈的思想品格，而是一步一个脚印地去继承先辈的遗志，每时每刻用“忠”“孝”鞭策指导自己的行动，以感恩的姿态去回报祖国母亲、回报社会和人民。1978年8月大学毕业后，他被分配到周口市一个中学工作，31年风雨的洗礼，使他最终入了党，评上了周口市优秀教师，中央教科所中小学思想道德教育先进个人，全国教育发展研究中心推行素质教育先进工作者，又被教育部、北京大学、教育战略发展研究会和中国科协未来研究会授予“中国科教创新贡献奖”称号。然而，正当他步步走向辉煌的时候，天有不测风云，大祸突然降临。1984年他父亲患了心脑血管病，手脚麻木疼痛，经检查还患有前列腺肿瘤，必须去北京手术，同年他母亲在电业局施工时被砸伤，又得了冠心病，腰酸腿疼；1992年岳父患了脑血栓、高血压，行走不便；2001年老岳母也患了中风，同年腿骨折卧床苦熬4年，每天挣扎在死亡线上；加之他苦命的爱人在1998年患了精神分裂症，时好时坏，四处求医看病，可怜的孩子几乎无人照管，全靠自己独立生活学习。当时他想：“家里这么多病号，我怎样去分管承担呢？况且自己还是两个毕业班的语文老师兼班主任，累死我也顾不上来呀！简直没法过，请假吧，学校中间找人又不好找，能眼巴巴地看着学生停课吗？不，不能让学校为难，停课对不起自己心爱的学生，对不起自己的工作，对不起社会和国家，困难再大、任务再重也得撑起来、顶得住”。于是，他决定与学校协调好，千方百计科学安排干好工作与照顾病人的时间，合理地把照顾病人的时间放在每天的饭前饭后和晚上，白天坚守岗位正常上班，特殊情况下可以趁课余时间回家看看病人。日复一日，年复一年，31年如一日，他几乎没有耽误学生一分一秒课，不论春夏秋冬，都是提前半个小时甚至一个小时到校工作，加班加点为学生备课、补课、批改作业，有时还见缝插针抽挤时间做好成绩差的同学的思想工作。俗话说：“‘忠’‘孝’两全说着容易做着难呀”。一方面干好本职工作，一方面照顾好几个病号，在当时已经成了他的习惯。有时间根据业务需要还要晚上熬夜撰写文章搞科研，这繁重的脑力劳动和体力劳动每天折磨着他的身体。从1987年开始他就患上了颈椎病，吃药、按摩、牵引无效，每天睡不好、吃不好，心里时常难受。但是，他没有因为这点小病请过假，毅然坚守岗位，始终如一地维持好家庭的一切照护工作。31年来，靳旭同志以高度的责任感，始终不渝地展示着“忠”“孝”两全的人格魅力。他是那样说的，也是那样做的。他以一个普通共产党员的模范行动，为我们树起了一面鲜艳夺目的旗帜。

为人之道，就应该像靳旭老师那样，有一种奉献精神和责任意识，我们靠着父母的养育而成长、靠着社会的哺育生命才得以延续。作为子女、作为社会人，我们理应满怀感恩之心，回报父母，回报社会，这就是孝，对父母，对人民的孝。

孝，是忠的缩影；忠，是孝的延伸。能尽忠者，必在效忠的时时处处，实施了孝的点点滴滴……更让忠孝双全的观点有了诗意隽永的阐释。

三、忠孝一体，古为今用

（一）忠孝合璧

近代以来，随着民族危机的日益加深，学术上的疑古思潮也逐渐抬头，社会上开始形成了一种“反传统倾向”。于是，作为历代中国人传统价值观的“忠孝”受到前所未有的批判，传统的“忠孝”价值体系受到了很大冲击。

时至今日，随着对传统文化的重新认识、认真反思，传统的伦理又渐渐得到了重视，社会风气开始明显地好转。但总体上讲，现在仍有必要在重新认识传统忠孝理论的前提下，对人们加强“忠孝”观的教育引导。

目前我们在批判地使用传统文化时，要按照马克思主义唯物辩证法的要求来一分为二地区分，去其糟粕，取其精华。

儒家倡言“忠孝”，其实是基于对人性、人伦与社会的深刻思考。一般情况下，人们往往容易将“忠孝”与三纲五常、所谓的“等级制度”联系在一起，从而影响到了人们对忠孝情结的良好延续。

其实，孔子和早期儒家学者都倡导修己，强调“为政以德”，尤其注重君主的道德典范作用。孔子认为，人在不同的位置上有着不同的社会责任，人们身份不同，社会责任和义务也不同，故君、臣、父、子都应当“做好本职工作”，使个人行为符合自己的身份。

每个人都能以道德自律，各安其位，各行其职，方可实现国之大治。从儒学的理论上看，早期儒家都非常重视“礼”，“礼”居于十分重要的地位。认真研究孔子“礼”的思想，不难发现，其内涵非常丰富，其实质在于维护社会的和谐与秩序。

党的十六大提出的建设社会主义的文化道德体系中也有中华传统文化的内容，一段时间以来，政府和社会重视传统文化的社会教化作用是有理由的。

但是，我们也要反对复古倾向，我们所要弘扬的是中华传统优秀文化，而不是封建性的糟粕。正确地利用传统文化价值，不会妨碍中国的现代化，反而会促进中国的现代化。

公元7世纪以来，中国的儒家思想文化陆续被引进了日本。“忠孝”是儒家文化所大力提倡的，日本将其与本国固有的传统的“忠孝”意识相结合，就形成了具有日本特色的“忠孝”思想理论体系。它虽然借用并继承了儒家文化，但内涵却与中国的“忠孝”观不尽相同。在中国，“忠孝”是有条件的，“忠孝”之上还有更高的道德，那就是“仁”。统治者和父母必须具有“仁”，天子之所以能享有帝位，是因为他在施仁政，文武百官也是如此。父母之所以能得到孩子的孝顺，是因为他们对孩子的关心和爱护。中国的伦理学把“仁”作为检验一切人际关系的试金石。统治者如果不仁，人民可以揭竿而起反对他，而另立一个施行仁政的君主。中国伦理学的这一前提，日本从未接受。事实上，“仁”在日本是被排斥在伦理体系之外的，丧失了它在中国伦理体系中所具有的崇高地位。在日本，“行仁”或“行仁义”，即使身居高位也不是必须具备的道德了。日本人使“忠孝”思想成为绝对性的东西，尽忠与尽孝是每个日本人无条件的必须履行的义务，因为他们从出生那一刻起，就注定欠下了“皇恩”（受于天皇之恩），“主恩”（受于主君之恩）与“亲恩”（受于祖先父母之恩），这是他们需终其一生偿还的债务。“忠孝”思想就这样伴随日本人，走过了两千多年的历史道路，成为了日本传统文化的重要组成部分。

日本现代化的历程就是一个明证，他们充分挖掘、利用了《论语》的文化资本，促进了日本的现代化。我们对中国传统文化的文化资本不是挖掘得过多，而是还远远不够充分。

因此，对于“忠孝观念”等传统文化中的精华部分，我们完全有必要加大挖掘力度，这完全是能够促进社会主义现代化建设的，当然，对于“忠孝”的挖掘，要抛却“愚忠”“愚孝”，注入适应社会发展的价值观念。

不久前，广东一位研究员建议有关部门在学生评三好、推荐就业时，也要考察其在家孝敬父母的表现；无独有偶，四川自贡市某民政局也出台新举措，要求新人结婚时要签订《敬老保证》。

对这些做法，尽管人们有不同的看法，但有一点是肯定的，就是人们对忠孝这一传统美德的诉求，忠孝是为人之本。爱祖国首先爱家乡，爱家乡首先爱父母。有国才有家，有娘才有兄弟姐妹欢聚一堂。

山西壶关县常平开发区党委书记陈忠孝出生于20世纪50年代，当初长辈给他起名忠孝也许没有如今为人民服务的宏大寓意，可是当他入了党，当了干部，尤其是接受了人民群众的信任投票，成为省人大代表、全国劳动模范以后，他的忠孝观日益丰富完美。近年来，我们曾三次到常平采风，只有一次见到陈忠孝。第一次是2004年年关将至，家家户户忙着备年货，陈忠孝到江浙一带跑业务去了。他的白发老娘在炕上做针线活，问她想不想儿子，这位刚失去老伴才几个月的老人说“想哩。”“忠孝出门几天了？”“3个月了。”第二次去常平是前年深秋，陈忠孝为企业里的事又北上天津，老村主任陈胖墩领着大家参观了敬老院，提起陈忠孝来，老人们一口一个“这娃可孝顺哩”“这娃好着哩”。陈忠孝怎么好？老人们掐着指头从养老院说到秀才楼，从柴米油盐说到健身和旅游，就连给儿孙的压岁钱，陈忠孝也要提前从银行兑来新币。敬老院现在住着包括陈忠孝80岁老娘在内的140多位老人。老人除享受村民待遇外，还享受老人待遇。陈忠孝有一句口头禅：“古人说的忠孝两全我实不敢当，如果说忠是忠于共产党，忠于事业，孝是孝敬人民，为人民服务，我至少是问心无愧。”他当领头雁17年，把壶关县的“第一穷村”带成长治市的“第一富村”。常平村率先致富后，又帮扶8个邻村，成立常平开发区。近年来，常平集团把成千上万元的投资用于修路补桥、抗洪救灾、医疗保险等社会公益事业，演绎着对人民群众越来越多、越来越大的忠和孝。有句俗语：“自古忠孝难两全。”难，说的是不容易，并非不可能、不可为。而在共产党人的哲学里，忠和孝应该是统一的。当祖国和人民需要的时候，远离父母，慷慨赴义，那是“忠”，但也渗透了“孝”，没有祖国的解放和强盛，哪有父母幸福安宁的晚年？“忠”和“孝”在这里是统一的。和平建设时期，尽自己所能，多尽一份孝心，替父母做点家务，帮父母捶捶腿揉揉肩，不仅有利于增加老人的幸福感和幸福指数，而且有利于形成尊老爱幼的良好社会风气，推动和谐社会建设，这里，“忠”与“孝”又统一起来了。共产党员不仅要做父母的好儿女，而且要做党的好儿女；不仅要忠诚于党的事业，而且要带头孝敬老人。这里，不仅体现着共产党人的道德观念，而且展现着共产党人的人格魅力。

（二）人间忠孝当大写

人间忠孝当大写，人间忠孝怎样大写？这是一个古老的但又有着崭新内容的、不能回避也不容回避的时代话题，这个话题有利于和谐社会的建设，有利于中国梦的顺利实现！

现在我们讲挖掘中国的传统文化，特别是近年来的“国学热”就是在批判地使用中国的传统文化，传统文化中的一些内容已经很好地被吸收了，比如“忠孝”就是中国传统文化中一个很好的部分，甚至可以看作是其精髓。

2002年10月12日，一个很平常的日子，但是河北省承德市的许多市民却不约而同地来到承德市中心医院太平间外，他们只有一个目的，看一个平凡而伟大的老人、奥运会射击冠军蔡亚林的母亲葛素媛最后一眼。

当蔡亚林满怀喜悦地从韩国归来，准备把金牌献给自己慈祥的母亲时，一个令他始料未及的晴天霹雳正等着他。

10月9日，从亚运会载誉归来的中国射击队队员蔡亚林一下飞机，便从前来迎接的教练常静春那里听到一个让他五雷轰顶的消息：他最亲爱的母亲已经离他而去。突如其来的打击令蔡亚林茫然失措，一下子惊呆了，他无论如何也不能相信这是真的，每次与家人通话都被告知身体尚好的母亲怎么会离他而去？本来他是想把这两块亚运金牌与母亲共同分享，他的怀里还揣着复诊证，准备把多病的母亲接到北京的医院来治疗，但是现在，一切化为了虚无……

当晚蔡亚林一夜未眠，一直坐在客厅里“陪”着自己的母亲，因为他知道，再过两天，母亲的遗体就要火化，这张慈祥而熟悉的面容就再也看不到了。10日上午，河北省和承德市的领导来慰问时，蔡亚林脸色苍白，那双原本明亮有神的双眼已经红肿，在这种情况下，谁也不好意思再多说什么。

10月7日，当中国队在男子50米自选步枪团体赛中以3 472环打破了韩国人保持7年之久的亚洲纪录时，蔡亚林绝对没想到，这天自己最亲爱的母亲已去世1个月。

蔡亚林的母亲葛素媛享年67岁，退休前在避暑山庄小学任教。退休后的几年中，老人家身体一直不好，蔡亚林是个孝子，每次训练和比赛前都要抽空回去看望父母。今年5月，蔡亚林曾把母亲接到北京协和医院检查，并拿了一个复诊号。

7月，蔡亚林在去芬兰参加世锦赛前与母亲定好打完亚运会后再去复诊，谁知，这一去竟成永诀。

蔡父说：“亚林母亲的身体一直不太好。2000年1月病情加重，语言不清，四肢不灵，生活已不能自理，可那时亚林正在备战奥运会，家里和这次一样也没敢让他知道。那一次很幸运，通过及时治疗，总算是闯过来了……”

2002年8月31日，葛素媛脑梗塞复发，蔡文珩连忙把老伴送进医院抢救。

蔡母被送到医院时意志还很清醒，“我不住院，看看病我就回来”，临走时还叮嘱家人一定要“看好孙女”；就在当天早上，老人还自己洗脸刷牙点眼药，可到了医院1个小时后，老人陷入了昏迷状态。

9月3日是亚林的生日。以往每逢这天，父母都要给他打个电话，但是这次只有父亲一个人打了过来。“我撒谎说他母亲已经睡了，让他不要再去打搅，其实，那时他母亲已经昏迷得不省人事了。”蔡文珩说。为了安慰亚林，让他不产生疑心，跟他关系最好的老姨夫胡乐夫给亚林发了短消息：送你一片蓝天，祝你生日快乐。

9月7日中午，昏迷了1个星期的蔡母忽然睁开了双眼，似乎想与亚林见上最后一面，但此时的蔡亚林正在紧张地备战亚运会，只有大儿媳和老伴守护在旁。她嘱咐老伴：千万别告诉亚林，让他安心比赛……说完，带着对亲人的眷恋和深深的遗憾，慢慢地闭上了双眼……

为了不影响亚林训练，蔡父决定：一定要瞒住亚林！为此，他们承受了难以想象的痛苦！

中秋节那天，亚林再次通过电话向母亲问候，父亲忍着泪，强迫自己用正常语气告诉他：妈妈睡着了，别惊动她了……虽然暂时瞒了过去，但细心的父亲还是怕亚林利用双休日跑回来，又把电话打到了亚林在国家队的教练常静春的手机上。

9月29日，中国射击队出征釜山的第一批队员起程了，常静春硬是把快要掉下来的眼泪吞进了肚子，用一脸期盼的笑容送走了自己心爱的弟子。

亚运会上蔡亚林出色的成绩令国内的常静春激动不已，但是，蔡亚林回国后该如何向他说明真相呢，怎么说才能让他受到的打击最轻呢？最后决定，在比赛结束后，由队里慢慢向亚林渗透，说家里都安排好了，到了北京就能直接回家。这时的亚林似乎已经觉察到了一丝不祥，下飞机后第一个走出了候机大厅——果然，自己的母亲去世了！在回承德的路上，他问常静春，这是什么时候发生的事？

到了这个时候，常教练才告诉亚林，“7日，9月7日！”整整1个月的压抑，保守了1个多月的秘密，终于被揭开了。

蔡亚林哽咽道：“这两块金牌太重了，它有党和国家的培养，还有教练、队友的关怀，更有老父母的一片苦心，为了这两块金牌，父母和亲人们承受的痛苦难以言语……”

河北省体育局把一块写有“为体育事业做出突出贡献家庭”的牌匾送给蔡亚林的父亲蔡文珩，这是河北省第一个获此殊荣的家庭。

亚林家所在小区平常是个很热闹的地方，每到晚上都有很多居民出来散步，但近两天来小区内已很少能见到晚饭后聚在一起谈笑风生的邻居们了。蔡家的悲伤气氛感染着整个小区，亚林家楼下摆满了花圈，除了国家、省、市体育部门及有关领导送的外，更多的是当地群众和居委会送来的。几天来邻居们通过各种途径来表达对这位伟大母亲的哀悼之情。

10月12日7时，灵车缓缓地从承德市中心医院里驶出来，路旁市民纷纷驻足目送车队远去。

追悼会上的蔡亚林神情黯然，眼睛红肿，全然没有了冠军领奖台上的风采。他泣不成声。“妈妈，您为啥就这样走了呢？连看儿子一眼都没看到。今天我把奖牌给您带回来了，您看看吧……”

前来送行的人中还有很多葛素媛生前所在避暑山庄小学的同事。葛老师1991年退休，一年前的10月12日，在母亲的支持下，亚林向自己的母校——母亲工作的单位无偿捐赠了30台彩色电视机，通过电教手段进行教学。学校的师生经常会提起亚林和他的母亲，现在许多孩子的手里还有亚林去年捐彩电来学校时给他们的亲笔签名。

10月10日，河北省体育局和承德市人民政府特授予蔡亚林家庭为全省唯一一家“为体育事业做出突出贡献家庭”的荣誉称号，省体育局局长王国强和承德市市长景春华特送上一面“牡丹图”镜匾，上书“唯有牡丹真国色，花开时节动京城”，这不仅仅是对亚林的褒奖，更是对这位伟大母亲在天之灵的告慰。

这是一个感人至深的故事。然而，国内一些媒体在报道和评述此事后提出的一些观点，却引起了人们的争议和思考，这样做究竟值不值得？比如有媒体举例指出，伊朗足球队头号球星阿里·代伊因其父病故而中断比赛回国奔丧，使伊朗队实力受损，与蔡亚林“忠孝不能两全”但“弃孝取忠”仍坚持作战为国争光之举相比，两者的思想境界显然大相径庭，认为蔡亚林是正面的典范，而代伊是负面的典型。这种借“忠”“孝”不同选择的结果来扬蔡亚林抑代伊的方式是否合适？我们不妨先来听一下代伊离队后伊朗队主教练的态度——按人们的传统思维，我们可以猜测这位主帅肯定要对代伊缺阵给本队带来的损失感到遗憾，甚至会对代伊朗在如此关键时刻把“孝”放在“忠”前表示不满和愤怒。然而，事实却并非如此，伊朗队主帅不仅没有一丝一毫埋怨、谴责之意，反而表示出理解，他本人和全体队员均对代伊丧父一事深感悲伤，悲痛之情化作了全队的巨大动力，激励着全队“为代伊而战”，全队都化作了若干个“代伊”努力在亚运会男足球场上时击败劲敌日本，把金牌献给代伊和他的父亲。

蔡亚林和代伊在对待“忠”和“孝”的这两种不同的选择，反映了不同文化背景下不同的“忠”“孝”概念理解。其实，在这两者之间，并不存在对错高下之分，也没有必要去追究，事实是这两个故事同样感人，同样给我们以启迪，蔡亚林和代伊的经历同样会激励着他们自己和他们的队友为各自国家的荣誉而战。第一个故事里，我们不该忽视蔡亚林的父亲。他没有把噩耗告诉儿子，从而保证了儿子能集中精力、心无旁骛地打好比赛，为祖国拿回了金牌和创造了新的世界纪录，蔡父忍受了巨大的痛苦还要露出笑脸为儿子打气实属难得。试想假如蔡亚林临战前知道了母亲去世的不幸的消息，情绪上、心理上受到的打击很可能使他无法正常发挥，甚至连正常参加比赛都难，更不要说夺金牌、破纪录了，得不了好的成绩，又不能为母奔丧，岂不是忠孝皆落空。而第二个故事，代伊是在已经获悉父亲病故情况下决定提前离队回国奔丧的，这是他理智的抉择。即使他不离队，带着丧父的巨大悲痛也将令他难以像丧父之前那样为球队作出贡献，球场上很可能会多一个不称职的球员，而不是得分的主力。所以，蔡亚林的坚持比赛和代伊的提前离队之间没有任何可比之处，更不意味着两人的思想境界有着高低之分。

我们认为蔡亚林在国际大赛上为祖国夺金牌、创纪录，虽然错过了为母亲奔丧的机会，但他是好样的；而多年来屡屡为伊朗足球建功立勋的代伊，因意外父亲突然病故而不得不放弃比赛回国奔丧，不仅得到了教练和队友的同情、理解，而且成为全队能鼓足勇气战胜强大的东道主韩国队跻身决赛的巨大动力，进而在决赛里力克日本队卫冕成功的一种精神引导，他也是好样的。蔡亚林“把金牌和新的纪录献给母亲”的故事，以及伊朗足球队将士“把金牌献给代伊和他的父亲”的故事，皆为釜山亚运竞技场上的佳话——“忠”“孝”合璧的佳话。

忠孝合璧，其实是一种理想化的人文伦理的体现，在现实社会中我们只要结合马克思主义的价值体系进行批判的使用，对于社会的进步和文明的发展大有裨益。

社会主义转型期的文化形态包括感性文化和理性文化两个方面，由感性文化到理性文化的层面转变也是转型的一方面，社会主义价值观的提出也反映了我们由世俗社会向正统社会转变的要求，转型的完成也是有其标志的。

作为意识形态的“忠孝”已经是我们社会主义价值观的重要组成部分，而“忠孝观念”上升为一种理性文化，它可以看作转型期完成的标志。

人伦之道自夫妇始，家庭和睦有助于治国平天下的大业。现代家庭继承了中华民族敬老爱幼的传统美德，国家甚至以法律的形式把赡养老人和保护未成年人这些传统美德制度化，从法制上保证了家庭的和谐。

家庭是社会的细胞，它包含着血缘关系和非血缘关系这两种基本的社会关系，同时包括供养和社会化两种基本的社会功能。处理好家庭关系，做到夫恩妇爱、父慈子孝、兄友弟恭，保证家庭关系和谐，才能为社区和谐和社会和谐奠定坚实基础。

忠孝之道，孝在前，忠为舵，孝为忠所愿，忠是孝之全，忠孝为一体，这正是忠孝相互包含和依存的辩证统一关系。

试想一个连生养自己的父母都不报答的人，他可能是忠于祖国和人民的人吗？只有恪守孝道的人，才可能有健全的人格和忠诚的心，因此，只有尽孝之人才可能是忠义之士。要让父母尽享天伦之乐，除了忠于职守、勤奋工作之外别无选择。忠诚事业，让社会发展、国泰民安，才能让自己和父母过好日子，故说，孝顺之子必当尽忠之士。同理，忠孝之人从尽孝出发，走向尽忠，成就的是个人价值，实现的是家国繁荣昌盛的忠孝双全之道。一个有志者，无论事政于庙堂，还是创业于江湖，都该追求忠孝双全，做到忠孝一体。

时至今日，提到“80后”“90后”的忠孝观，近些年来，社会与学校提倡人文素质教育，取得了一些功效，但也存在明显的不足。作为教育者，都衷心希望这些孩子能够生活得幸福、快乐，如此，他们也更应自觉培养“成人”意识和社会责任感，不能漠视乃至鄙视“忠”“孝”等传统伦理。

有人提倡以“己所不欲，勿施于人”作为为人处世的“黄金法则”，那么，年轻人也可以按照这样的方式思考“忠”“孝”一类的问题。孝顺不一定非是物质上的，在力所能及的范围内，时时想着，就足够了。

饭后给老人端上一杯热茶，阳光好的日子里扶老人到外面走走，常给老人谈谈外面的事，去外地的时候想着给老人带来一包可口的点心。这是“80后”“90后”的忠孝观的最好表达。

因此，包括“忠孝”在内的传统价值观都是构建社会主义核心价值观的基础，也是全国人民为之奋斗的思想基础，它对促进和谐社会建设，包括促进家庭和谐，促进人际关系和谐，促进双亲与子女的和谐等等，一定会发挥积极有益的作用。

从而，在和谐社会的基础上，伟大的“中国梦”一定能实现！

第三节
移孝为忠

从《于丹<论语>心得》的热卖、从中央电视台《百家讲坛》的热播可以看出，传统的思想文化其实很容易唤起人们内心的认同，也反映出人们对古代优秀文化传统的现实运用的渴盼。

当然，我们发掘“忠孝”传统思想在实际生活工作实践中的作用，不是回归封建儒化，而是今人与历史进行“对话”，把传统文化融入现代化的具体实际的做法。

几千年来，在封建集权国家统治下，个人的自由、权利常常被忽视。从意识形态到社会风俗，中国遇到前所未有的挑战。中国走上民主、自由、现代化的道路，比西方资本主义国家艰难得多。

忠孝传统曾为古代中国社会的持续稳定发展立过大功，今天新的历史条件下我们遇到的新问题，需要结合新社会新形势，给予新评价，我们应从中汲取有益于实现和谐社会“中国梦”的积极因素。

一、批判继承忠孝思想

（一）忠孝思想的历史局限性

道光十四年，关天培由江南的苏松镇总兵调任广东水师提督，时老母已迎养在官署，年近八旬，不欲长途跋涉，令关天培之子服侍回淮安故乡，叮嘱关天培尽心公事。关天培忍泪辞母，只身赴广东，到任后，事事尽心，以告慰母怀。道光十八年八月，值老母八十寿辰，而英国军舰游弋洋上为鸦片商撑腰，当此艰危之时，关天培思亲尤切。适逢官署中所植菊花竞开奇葩，同僚皆以为菊号延龄，此系关母长寿之兆，故绘图记事。

由关天培母子的故事，可以看出其忠孝观念以及爱国精神的深刻体现。我国传统文化之所以延续下来，自然有其合理的一面，因而能培养出许多顶天立地的优秀人物，流传下许多可歌可泣的历史故事。也正是这些故事，让我们看到应该全面评价传统文化，以批判的心态来继承和发扬其合理内涵。

忠孝思想是中国传统伦理意识中的核心内容组成，其中包含的许多道德智慧发展至今仍具有强大的现实生命力。其巨大的凝聚力在巩固历朝历代封建王朝的中央集权统治和民间家庭的和谐稳定方面都发挥了不可抹杀重要的作用。

但是，通常意义上的忠孝思想本身产生于自然经济和封建制度的历史条件下，难免其中也有个别观点是消极的封建性的思想糟粕，这些负面的认识还在对社会产生不良影响。对传统“忠孝”观念就必须结合具体历史条件进行理性地审视扬弃、批判和继承，只有这样做才能使之成为宝贵的精神文化瑰宝，对社会主义精神文明建设作出贡献。从前面的论述中我们知道，“忠”“孝”作为中国传统道德中的两大规范，所涉及的对象和使用的范围都存在着差别。

就各时代本身来说，有什么样的时代特征，就有什么样的时代思想。但不可否认，有些思想具备“穿越”时代的价值。

忠作为社会伦理思想，涉及的主要是臣子与国君的关系，体现了等级特权观念。而孝是家庭伦理思想，涉及的主要是父子、长幼之间的关系。

在某些情况下，孝父母难能忠国君，忠国君不能孝父母，忠孝是不能两全的。但由于中国封建社会的经济是以家庭为单位的自给自足的自然经济，由血缘维系的家庭靠宗法制度巩固，封建政权是建立在宗法制度基础上的“家国一体”的“家天下”格局，这就又决定了忠孝之间有着紧密的联系。

孔子就曾提出孝为社会政治服务的原则，为统治者提供实施社会治理的思想武器。把“忠”与“孝”结合在一起：孝成了忠在家庭领域里的缩小，忠变为孝在社会层面上的扩展。

忠孝结合起来的伦理思想在中国漫长的历史发展中对于维护家庭、社会稳定，促进社会发展发挥了重要作用，占有突出的地位。

孝作为家庭伦理规范，有维系家庭稳定的功能和作用，是人类社会得以稳定和发展的重要保证。然而孝道之所以受到后代学者的无情批判，与因孝而盲从，因孝而泯灭人的理性判断有关。

孝在漫长的封建社会曾是伦理道德的核心，适应家国同构和宗法制度的要求，维系着“三纲”的伦理规范，有力地调节父子、夫妻、兄弟等家庭各成员之间的关系，有巨大的凝聚作用。

子女幼小靠父母抚养，父母年迈由子女照顾。父慈子孝的伦理传统，使少有所育、老能善终，促使了家庭的和谐稳定以及人类的正常繁衍。家庭的稳固自然而然地支持了建立在血缘家庭基础之上的中国社会的长期繁荣和发展。

忠作为国家伦理观念，在封建社会是维护封建统治的思想武器，能有效地服务社会的道德和政权的巩固。

“忠”本来具有多层含义，是处理人际关系的重要准则，它要求人们彼此忠信，诚实无欺。“忠”也强调相互性，“君使臣以礼，臣事君以忠”。忠的思想，对于维护社会稳定、民族团结有很重要的作用。

后来，“忠”伦理思想逐渐演变为臣民对君主的绝对服从，这种观念在民主社会的今天看来是不太合理的。由于认识的局限性，历史上的人们以君为国，忠君思想与爱国意识紧密联系在一起。竭诚为君就意味着忠于国家，报效祖国也就需要效忠君王。当异族侵略，民族危亡，政权濒倾的时候，“忠”可成为极有凝聚力和号召力的旗帜，把民众团结起来，共赴国难，保家卫国。

所谓“忠”者，即尽心无欺之意。古人常常认为凡是人伦所在之处，如下属侍奉上级，同龄人相互交友结伴，待人接物，都应该履行。“忠”是基于人内心的刚正和坚定而产生的，字面意思可概括为“正”。“忠”的另一层意思就是“忠”的对象，忠于国家、忠于人民、忠于从事的职业，是为大忠。要做到这一点，关键是要忠于自己的良心，自己的底线。用一个字概括就是“善”，善待自己的良心，善待社会和他人，最终找到自己在团队中的位置和精神世界的归属感。

历史发展到今天，忠、孝已是我们中国人之所以为人的评判标准，具体分析其内层含义就是“信”“诚”“正”“善”等内容，而“仁爱”则是忠孝之魂，有了仁爱，忠孝便能合二为一、浑然天成。如此，也就填平了现代人心中一直纠结的“愿望道德”和“义务道德”之间的沟壑。

忠孝伦理思想产生于以私有制为基础的封建社会，加上封建地主阶级的歪曲，不可避免地带有历史的局限性和阶级的偏见性。

首先是不平等性。封建统治者特别强调臣、子对君、父的绝对服从，完全剥夺了臣、子作为人的独立人格和自由，一切只能循规蹈矩，唯命是从，把生动活泼的人束缚成为“愚忠”“愚孝”的僵化木偶。既妨碍了人的健康成长，又阻滞了社会的进步。

其次是封建愚昧和迷信色彩。“君权神授”“身体发肤，发之父母，不敢毁伤”，明显是反科学的，但由于人们认识自然、改造自然的水平很低，对于统治阶级的迷信宣传难能辨析，就被非科学的蛊惑所左右。

（二）剔除忠孝思想的历史糟粕

任何国家和民族的发展和壮大，都不是抛开或割裂传统，而是传统的延续，是在传统的基础上吸收中外古今民族优秀成果，形成自己的民族优势和民族特色。

孙中山自幼漂泊海外，深受西洋文化熏陶，他曾竭尽全力宣传西洋文化，把儒家文化看得一文不值。出人意料的是，到了晚年，孙中山却提出“保守固有之文明”，力主恢复一切国粹。在他看来，我们祖宗传下来的固有的东西，如果是好的，当然是要保存，不好的才可以放弃。

剔除后儒三纲五常把君权、父权的绝对化，儒家的忠孝观念是有可取之处的。忠孝伦理思想是中国传统文化的重要人伦原则，包含着丰富的道德智慧。只要把传统忠孝伦理思想与封建忠孝之道剥离开来，剔除其中的封建的非民主的东西，汲取其中的精华，对忠孝含义用现代理解来阐释，传统忠孝伦理思想在现代社会仍然具有旺盛的生命力。

首先，要克服忠孝思想的封建性。

孝是规范人际关系的准则，是人伦规范的核心。在家庭领域里，孝不仅仅是指子女对父母的孝敬，而且包括父义、母慈、子孝、兄友、弟恭五个方面的内容，是对父母、子女、兄弟相互之间人伦关系的全面调整。

这五个方面的关系，互为条件，相互制约，相辅相成。“孝”不仅是独爱其亲的私爱，还应包括“老吾老以及人之老，幼吾幼以及人之幼”的“博爱”。这种博爱意识有利于人们之间的感情沟通和家庭与社会之间的关系融洽。

忠的基本含义也是指尽心竭力，诚厚待人。二者结合在一起宣传教育整个社会的人们，使人们都能对亲人行孝，对他人施忠，那么，人与人之间的关系自然就会融洽和谐，这正是我国实现伟大“中国梦”的基础。

其次，要摒弃“愚忠”“愚孝”。

封建社会的孝和忠，都集中表现为“顺”：子顺父，臣顺君。当克服了君权至上，父权至上，唯君、父之命是从的“愚忠”“愚孝”时，就成了“大忠”“大孝”了。

大忠之忠是忠于道义，忠于真理，不盲目屈从。大孝是大道之孝，在民族大义、社会公德公理等大是大非问题上，对父母的错误主张，能够做到“不从父”。

另外，克服封建性的孝亲思想其实是一种倡导不忘根本的道德规范。人都有少壮和衰老，都会老弱和病死，这是自然规律。子女们孝敬赡养，这是天经地义的道理。我国还处在社会主义初级阶段，社会生产力水平还很低，养老保障体制远未完善。家庭还是生活的基本单位，孝亲敬老依然是子女应尽的法律和道德义务。

只有弘扬孝亲精神，在社会上营造知恩图报、爱老敬老的文明氛围，才能使人人老有所养，社会运行才会稳定有序。

所以，克服了“愚忠”“愚孝”的大忠大孝思想是传统忠孝伦理思想升华出来的道德精华。

最后，要克服历史局限性和阶级局限性。

“忠”字是由“中”“心”结合而成，本来就意味着内心中正和处事公正公平。

儒家认为“致忠而公”，法家强调“无私”，道家提出“圣人无心，以百姓心为心”以及范仲淹的“先天下之忧而忧，后天下之乐而乐”，都是对忠涵义的最好诠释。

历史上的愚忠、愚孝观念都是封建国家政体和制度的产物，是由当时的社会决定的。随着历史的发展和生产方式的改变，绝对忠君的封建思想必然受到抵制和冲击。

传统忠伦理思想发展到今天，放在现代依法治国的社会里，其要义应当是公正贤明，廉洁无私，克己奉公，主持正义。就是要求每一个社会主义建设者忠于职守、勤于事业、审时度势、变革更新、励精图治、识大势、顾大局、办大事、成大业，公务人员应做到廉洁自律，抵制腐败，廉政为民，甘做人民公仆。这正是我们建设社会主义现代化迫切需要的时代精神。

二、忠孝思想促和谐

（一）积极发扬孝文化

孝文化堪称儒家思想的精髓之一，儒家通过“孝”来规劝人们的言行举止，由于受当时各种条件限制，“孝”成为封建社会治理国家的一个重要手段。

孝观念在中国历史发展中起着巨大的作用。

其一，对封建政治的影响。一种公认的观点是，孝观念是封建统治者巩固统治、维持社会安定的工具。历代统治者重视以“孝”治天下并以法律来保证“孝”的实行，将“不孝”列为“十恶”之首。但实际上，统治者的一切言行都是为了巩固自己的统治，要做到“孝”，就必须为国家付出一切，忠于国家。因此，孝观念对巩固封建统治起到了重大的作用。

其二，对家庭的影响。子曰：“因天之时，就地之力，谨身节用，以养父母，此庶人之孝也。”一方面，孝观念对调节家庭内部及社会上人与人之间的关系，对于维护社会稳定、社会和谐有重大的作用。另一方面，孝观念的极端化和绝对化造成了父母和子女人格上的不平等和男尊女卑，使子女丧失了应有的自主权。在孝观念形成之初，孝就是要求人们关心父母，不违反父母的意志。随着时间的推移，孝变成了对父母的绝对听从，一切事情父母包办，任何事情都必须听父母的，丝毫不能违背父母的意志。由于父母的“专制”，不知酿成了多少人间惨剧。孔雀东南飞、梁祝等，都反映了父母的“专制”。

现代社会应当对孝文化中的积极成分予以有效传承和发扬，给过去的“孝”在新时代赋予新的内涵和新的精神。弘扬孝道，共建和谐，学校教育作为主渠道有着义不容辞的职责。目前学校的孝道教育并非加强了，而是削弱了，对学生们大力加强孝道教育势在必行。

家庭是社会的细胞，学校是现代社会的有机单元，通过教育将家庭之爱推及社会每个人的身上，让人们学会恻隐和不忍，虽然爱有亲疏、远近，但只要人们心中有推己及彼的爱的观念，就很容易将社会中所有的人融合起来，进而激发人们对于本民族的内在的自豪感和责任感，使整个民族凝聚向心力，实现社会稳定，国家强盛。

新时期的孝文化，不仅是孝亲敬老、与人为善，还要明礼诚信。家庭有孝，尊老爱幼，其乐融融；单位有孝，上行下效，事业兴旺；社会有孝，人人抱有一份尊重情怀，社会便会和谐。

社会主义和谐社会的核心是以人为本，就是在保持社会主义基本制度的前提下，实现人与人的团结和睦，实现人际关系的相互协调、亲密友爱，使社会系统中的各个部分、各种要素处于最大优化状态和最佳的结合效果。

正如胡锦涛同志所讲的：“我们所要建设的社会主义和谐社会，应该是民主法制，公平正义，诚信友爱，充满活力，安定有序，人与自然和谐相处的社会。”“诚信友爱，就是全社会互帮互助，诚实守信，全体人民平等友爱，融洽相处。”这段话包含了人与人之间，夫妻之间，老少之间的亲情爱护，互敬互尊；包含了孝亲敬老，尊老爱幼，助人为乐；包含了中华民族的传统美德——孝的思想和行动。

也就是说，和谐社会建设本身就有孝的重要内容。孝的本质是子女对父母的敬养和爱护，是少对老的尊敬与回报。做子女的如果不孝顺父母，不赡养老人，有病不给医，丧后不送终，那还要儿女干什么？儿女的责任何在？人类如果没有孝，后辈如果不敬养老人，社会纠纷就会加大，恶性案件就会增多，不仅老年人的合法权益得不到维护，就是对子女本人也极为有害，难以做人。进而对正常的社会秩序和经济发展都会带来影响和破坏，哪里还谈得上小康社会和人生快乐，“中国梦”更是遥遥无期。

再则，孝有大小之分，形式之别。孝不仅是对自己的亲生父母、亲属老人，还应对国家、对人民大众。孝是忠的基础，忠是孝的升华。为国尽忠，为民办事就是大孝，就是最高的思想境界。

（二）积极发扬忠文化

“忠”的观念是中国传统政治文化的一个重要组成部分。

在漫长的中国古代社会中，“忠”被看作“立国之本”“天下大公之道”，是个人安身立命的最高行为准则。

由于在长期的封建社会“忠”观念是以“忠君”的面目出现的，因而近代以来多次被当作旧道德和文化糟粕在文化运动中成为批判之对象。改革开放以来，市场经济得到了空前发展，传统道德随之受到了前所未有的冲击，“忠”的贬值就是其具体表象之一。因此，在弘扬优秀传统文化的时代背景下，对传统道德进行再认识和再评估，就成了现实的迫切要求。

传统“忠”的观念是爱国主义精神的坚实基础，甚至可以说，是我们的民族之魂。在长期的历史发展过程中，中国始终没有因内忧而解体，因外患而屈服，历经数千年而依然屹立于世界民族之林，一个非常重要的原因，就在于中华民族有着深沉的忠的观念和道德传统。

“忠”的最基本含义，就是自觉地为国家利益和民族利益而献身。现代不少国人也在谈忠，说忠即是忠于国家。

事实上，将“忠”的思想体现在微观的现实生活中也不是不可能的。忠也可以在微观层面上体现出来，即忠于家人，忠于团体，忠于企业，忠于组织，如果能做到忠于团体就很容易延伸到忠于国家了。

孔子曾一再告诫弟子要做到“与人忠”。在这里“忠”的另一个基本内容就是反映人与人之间关系的道德伦理要求，就是人与人之间要诚实、可信、可靠，这是一个人良好道德修养的表现，

几年前一个有关甲型H1N1流感的新闻，一个从国外回国的人不但没有做到

自我隔离7天，反而肆意地到处旅游。这里其实讨论的还是忠的问题，如果存在对国家的忠，对家人的孝，对社会的负责，也就不会置他人可能被传染的风险于不顾而放纵自己的行为。

因此，我们应积极发挥忠观念的正面作用，其主要表现为以下几个方面。

首先，塑造了中华儿女勤劳朴实、忠厚仁义的品性。自忠观念形成以来，就一直影响着中华民族的发展，世世代代生生不息，中国人行事的作风始终围绕着忠的指引，成为人际关系的一个重要规则。

其次，孕育了中华儿女坚忍不拔、忠于职守的意志。典型如三国时期的诸葛亮，为了蜀国大业而“鞠躬尽瘁，死而后已”，一篇《出师表》万代流芳。忠观念直接要求每一个中国人要做到忠君之事，勤奋工作。正是有了大量具有忠诚精神的人们，中华民族才能取得历史上一个个璀璨夺目的成就。

最后，锻造了中华儿女爱国主义、舍小家全大家的精神。中华民族的历史，从来都不是平平顺顺的。正是由于忠观念的引导，才出现了“先天下之忧而忧，后天下之乐而乐”的范仲淹、精忠报国的岳飞、“人生自古谁无死，留取丹心照汗青”的文天祥、宁死不屈的方孝孺等等，这些历史名人的不朽事迹深刻诠释了对国家真正的爱！

忠作为中国传统文化中重要的组成部分，是不可忽视的。现在社会提倡忠其实更多是强调增强社会责任感，既是一种个人的社会责任，又是一种社会公德，更是一种对国家的忠诚。“中国梦”的实现，需要一大批忠于祖国、忠于事业的人，它要求人们踏踏实实、兢兢业业做好自己的工作、促进单位的发展、实现社会的进步，国家富强、民族振兴、人民幸福是我们最美好的梦想！

（三）忠国孝亲

中华民族向来提倡忠孝道德，形成了光耀千秋的传统美德。统治阶级中不乏德操高尚的仁人志士，但劳动人民的这种传统美德，要感人得多，高尚得多！因为只有劳动人民才能真正体会到生活的艰辛和父母养育子女的不容易，因而，劳动人民的敬老孝亲的自然纯朴的情感更强烈。

《诗经》中有关于感受父母养育之恩的描写：“哀哀父母，生我劳瘁。”

如果没有真切的体会和自然的情感，哪里会有如此千古绝唱！千百年来，这一主题，一直在中华儿女中传唱。

“忠”的道德情感，表面看来，只是统治阶级内部臣子的道德体验。实际上，生活在社会底层的劳动人民更能感受到国家兴亡、社会治乱、民族强弱与他们的生产生活的密切关系，从而产生“天下兴亡，匹夫有责”的对国家民族的忠贞。如果说封建臣子之“忠”则主要表现为忠于“天子”的话，那么，劳动人民的“忠”则主要表现为忠于国家和民族，是一种更伟大的忠，也是最具美感的悲壮的忠，也是中华民族传统美德中最有价值的所在。巾帼英雄花木兰，在国家民族受到侵略的时候，替父从军，保家卫国的故事，在广大人民群众中世代相传、歌颂赞美，很好地说明了这一点！

古人说，忠孝不能两全，这指的是一个人不能同时兼顾忠孝，并不影响他们之间的辩证关系，“百善以孝为先”，先孝后忠，忠义又推动孝道，忠义和孝道相辅相成，一个人只有懂得爱自己的亲人，才会懂得爱他人，才会爱国家。在韩国，“孝道”教育课程会定期在一些社区开展，以教授孩子“孝敬老人”尊敬师长的重要性，孝敬老人被韩国子女视为无上的光荣，韩国人走上社会以后，都非常注重自己的事业。日本人“尊师重道”的思想更甚，如果一个人一旦进入一家公司，这家公司可能是他一辈子工作的地方，这不可谓不忠，这些都值得我们中国教育借鉴。

如今，在社会主义制度下，尤其是在改革开放，为实现伟大“中国梦”而不停奋斗的历史背景下，继承和弘扬忠国孝亲的传统美德，仍然具有十分重要的现实意义和深远的历史意义。

第一，我国法制要求人们忠国孝亲。《宪法》以及《老年人权益保障法》的规定，改造、继承和弘扬了传统“孝道”。宪法和法律中关于公民“维护国家统一”“遵守国家宪法和法律”“维护国家荣誉、利益”及“保卫祖国抵抗侵略”等等规定，都体现着对公民“忠国”的要求，为弘扬这一传统美德提供了法制根据。

第二，忠国孝亲是建设中国特色社会主义物质文明和精神文明的需要，对协调家庭关系，维护社会稳定，培养人们对国家、对社会、对家庭的义务感、责任心等方面都有积极的促进作用。

第三，忠国孝亲是人类社会，特别是我国社会进步与发展的必然要求。人口老龄化是困扰社会发展的一个亟待解决的问题，而提倡子女孝，亲友情，是解决这一问题的最好方法。

中华民族是伟大的民族，忠国孝亲，是中华民族的传统美德。在建设中国特色的社会主义的当代，在为实现中华民族伟大复兴的而不断奋斗的今天，我们都责任重大！

三、移孝为忠

（一）家国一体，有国才有家

重庆武隆县一村支书戴某某为给自己的父母修墓，砍伐大片林地，其中墓本身使用面积达150平方米。网友曝光后，该县民政局给修墓者下达了整改通知书，限其在本月30日前自行拆除，否则将强拆。

为父母修墓，让父母为自己的“百年之后”安心，当然是孝敬父母的行为。孝敬父母是值得大家夸奖和赞扬的事情。然而，侵犯国家和人民的公共利益，砍伐树木，破坏生态，多占公地，违法违纪，导致遭人痛骂，结果身败名裂，这样的孝，为党纪不容，为国法不允，为人民不齿，那么收受孝敬的父母，还会生时快乐、死后安心吗？如此孝而不忠，到底其价几何？

忠孝关系在中国历史上不仅仅是一个简单的社会或家庭伦理问题，而且和国家政治密切相关。

从理论上来说，忠与孝是和谐的，从某些角度讲孝甚至是忠的基础。在“家国同构”的观念下，忠孝一体，国由家组成，家是国的缩小，国是家的放大。

家和国是社会的两种基本结构单位，它们相互依存，有着共生共存的关系，即家庭的兴旺发达依赖于国家的繁荣和发展，国家的稳定依靠绝大多数家庭的和睦安宁，然而，家庭利益和国家利益的冲突和矛盾又是确实存在的，这就需要一种调和二者关系的手段和观念，于是传统伦理思想中“移孝作忠”的思想便应运而生。

过完春节，在珠三角某市卫生局工作的阿清把父母从老家接来广东，可不到一个月便悄悄地将两位老人送了回去。邻居们疑惑不解：怎么不让老人家多住几个月，这么快就送回去了呢？阿清出身贫寒，读中学的那些年，每天早晨总要跟着大人们一起到田间地头干两个小时的活才去学校；放学后赶回家到生产队出工。那时，他身上的衣服补丁叠补丁，同学们笑他，他也以笑解嘲。由于他学习刻苦勤奋，成绩在班上一直名列前茅。十年寒窗，他总算熬到了大学毕业。经过不断努力，阿清进入市卫生局工作。几年后，他被提升做了科长。去年，一直由阿清负担学习与生活费用的弟弟大学毕业去了大西北，家里只有父亲和母亲两人。他和妻子商量，打算把两位老人接来身边，妻子赞同，并预先腾出了一间较宽的房子。父母接来了，一些熟人和朋友知道后纷纷前来看望。看着大家个个空着手笑着而来，欢快而去，阿清心里格外高兴。可他没想到仅过几天，便有人趁着他和妻子上班，给两位老人送了礼。阿清打电话查询了很久也没查出是谁送的，只好暂且作罢。第二天，他临上班时委婉地对父母说：“以后别人送来东西，您俩就不要收它。”未过几天，又有人提着一大包的东西来了，两位老人正欲拒绝，对方却说是阿清大学时的同学。老人家不好推却，便收下了礼物。阿清回家后，看到父母又收了别人的东西，他知道这又是那些想拉关系的人送来的，十分恼火，但不好怪罪父母。阿清对工作历来恪尽职守，为人做事谨慎小心。自他当上科长后，找他送礼拉关系的人一拨接一拨，但全部被他拒之门外。他说：“那些送礼的人，与其说他们心术不正，不如说是没有良心，这种做法是坑害人家的行为。我最痛恨这种做事不光明磊落、不走正道、不坦诚合作的人。要知道上面提我当科长，不是要我来当收礼科长。如果是收礼，人人都会收，干吗还要我来呢？我念书念得辛辛苦苦，如果贪图钱财，搞得人仰马翻，不仅辜负了上级的期望，而且白费了父母送我读书的一番苦心，到头来落得个身败名裂、臭名远扬，一辈子就这样栽了，还有啥意思？人生不就是为了图个好声誉吗？”有人背后说他六亲不认，万事不求人，而他却不以为然。后来，有一些送礼的人试图通过他的妻子来打开缺口，结果也次次吃了闭门羹。阿清将父母接来广东后，别人发现了这一“千载难逢”的送礼机会，于是接二连三地发起进攻。见此，阿清不得不对两位老人直说：“别人的东西要不得，要了就等于害了我。俗话说‘吃人家的嘴软，拿人家的手短’，您俩只有吃儿子的拿儿子的才是对的。”两位老人听了儿子的直言后，发誓以后再也不收人家的礼物了。可没过几天，一个西装革履的中年男子敲开门，向阿清的父亲递上一个纸袋，说是阿清让他带回来交给老人家。这人说完，便急急忙忙地走了。阿清回家后，看到父母又收了别人的东西，心里憋了一肚子火，但又不能发泄。他和妻子商量，最好的办法就是把父母送回去，否则总有一天会在他们身上出事。于是，阿清在一个天色蒙蒙亮的早晨将父母送回了家乡。临回单位的时候，他对父亲说：“自古忠孝难两全，如果你们要儿子孝顺，那我就回来种田。”父亲激动地说：“清仔，忠就是孝，你做得对，爸妈要的是名声，你就放心回单位去上班吧。”

可见，孝是对家长的敬从，忠是对国家的服从，它们的相同之处都是下对上的遵从。移孝作忠的观念一方面反映了孝亲与忠国的统一性，即忠与孝是同质的道德操守，忠孝之间可以相通不二。另一方面，这一命题也反映了家与国之间所存在的矛盾，即要求社会成员在家庭利益与国家利益发生冲突时，家庭利益应服从国家利益。

《孝经》记载：“君子之事亲孝，故忠可移于君，事兄悌，故顺可移于长；居家理，故治可移于官。”

以“家统与君统”为基础，孝的外延扩充到了社会。具体来说，移孝作忠即要求人们以对待亲长的态度对待国家集体，这是其基本精神。由于家国一体，忠孝在需要恭敬、顺从的对象都是上一辈级，故孝可移作忠。

（二）孝亲孝国才是真“孝”

“孝”不仅为家庭伦理之“孝”，而应演进为国家伦理之“孝”。在“孝”的方面——敬养父母，一直是中华民族的传统美德之一，它对于调整家庭内部伦理关系，保证家庭团结和睦、温暖融洽以及维系社会的和谐与安宁都起到了积极的作用。

当今社会，个体家庭仍然是社会的最基本单元，个体家庭的和谐稳定与否在一定程度上直接影响到社会的和谐与稳定，百善孝为先，和睦家庭的基础是父母疼爱儿女、儿女对父母孝养，从这层意义上讲，强调“孝”的观念仍然是现今社会不可或缺的重要一环。

同时，“孝”不仅是独爱其亲的私爱，还应包括“老吾老以及人之老，幼吾幼以及人之幼”的“博爱”与“广敬”，倡导将“孝”推延至全社会，由尊养家庭老者扩大到尊养社会上所有长者和老人，这种博爱意识有利于建立融洽的人际关系，有助于促进社会的和谐发展，这也是值得我们借鉴和推崇的，这即是“由孝而忠”。

泱泱中国，浩瀚五千年历史，一路走来，磕磕碰碰，有过汉唐盛世的辉煌荣光，也经历过八国联军侵华的血泪屈辱，然而，21世纪的今天，它仍以大国乃至强国的姿态屹立于世界的东方，以璀璨的光芒照亮着整个世界。探寻个中缘由，我们不难发现，这所有的维系点最终都要归结于“忠孝”二字，是“忠”和“孝”把上千万个家与国紧密联系在一起，也是“忠”和“孝”教会了国民自强不息、顽强奋斗：忠和孝，一直都是支撑中国存在和发展的两大支柱，以忠治国、以孝持家，井然有序。

如毕淑敏所说，“在心里向父母许下孝的宏愿，相信来日方长，相信水到渠成，相信自己可以从容尽孝”。可见，选择孝心，是人之性情所致，也是先验所得。自呱呱坠地，到长大成人，不是一瞬间的事，这期间父母为我们付出所有，我们就是他们的全部；二三十年后身份调换，我们仍然是父母的全部。羊有跪乳之情，看着父母一天天衰老，我们岂能弃之不顾?

当然，我们不能忘了，“精忠报国”一直是中国的主旋律，就似跳动着的音符，在我们心中同样激起一道道涟漪。南宋时期的文天祥，誓死效忠宋室，一首《正气歌》在历史的宇宙中不断回响，他也得以青史留名。

然而，当忠与孝之间的矛盾横亘在我们面前，我们是否还能从容？不能，我们无法从容。抗战时期的大文豪茅盾面对此抉择亦不能，眼看上海不保，他内心波涛汹涌，虽然万千思虑、思虑万千后决定为了忠于抵御外侮的事业而弃老母于乌镇而不顾。

学了很多年的马克思主义唯物辩证法，在忠与孝的抉择中，我们可以熟练地运用整体与部分的原理，理智地为了国家大局，放弃小我的家庭。

党的十七大提出要弘扬中华文化，加强社会公德、职业道德、家庭美德、个人品德建设，培育文明风尚。社会道德体系的建设，必须基于中华民族的传统观念，要大胆继承发展忠孝文化。要赋予忠孝文化新的时代意义，发展忠孝文化，并不是要恢复封建社会的愚忠愚孝，而是要在“迩之事父，远之事君”的基础上形成社会主义的新价值观念。

忠孝，首先是要忠，忠于祖国，忠于社会，忠于事业，忠于岗位，不抛弃，不放弃。孝，就是要孝敬父母，邻里和睦。只有这样，人与人之间的关系才能多一份热情，少一份冷漠。

任何人都知道，没有国哪有家，孝亲爱家必须建立在国家稳定和谐的基础上。提倡忠孝文化，移孝为忠，就是要热爱我们的社会主义国家，国家是维护一个族群、一个地区生存和发展的最高组织。没有完整统一稳定和谐的国家保护，民族只能任人宰割，个人只能任人欺凌，因此，“爱国主义”就是对今天对忠的最高解释，也是个人孝亲爱家的最高觉悟体现！

移孝为忠，这才是中华五千年传统文明的至上体现！

思考与讨论

✲思考题

1．“忠”与“孝”都是我国的传统美德，却为何会产生冲突，谈谈你的理解。

2．我国传统“忠孝”思想既有需要批判否定的东西又有值得吸收利用的东西，请你谈谈自己的认识？

3．“忠孝”思想对我们今天的生活有何指导意义？为何要讲“移孝为忠”？

✲案例讨论

血浓于水姊妹情深 宋庆龄一个未了心愿

宋庆龄和她的兄弟姐妹，虽然选择了不同的人生道路，但这并没有影响她对手足之情的珍视。她的表弟倪吉士说：“可以说，宋庆龄跟她的兄弟姐妹感情很好。即使后来政见不同，但私人感情并没有破裂过。”

孙中山病逝后，宋庆龄的人生大部分时光是在上海度过的，宋霭龄、宋美龄到上海时，总要去看望孀居的宋庆龄。不过，宋庆龄在政治问题上历来有着十分坚定的原则性，即使在国难当头的岁月里，她虽念姐妹亲情，但决不为蒋介石的反共独裁所利用。

1941年12月珍珠港事件爆发后，住在香港的宋庆龄也撤退到国民政府的陪都重庆，蒋介石出于政治上的需要，想邀宋庆龄到蒋介石和宋美龄避暑常住的黄山官邸住。1942年5月的一天午后，蒋介石和宋美龄陪宋庆龄到长江南岸的黄山官邸云峰楼看房子。

宋美龄介绍说：“这幢楼共有五个房间，您看，中间是会客室，已装电话；这右边两间您自己住，电话可再拉一只；后面一间我们马上动手，改装为卫生间。左边两间给您的秘书和女佣住。”

接着宋美龄对蒋介石说：“Darling，你看好不好？”

蒋介石微笑颔首，表示赞同。

大家又走到客厅继续察看，还看了周围环境。宋美龄说这说那，吩咐副官如何装修等等。但宋庆龄对宋美龄只说一句：“环境很好，不过不太方便。”

宋美龄马上说：“有专船、专车和电话供您使用，有什么不方便。”

宋庆龄接着又说：“朋友们来看我不太方便。”

尽管如此，云峰楼的装修工程还是在次日开始，但宋庆龄根本没有去住过，一直寓居重庆两路口新村三号，那儿成为抗战时期重庆民主斗争的中心之一。

抗战胜利后，蒋介石很快暴露出假民主、真独裁的面目，发动反共反人民的内战，宋庆龄坚定地站在共产党一边，投身到民主斗争的浪潮之中。这一时期，宋庆龄和宋霭龄、宋美龄仍保持着亲密无间的姐妹关系。她们虽然不是经常见面，但书信往来不断，互致问候，彼此关心，只谈私事，不谈政治。

宋庆龄对兄弟姐妹的思念，在她的日常生活中也时时流露。有一天午餐后，秘书张珏陪伴宋庆龄在北京后海寓所花园的南湖边长廊中散步，宋庆龄突然问张珏：“你有兄弟姐妹吗？”张珏答道：有三兄弟、三姐妹。宋庆龄听了之后，不由轻轻“噢”了一声，接着说：“你和我一样，也是三兄弟、三姐妹，可是，我却无法和他们通信。”

有一次，宋庆龄招待一批外国友人，秘书张珏陪同参加便宴。席间第一道菜是酸辣汤。这种汤由豆腐和鸡血块切成细长条，红白相间，还有几叶绿色的香菜漂在上面，可谓色香味皆备。宋庆龄面带微笑地用流利的英语说：“这碗酸辣汤，鸡血是红的，豆腐是白的，有人叫它为‘国共合作汤’。”当时，客人听罢都笑了。

在张珏的记忆中，宋庆龄在宴客时借菜妙喻国共合作何止一次。张珏说，她是借莱吐露深藏在心底的愿望，希望在她有生之年早日看到国共两党第三次合作，自己也可以与兄弟姐妹相聚。

宋庆龄的大姐宋霭龄1973年在美国纽约病逝。宋庆龄在人生的最后时刻非常想念晚年离台赴美治病的妹妹宋美龄。在她逝世前三个月，廖承志写信告诉她有关宋美龄的情况，信中说："有趣的是知道你妹妹是怎样看您的。而我相信这并不是不可想象的。不仅如此，在一个美国人——里根的信使，和一个中国人到过北京后，她表露了她的感情，而这种感情，我相信，要比家庭感情的含义更多些。""更有趣的是，大卫·金里根信使把您妹妹的地址和电话告诉了我们。如果没有弄错的话，我想大卫是为您而这样做的。"

廖承志的信透出了宋庆龄当时渴望宋美龄能够实现北京之行、姐妹团聚的愿望。据曾任中国福利会秘书长，在宋庆龄最后那些日子里一直陪伴身边的邹韬奋夫人沈粹缜告诉爱泼斯坦："宋庆龄有一个未能实现的愿望。她很思念美龄。她告诉我，如果美龄来了，觉得住在她家里不方便，可以安排她住到钓鱼台国宾馆去。她把许多细节都想到了。现在她已经故去了，但我还是要把话传给宋美龄：她姐姐思念她，甚至于想到她可以在哪儿住。我愿意亲自到台湾去传这个口讯。"

沈粹缜讲这番话是在1990年4月15日，年已90岁，因病住在上海华东医院，她有感于在宋庆龄病逝后，治丧委员会曾邀请宋美龄参加丧礼，竟没有得到任何反应，所以，仗义的沈粹缜在病榻上仍想亲自把"她姐姐思念她"的话传给宋美龄。

——节选《民国第一家——孙中山的亲属与后裔》

（沈飞德著，上海人民出版社2002年出版）

思考问题：

请你谈谈宋庆龄在面对"忠"和"孝"的矛盾冲突时是如何进行选择的，她为何要这样选择？结合自身经历说说宋庆龄的选择对于今天大学生的学习生活有何指导意义？

参 考 文 献

[1] 冯友兰. 中国哲学史新编（中）[M]. 北京：人民出版社，2001.

[2] 曹源. 忠成大器[M]. 北京：中国时代经济出版社，2004.

[3] 刘师培. 中国中古文学史讲义[M]. 南京：江苏文艺出版社，2008.

[4] 杨国桢. 林则徐大传[M]. 北京：中国人民大学出版社，2010.

[5] 茅海建. 戊戌变法史事考二集[M]. 北京：生活•读书•新知三联书店，2011.

[6] 刘晴波，彭国兴. 陈天华集[M]. 长沙：湖南人民出版社，2011.

[7] 艾瑞克·费尔滕. 忠诚[M]. 周芳芳，译. 北京：中信出版社，2012.

[8] 王夫之. 读通鉴论[M]. 北京：中华书局，2013.

后　　记

成都锦城学院为适应在大学生中深入开展“三讲三心”明德教育的需要，组织专家和学院教师共同编写了“当代大学生明德教育系列丛书”。经过参与编写工作的老师们的共同努力，《忠义千秋——忠义读本》一书作为这一系列丛书的其中一本，终于完成了。

为更好地帮助大学生学习和传承中华民族的传统美德，本书深入浅出地讲解了“忠义”概念的内涵，较全面地介绍了不同历史时期的人们对“忠义”的认识；本书在此基础上，不仅对“忠义”道德传统中的糟粕进行了批判，还对其在中华民族发展历史进程中的重要作用进行了分析，让大学生在这一学习过程中，能真正懂得“忠义”作为中华民族传统道德的重要内容，是中华民族绵延数千年，历经磨难而生生不息的重要精神支柱，在今天，它还将在我们实现中国梦，实现中华民族伟大复兴和腾飞的历史进程中发挥积极作用。本书密切联系大学生的思想实际，对当代大学生加强“忠义”美德修养提出了积极建议，这对于引领大学生认真学习中华民族的优秀文化，自觉传承中华民族的优良道德传统，努力塑造良好的道德品质，将产生积极影响并发挥重要作用。

本书撰写工作分工如下：序言和后记由华宪成撰写；第一章由肖捷飞老师编写；第二章由郭娜老师编写；第三章由刘宏艳老师编写；第四章由姚东老师编写；刘宏艳老师作为本书的副主编，在书稿的编写过程中，协助主编做了许多具体工作。全书的编写工作得到了锦城学院领导的大力支持，邹广严院长和王亚利副院长在百忙之中对大纲的审定和编写工作给予了许多指导；邹广严院长还为丛书作序。在这里，我们向参与编写工作的每一位作者以及从方方面面给予支持和帮助的人们，表示深深的谢意。

在编写过程中，我们引用了许多资料、图片，在这里我们对这些资料、图片的原创者也表示深深的谢意。

本书的修订再版，让参与这一系列丛书编写工作的老师如释重负，但在这一短暂的喜悦之后，我们也意识到新的考验、新的挑战已经来临。我们参与这一系列丛书编写的老师曾将编写一本高质量的大学生思想道德修养教材作为我们的奋斗目标，在编写过程中我们也曾以这样的标准来要求自己，但由于种种原因，这一目标远未达到。现在随着丛书编写第一阶段工作的完成，全面修订这一系列丛书的工作将逐步展开，我们恳请每一位“当代大学生明德教育系列丛书”的读者，对我们的编写工作提出宝贵的意见和建议，让我们在修订时，能更有针对性地进行修改，力争把“当代大学生明德教育系列丛书”修改得更好，把这一丛书打造成大学生真正喜爱的高质量教材。

编　者

2019年5月9日